10 ans sur la planète résistante
1998-2008
Témoignage d'un engagement

Frédéric Delorca

10 ans sur la planète résistante 1998-2008

Témoignage d'un engagement

Essai

Thélès

Du même auteur :

Atlas alternatif, Le Temps des Cerises, Pantin, 2006.

Programme pour une gauche française décomplexée,
Le Temps des Cerises, Pantin, 2007.

Recevez gratuitement le catalogue de nos dernières parutions
sur simple demande en écrivant aux :
Éditions Thélès – 11, rue Martel – 75010 Paris
ou par téléphone au 01 40 20 09 10
www.theles.fr

Texte intégral

ISBN 978-2-303-00115-1

Sommaire

Introduction

Rien n'est plus difficile que de parler à la première personne d'un engagement militant, qui, par définition, doit être tourné vers les autres, non vers soi-même. L'exercice est d'autant plus délicat qu'il engage aussi l'existence des autres : des autres combattants croisés sur le chemin des luttes.

Il faut néanmoins s'y risquer. Trop souvent la perception des débats se limite à des textes didactiques, désincarnés, qui alignent des faits, des arguments, sans que l'on comprenne bien qui les porte, comment ils ont germé, et ce qu'implique leur défense dans l'existence au quotidien. C'est particulièrement vrai des écrits rédigés par les adversaires du système dominant. Car, si les grands médias sont prompts à s'enquérir des goûts culinaires et vestimentaires de nos ministres, ils relèguent volontiers les dissidents dans un conglomérat abstrait et anonyme de fous, ou d'imbéciles dont il ne faut surtout rien savoir.

Il me semble qu'il faut donc lever un peu un coin de voile sur cette opposition au système dominant à laquelle j'ai appartenu et appartiens encore, ce petit monde dont on ne sait rien, et qu'on veut ignorer. Il faut le faire, je crois, sans arrogance ni agressivité, même si les censures multiples qu'imposent nos sociétés de consensus rendent nécessairement conflictuel l'exposé de ce que l'on souhaite dire, et compromettent la possibilité d'une énonciation totalement sereine.

Entamons donc ici, ce petit récit autobiographique qui n'aura d'autre fin que de faire connaître mieux le monde résistant tel que je l'ai entrevu, la vision du monde dont il était porteur, la manière dont il essaya de s'opposer au processus global de confiscation des ressources et des consciences, qui, d'une guerre l'autre, n'a cessé de prendre de l'ampleur et dont les étapes se nomment Belgrade, Kaboul, Bagdad – peut-être demain Téhéran ou Caracas.

Deux mots sur mon itinéraire personnel, pour bien situer d'emblée mon propos. Je suis un homme encore jeune, né en 1970 dans le Sud-Ouest de la France. À l'heure où commence l'histoire, en 1998, j'exerçais un de ces métiers juridiques austères qu'on décroche à la sortie des grandes écoles (Sciences Po en particulier), au terme de plusieurs années de bachotage. Il est inutile de préciser davantage la nature de ces fonctions. Il suffira de mentionner qu'elles me donnaient une certaine liberté, puisque je travaillais souvent sur un ordinateur portable à mon domicile parisien ou au domicile de ma compagne en province. Mon « bagage » intellectuel, mon passage par des institutions renommées (et aussi, pendant quelques années par la fac de philo), me conféraient une certaine assurance, notamment pour écrire. J'étais donc un privilégié. En même temps, j'étais fort mal à l'aise dans le milieu où j'évoluais. Mes parents étaient ouvriers. L'éducation qu'ils m'ont donnée au départ, et que je ne renie nullement, me rend porteur d'une façon de voir la vie qui n'est pas celle des classes lettrées, d'autant plus qu'elle est liée à une culture minoritaire – la culture gasconne – qui se reflète dans mon accent.

En outre, sans appartenir à aucun parti politique, je suis de gauche, je l'ai toujours été, même si à certaines étapes de mon parcours, comme beaucoup de gens je suppose, j'ai pu ne plus trop trouver de sens à ce genre d'affirmation. Mon grand-père paternel était un républicain espagnol réfugié politique, un homme qui n'a jamais renié ses convictions et qui a marqué mon enfance. Ceci explique notamment que, tout au long des dix années dont je ferai le récit dans ce livre, j'ai toujours refusé l'alliance politique avec les gens de droite (et a fortiori d'extrême droite) même si je respecte profondément les opinions de chacun. Cette position, comme on le verra, m'a toujours conduit à rejeter toute forme de collaboration ou de compromis avec des mouvements qui n'avaient pas des valeurs de gauche, et notamment de refuser d'associer mon nom à des actions où figuraient des personnalités du Front national. Ce point est très important à mes yeux, j'expliquerai dans le corps du livre pourquoi. Beaucoup de gens autrefois situés à gauche, notamment ceux qui sont issus de la tradition marxiste, jugent mon attachement au concept de gauche « idéaliste », au sens où cela serait de la pure idéologie, décalée par rapport aux dynamiques réelles du monde – j'aurais selon eux « une guerre mondiale de retard ».

Il est possible qu'un jour ces gens aient raison, que la référence aux valeurs égalitaires de la gauche comme support de liberté et d'universalisme devienne privée de tout sens, et que les alliances politiques puissent se nouer sans cette référence philosophique. Il ne me semble pas que nous en soyons là aujourd'hui, ni que les circonstances, en France, dictent la mise en place d'une coopération « trans-courant » comme elle exista dans la Résistance française, de 1940 à 1945.

Le lieu n'est pas ici de débattre plus avant de la position des partisans de l'abandon de la référence à la gauche. Je suis d'ailleurs prêt à admettre la part de l'idéalisme dans ma formation (via l'exemple de mon grand-père qui n'était pas marxiste, via l'école encore républicaine des années 1970 dont je suis le rejeton, tout autant que d'un certain christianisme provincial dont mon athéisme tardif ne m'a jamais complètement « guéri »). Mais laissons cela de côté, je précise seulement à grands traits mes particularismes.

Le combat dans lequel je me suis engagé en 1998, et qui dure aujourd'hui encore, est un combat anti-impérialiste. J'ai mis quelques années à assumer complètement ce concept d'« impérialisme » auquel la gauche française a renoncé à la fin de la guerre froide. Pourtant je n'en trouve pas de meilleur pour désigner ce phénomène en vertu duquel le monde est dominé par un petit nombre d'États (les pays dits « occidentaux »), eux-mêmes gouvernés par des élites assez restreintes, qui produisent et captent la majeure partie des richesses, accaparent l'essentiel de la puissance économique, politique, militaire et culturelle. Parce que ces forces ont colonisé le monde à partir du XVe siècle, parce qu'elles en ont défini les cadres de pensée, elles continuent de lui imposer des lois et même des critères moraux dissymétriques qui compromettent durablement le développement juste et harmonieux de l'ensemble des peuples et favorisent les guerres. C'est ce déséquilibre profond qui place les pays occidentaux dans une position impériale, et c'est en vertu de cela que leurs relations avec le reste du monde ne peuvent être pensées comme des rapports « normaux » d'État à État, de puissance à puissance.

Il faut une énergie particulière (parfois même l'énergie du désespoir) pour combattre l'étonnante capacité de ces élites euro-américaines et de leurs clients (les peuples qu'elles gouvernent et les couches sociales qui, hors de la sphère occidentale, dépendent d'elles) à s'aveugler sur la nature de la domination qu'elles exercent, et des injustices qu'elles provoquent ; et ce d'autant plus que les dissidents d'aujourd'hui ne peuvent plus s'abreuver aux sources fraîches de l'optimisme historique qui était le moteur des grandes utopies du XXe siècle. Aujourd'hui même quand un peuple s'insurge contre l'ordre mondial inique, ainsi que l'ont fait, par exemple, les Vénézuéliens, personne ne peut voir en eux avec certitude l'avant-garde d'une nouvelle orientation pour l'humanité. On frémit plutôt à l'idée des erreurs qu'ils pourront commettre, et des revers que la brutalité des classes dirigeantes occidentales leur infligera.

Le présent livre ne dissimulera rien des craintes et tremblements qui animent aujourd'hui, presque nécessairement, même le plus déterminé des engagements, ni non plus des choix éthiques difficiles qu'impose la lutte politique (on l'abordera notamment quand on évoquera les débats sur le régime irakien de Saddam Hussein, ou celui des Talibans en Afghanistan).

Afin de respecter l'anonymat des personnes que j'ai côtoyées, j'affublerai certaines d'entre elles d'un pseudonyme, sauf évidemment les sommités comme Chomsky ou Bourdieu dont la gloire aujourd'hui est si haute que ce livre ne leur peut nullement nuire, ou les personnalités dont je ne cite que des écrits ou des actes publiquement connus de tous – comme par exemple Serge Halimi. L'utilisation des pseudonymes, dont certains, on le verra, sont chargés de connotations humoristiques, vise aussi à faire comprendre qu'à travers les individus ce sont souvent des dispositions ou des propriétés sociologiques qui s'expriment. Mon propos n'est aucunement de régler des comptes ni d'accorder une importance excessive aux psychologies individuelles.

Du reste, afin qu'on ne puisse rien reprocher à cet ouvrage sur le plan moral, je dois préciser que les extraits d'e-mails personnels reproduits pour rendre le récit plus vivant ou propos reconstitués en style direct de personnalités relativement connues dans les milieux alternatifs sont livrés dans ces pages avec l'accord explicite de leurs auteurs à qui j'ai donné les passages où ils sont cités à relire. Ceci concerne les personnes désignées comme suit dans ce livre : Le Scientifique, Vladimir, Le Missionnaire, Marc-Aurèle, Le Dissident Internationaliste, Boris. Deux d'entre eux ont d'ailleurs relu l'ensemble du livre. Cette double relecture a fonctionné comme une contrainte oulipienne pour moi : elle m'a contraint à des exercices utiles de censure et d'auto-censure, sur divers points de détails particulièrement, car à trop creuser l'anecdote on ne fait qu'égarer son lecteur.

Je livre donc le présent témoignage comme une humble contribution, la plus honnête et factuelle possible, la plus dépourvue d'effets de manche, à l'histoire de notre époque, et au débat d'idées, en laissant à chacun le soin de tirer les conclusions qu'il souhaite. Les amateurs de sensations fortes, lecteurs de grands bourgeois dandys seront déçus par mon récit. Je n'ai pour ma part jamais confondu littérature et politique. L'engagement doit se nourrir de faits et d'arguments mûrement réfléchis, non de fulgurances individuelles. Le récit d'un combat mené sur cette base sera nécessairement sobre, conçu pour faire connaître, et non pour briller.

Première partie

L'éveil yougoslave (1998-2000)

Chapitre Un
Boris

I

À 27 ans, en 1998, j'entamais la deuxième année de ma carrière professionnelle. L'informatisation était au goût du jour, et je reçus un ordinateur portable qui me permettait de travailler à mon domicile (à Paris) ou chez ma compagne Florence[1] (en province) sans me rendre au bureau trop souvent. L'avantage de cet équipement était la connexion à Internet, que j'utilisai au départ surtout pour lire les grands médias et faire des recherches sur la philosophie, qui était un de mes hobbies. D'ailleurs, par Internet je rencontrai un jeune diplômé d'HEC, avec qui nous allions créer le premier forum philosophique en langue française du Net. Ce forum la « Contribution à la diffusion des idées philosophiques » (CDIP) allait devenir si actif et attirer tant d'internautes que le journal *Le Monde* en fit la publicité dans son supplément du 19 janvier 1999. J'en étais la « tête pensante », tandis que

1 Pseudonyme.

mon camarade d'HEC en assurait principalement la maintenance technique.

C'est à ce moment-là que je choisis le pseudonyme Frédéric Delorca, pour plus de liberté. Ce nom m'était venu à l'esprit pour un personnage de roman, conçu en 1990. Je trouvais qu'il sonnait bien (même si par la suite j'ai pu regretter qu'il me relie de trop près au souvenir de Garcia Lorca, ce dont, chose curieuse, je n'ai pas eu conscience au tout début). Je me sentais en devoir de lire beaucoup de choses pour alimenter les discussions du forum, ce qui me conduisait à « surfer » sur les pages webs de philo, en français (il y en avait bien peu à cette époque) et surtout en anglais. C'est ce qui me conduisit un soir, le mercredi 24 juin 1998 très exactement, à parcourir le site d'où mon engagement yougoslave allait naître. Il s'appelait *Znet*. J'avais tapé « Chomsky » sur un moteur de recherches, car j'avais besoin d'arguments pour parler de linguistique. Ce nom m'était familier à ce titre depuis la préparation du concours général de philo en Terminale (on avait eu d'ailleurs un sujet sur le langage), mais je n'avais jamais entendu parler de son engagement politique.

Étrange site. Cela se présentait comme un feuilleté de banques de données sur les cinq continents, mais avec des analyses différentes des recueils géostratégiques. C'étaient des textes engagés, du combat à chaque ligne, précis pourtant, intelligent, bourré de notes de bas de page. Sur l'Irak, la Colombie, le Soudan. Tous les auteurs se réclamaient peu ou prou de Noam Chomsky dont des interviews étaient aussi mises en ligne.

Le contenu des articles était résolument « anti-impérialiste » pour reprendre leur vocable. Cela me paraissait d'autant plus singulier que la radio, la télévision, les journaux, m'avaient fait grandir dans l'idée qu'il n'y avait pas vraiment de gauche politique aux États-Unis. C'était donc comme si je trouvais des ananas au Pôle nord. J'étais fort intrigué.

Mais le temps me manquait. Je devais me lever tôt le lendemain. Juste avant de refermer ces pages interlopes, je jetai un coup d'œil distrait à la rubrique « petites annonces ». Qui sait ? Peut-être y trouverais-je une étudiante new-yorkaise ? un journaliste de Chicago ?

D'un clic de souris à l'autre, je visitai en diagonale des messages variés d'étudiants argentins, de professeurs indiens, d'internautes égyptiens. Kaléidoscope des rêveries « alternatives » de notre monde arlequinesque.

Mon regard finalement s'arrêta sur une annonce curieuse qui disait à peu près ceci : « Jeune anarchiste serbe 23 ans cherche correspondants progressistes du monde entier pour échange d'idées ».

*

*   *

Qu'évoquait pour moi la République fédérale de Yougoslavie à ce moment-là ? Les Balkans « compliqués », la Serbie alliée de la France en 14-18, la résistance de Tito. Des souvenirs scolaires ou autres assez dépourvus de contenu affectif. Et puis surtout l'épuration ethnique, Milosevic, le nazisme à nos portes, les envolées des intellectuels pour défendre les Musulmans, Jean-Luc Godard qui dit un jour : « Dans les camps de concentration nazis les derniers des parias étaient appelés les Musulmans, comme en Bosnie, ce n'est pas un hasard »... La grande place de ma ville natale dans le Sud-Ouest jadis nommée place Clemenceau avait été rebaptisée en 1995 « place de Sarajevo »... Tout un symbole. Une forme de dévotion autour de la Bosnie – où s'étaient affrontés Serbes, Croates et Musulmans – s'était substituée au patriotisme d'antan.

Je partageais moi-même toutes les émotions anti-serbes qui étaient devenues un des fondements essentiels de l'esprit de cette époque-là. Je me souviens qu'un jour – c'était peut-être en 1994 ou 1995 – un de mes amis de Sciences Po, m'avait dit qu'il avait une coiffeuse à Paris, qui était yougoslave et serbe, et que cette dame en lui coupant les cheveux lui avait dit qu'elle se sentait victime d'une terrible injustice ici en France, parce que la guerre de Yougoslavie était plus compliquée que ne le disaient les médias. J'avais senti une forme de compassion dans la voix de mon ami. Pour moi son empathie n'était que l'expression d'une faiblesse, que je m'efforçai de tuer dans l'œuf. « Oui, lui dis-je sèchement, mais ce sont quand même les Serbes qui ont commis un génocide, il faudrait que ta coiffeuse l'admette ». Je n'avais à ce moment-là pas la moindre distance critique à l'égard de ce qu'affirmaient les médias, et j'ai éprouvé, comme la plupart des gens, une satisfaction profonde quand les États-Unis ont bombardé Pale, ce qui a conduit les forces serbes à négocier les accords de Dayton.

Aujourd'hui j'impute mon aveuglement d'alors non seulement à ma jeunesse, mais encore à mon itinéraire scolaire qui m'avait rendu terriblement arrogant (au point que je faisais régulièrement la leçon à mes parents un peu sur tous les sujets quand je retournais dans le Sud-Ouest), mais pas seulement à cela. Avec le recul je pense que les années 1990 furent une époque de confiance dans les soi-disant « valeurs occidentales » : beaucoup de gens, à tous les niveaux des sociétés européennes (y compris les plus humbles), croyaient en la défense des droits de l'homme, et aussi aux acquis technologiques (« les autoroutes de l'information ») qui allaient déboucher sur la naissance d'un monde-village, un monde globalisé. Et cette confiance était d'ailleurs partagée en Europe de l'Est, ce qui explique notamment que les Russes se soient si peu impliqués en ex-Yougoslavie. La plupart des gens (dont j'étais) ne pensaient pas que tous ces thèmes pouvaient être bassement manipulés par des intérêts étatiques et financiers mesquins. L'hostilité aux Serbes faisait partie de ce credo collectif, parce que le régime de Milosevic incarnait à nos yeux tout ce dont notre époque ne voulait plus entendre parler : un mélange de nationalisme, de communisme, un totalitarisme agressif et sans scrupule, quelque chose de profondément odieux.

En 1998, la tendance qui avait prédominé durant la guerre de Bosnie, se prolongeait presque « naturellement » autour d'une autre région de la Yougoslavie : la province du Kosovo, en Serbie.

Les médias distillaient régulièrement, une ou deux fois par semaine peut-être, des nouvelles du conflit qui opposait les troupes du président yougoslave Slobodan Milosevic à la guérilla albanaise « Armée de libération du Kosovo » (U.C.K.), et présentaient l'affaire comme une action répressive injuste des « Serbes » à l'encontre de ceux qu'on appelait les « Kosovars », c'est-à-dire, dans le langage de nos médias, les habitants du Kosovo qui s'exprimaient en langue albanaise.

C'est sur fond d'un tel arrière-plan idéologique – qui, d'ailleurs, à l'heure où j'écris est entré dans l'histoire officielle et structure les manuels de Terminale – que je lus l'annonce de ce jeune Serbe, que nous appellerons Boris Svetkovic.

Fidèle à mes convictions du moment, je lui écrivis (en anglais) : « *Je viens de lire sur le forum de Znet le texte où tu te décris comme un jeune étudiant anarchiste serbe. Je trouve que tu as bien du courage car il doit être très difficile de se dire anarchiste sous la férule d'un Slobodan Milosevic !* »

Je crois que je n'attendais rien de cet échange. Il était très fréquent, à l'époque, qu'on réponde à des messages d'internautes sans qu'il y ait ensuite de réplique. Les gens avaient autre chose à faire, et changeaient fréquemment d'adresse. Cela faisait partie de la volatilité d'Internet. Je soupçonnais que ce devait être encore pire en ex-Yougoslavie. J'avais écrit deux mots à un Serbe un soir, voilà tout. Je m'étais mis, pendant deux minutes, dans un de ces dialogues improbables que permettait le monde virtuel, dialogue insignifiant, sans lendemain, avec un ressortissant – peut-être un *refuznik* – d'un pays « totalitaire » ennemi de l'humanité… Rien de plus…

Or mes pronostics furent déjoués. Le soir-même il y eut une réponse de sa part, écrite dans un anglais imparfait mais précis :

« Salut F. Cela va te surprendre, mais ce n'est pas difficile du tout. Nous avons ici en Serbie une liberté d'expression complète et l'autorité de Milosevic n'est pas si brutale que ce que peut-être tu imagines. Il n'est pas – et il se peut que cela t'étonne vu ce qu'en dit la propagande du Nouvel ordre mondial – un dictateur façon république bananière du Tiers-Monde ; c'est seulement un politicien ordinaire, sans intelligence, corrompu et incompétent – par « incompétent » je veux dire incapable de développer une quelconque stratégie au service de l'État (…) En matière de politique

intérieure il n'a pas besoin de faire preuve d'une brutalité idiote car il sait qu'il a de toute façon le soutien de la Serbie rurale... »[2]

Il détaillait ensuite son argumentation en quelques lignes. Tel fut le début d'une aventure politique qui devait nous conduire l'un et l'autre assez loin.

Je vis dans le mail de ce jeune Yougoslave une sorte de défi intellectuel. À vrai dire, pour diverses raisons, j'étais probablement davantage disposé à entendre le point de vue d'un Serbe pendant la guerre civile du Kosovo que pendant la guerre de Bosnie, ne serait-ce que parce que j'avais pris déjà beaucoup de distances avec la pensée Sciences-Po, notamment sous l'influence de ma compagne Florence, 22 ans. Malgré son jeune âge, elle était encartée au Parti communiste français comme l'avait été son père (cela n'avait pas grande signification car le PCF n'avait en ce temps-là plus beaucoup de convictions, mais cela contribua quand même à mon ouverture d'esprit). Je lisais Pierre Bourdieu, Serge Halimi (*Les Nouveaux Chiens de Garde* m'avait enthousiasmé, d'autant que j'avais toujours été très hostile à la politique des États-Unis contre l'Irak). Je retrouvais ainsi certaines indignations de mon adolescence. Certains week-ends, j'allais voir du côté de Bastille, à Paris, un vieil ami de Sciences Po, Hervé-Christian Lafontaine (pseudonyme), un garçon créatif, qui avait fait les Beaux-arts après la rue Saint

---

2 « *Hi,F.! You would be surprised, but it is not so hard at all.We have a total freedom of speech and expression here in Serbia and Milosevic rule is not so brutal as you probably have expected.He is not – this may strike you as unusuall because of New World Order propaganda-third world banana dictator but only an ordinary unintellegent corupt and incapable politican-incapable, that is, of developing any purposefull state strategy whatsoever. (...) In domestic matters he is not so violently stupid, he is self-confident because most of rural Serbia support him and therefore he has no need to behave like that* ».

Guillaume, et nous rêvions de créer un site alternatif d'information en plus du site philosophique que je coordonnais. Une idée un peu floue que nous avions, pour tirer profit du potentiel d'Internet, et qui prouve que notre capacité critique à l'égard du système n'était point totalement exténuée. Mais nous n'investissions guère de passion dans ce projet.

Je poursuivis donc l'échange avec le jeune épistolier serbe dans les jours qui suivirent au milieu de l'atmosphère pesante du travail et des échanges occasionnels avec mes collègues de bureau – que fort heureusement je ne voyais qu'une ou deux fois par semaine, compte tenu du temps passé à travailler à domicile.

Il me fallut pourtant beaucoup de temps pour adhérer au point de vue de ce correspondant. Je le soupçonnais d'être contaminé par la propagande de son régime. Certaines maladresses de son style – dues au fait qu'il était jeune, et, comme moi, maîtrisait mal la langue anglaise – pouvaient le laisser croire. Vous remarquerez par exemple, que, dès son premier mail, Boris semblait reprocher à Milosevic de manquer de « sens de l'État » et son absence de stratégie pour le bien national (« State strategy »), ce qui était pour le moins paradoxal pour un anarchiste. Une lecture malveillante, et encouragée par les prismes idéologiques ambiants, trouve toujours le moyen de prendre l'adversaire à défaut. Et il fallut de longs courriers, et des détours par nos visions respectives de l'histoire de l'Europe, de la philosophie, de la politique, des sciences humaines, de la littérature pour saisir où se situaient très précisément nos différences réelles et les malentendus préfabriqués.

J'avais, au même moment, une correspondante albanaise, une jeune secrétaire vivant en Allemagne rencontrée, elle aussi, au hasard des dédales d'Internet. J'étais un fervent admirateur de ce pays. Peut-être à cause de mes origines, j'aimais les petites nations pauvres et sans intérêt, éloignées des grands échanges culturels, sur lesquelles je projetais l'image de ma province natale et un héritage de l'enfance. La lecture d'Ismail Kadaré, idole du milieu éditorial parisien, m'avait convaincu de la noblesse du pays des Aigles.

Comme Boris me pressait d'abandonner mes préjugés sur l'affaire du Kosovo, je voulus instruire ce dossier sur la base la plus rationnelle possible, comme un procès, en alignant les arguments à charge et à décharge et en recherchant, à l'appui de chaque thèse, les faits précis qu'on pouvait recenser. Hélas, ma correspondante albanaise n'était, de toute façon, pas d'une envergure suffisante pour contrer les arguments de Boris. J'en vins donc à lancer un dialogue plus approfondi avec un Suisse d'origine croate qui fréquentait notre site philosophique (la CDIP).

Mais Boris était d'une patience et d'une intelligence remarquables. Il me transmit des textes de *Znet*, notamment de la journaliste américaine Diana Johnstone qui allait, quelques années plus tard, publier *La croisade des Fous*, et surtout un texte de Sara Flounders, journaliste communiste américaine : *The Bosnian Tragedy*, publié sur le site Internet de l'International Action Center (organisation trotskiste dirigée par l'ex-*attorney general* Ramsay Clark). La fréquentation de Florence m'avait guéri de l'allergie à l'étiquette communiste et poussé à juger les gens sur leur propos plutôt que sur leur couleur politique.

Or ce « pamphlet » montrait pour la première fois, d'un point de vue de gauche (c'est-à-dire sans aucune apologie de l'ethnicisme ou du militarisme), les erreurs et les fautes (involontaires ou délibérées) du gouvernement américain qui, dès 1990, avait laissé l'extrême-droite croate exilée en Amérique, reconquérir l'opinion publique à Zagreb. Washington avait en outre, par le jeu du chantage à l'aide économique, obligé le gouvernement yougoslave à procéder à des élections par République, avant l'organisation d'élections démocratiques fédérales, alors même qu'un rapport de la CIA avait souligné le risque de voir une telle politique favoriser une guerre civile entre Serbes et Croates. Sara Flounders insistait également sur les mensonges médiatiques autour de la guerre de Bosnie : l'emploi d'une agence de communication pour accréditer la thèse d'un génocide commis par les Serbes en Bosnie[3], l'exagération des viols des femmes musulmanes par les milices serbes[4] (même si naturellement l'article ne niait pas l'existence des viols – seule leur ampleur était contestée), les obstacles délibérément posés par l'administration Clinton au règlement pacifique du conflit[5], l'instrumentalisation du drame de Srebrenica dans le débat occidental.

---

3. Elle reprenait là-dessus les révélations très vite enterrées en France du livre de Jacques Merlino « Toutes les vérités ne sont pas bonnes à dire ».

4. Flounders, elle-même féministe, faisait là le procès du féminisme bon chic bon genre de la Côte Est de Catharine MacKinnon et Andrea Dworkin qui accréditait les pires élucubrations, sans aucune vérification factuelle, au bénéfice d'une intervention militaire américaine – alors que la pratique des viols par l'US army était elle-même fréquemment attestée ce qui aurait pu au moins inciter ces militantes à une forme de retenue.

5. Le soutien des Américains au fondamentaliste Alija Izetbegovic (présenté à tort en Occident comme une sorte de Gandhi bosniaque), contre des Musulmans plus ouverts qui auraient pu faire la paix avec les Serbes comme Frikret Adbic à Bihac renversé en juin 1994 avec l'aide de la CIA.

Mon correspondant suisse d'origine croate avait beau objecter qu'on ne peut pas expliquer l'éclatement d'une fédération uniquement par les ingérences étrangères (« à la manière de Paul-Marie de la Gorce » – un journaliste gaulliste de gauche – soulignait-il), je trouvais scandaleux que certaines aberrations de l'action occidentale en Croatie et en Bosnie[6] n'eussent jamais été soulignées par notre presse soi-disant démocratique, comme si, en somme, la fin justifiait toujours les moyens.

Boris Svetkovic, lui, me présentait le tableau d'un peuple serbe épuisé par six ans d'embargo économique, chassé de la Krajina croate, de nombreuses régions de Bosnie (où une tante de Boris avait été tuée), harcelé par une guérilla albanaise féroce au Kosovo et ce tableau était parfaitement insolite pour moi. Je me souviens avoir été si interpellé par cette vision des choses que je me sentis obligé d'en faire part à des journalistes de gauche que je croyais ouverts au dialogue.

---

6. Dix ans plus tard, je continue de donner raison à Flounders pour toutes les questions que son texte posait. Cela ne signifie pas que je disculpe les forces bosno-serbes pour les cruautés commises – elles furent plus nombreuses que celles des autres camps, pour des raisons de purs rapports de forces –. Mener un combat anti-impérialiste ne signifie pas soutenir inconditionnellement un camp contre un autre dans une guerre civile. Bien au contraire, sur la Bosnie, comme sur le Kosovo j'ai essayé de comprendre tous les points de vue, avec la plus grande empathie et sympathie pour chacun. Sur la Bosnie même j'ai eu, en 2007, un échange de mails très touchant avec une jeune bosno-musulmane, réfugiée en Belgique peu après le siège de Sarajevo. Son attachement familial aux valeurs titistes notamment m'a beaucoup plu. L'anti-impérialisme n'est pas une « ingérence contre l'ingérence », c'est un combat *en Occident contre des chimères occidentales (contre des mensonges de masse)*, c'est un combat chez soi, contre des totalitarismes domestiques, pas une ingérence chez autrui.

J'adressai l'article de Sara Flounders à un journaliste de *France Culture* qui venait d'organiser un débat soi disant « sans parti pris » à propos du Kosovo sans détailler correctement les analyses des protagonistes, ainsi qu'à Françoise Rhizome (ainsi l'appellerons-nous) une bobo trotskiste quinquagénaire de premier plan qui jouait un rôle important au sein de la rédaction de ce que nous baptiserons le *Mensuel de gauche* et venait de publier un article de fond sur l'ex-Yougoslavie en trouvant le moyen de ne rien dire de l'action des services secrets occidentaux, ni des crimes des nationalistes bosno-musulmans à l'égard de leurs alliés musulmans plus modérés – sur lesquels Sara Flounders s'étendait longuement. Ni l'un ni l'autre ne me répondirent.

II

Je n'étais pas complètement convaincu par les arguments de Boris. Quand il disait que la Serbie était un pays plus démocratique qu'on ne le croyait en Occident, que les Albanais bénéficiaient de droits reconnus au Kosovo – par exemple le droit d'avoir des écoles dans leur langue –, que tout cela n'était qu'une sale guerre dans laquelle Washington, Londres, Paris jouaient une stratégie trouble.

Boris avait pour lui la position centrale de sa famille dans les élites belgradoises. Il était par sa mère descendant des princes du Montenegro, par une branche « rouge » puisque son grand-père fut un très haut dignitaire du régime de Tito (en ce sens son passé familial rappelle *mutatis mutandis* celui de la célèbre dessinatrice iranienne Marjane Satrapi). Son père, doyen de la faculté de philologie de Belgrade, avait été révoqué par Milosevic et remplacé en juillet 1998 par un professeur de littérature russe membre du Parti radical (extrême-droite), ce qui avait provoqué des mouvements de contestation dans l'opposition serbe. L'appartement des Svetkovic accueillait fréquemment des tas de gens de haut niveau qui savaient tout ce qui se passait à Belgrade et dans le reste de la Serbie. Mais sa jeunesse d'esprit, son manque d'expérience des choses du monde transparaissait dans nombre de ses point de vue, par exemple lorsqu'il me dit qu'il avait lu un livre du général Galoa (il me fallut du temps pour comprendre que c'était le général Gallois car les Serbes modifient les orthographes des noms propres) qui disait que les immigrés musulmans en France autour de Paris étaient au bord de la sécession. « Est-ce vrai ? » me demandait-il naïvement…

En même temps, maintenant que je connaissais Boris, l'augmentation des tensions autour de cette affaire ne pouvait me laisser indifférent.

L'UCK, que le représentant américain Robert Gelbard avait lui-même qualifiée, le 28 juin 1998, d'« organisation terroriste »[7], avait conquis en cinq mois trente et un pour cent du Kosovo. Elle y avait interdit les partis politiques, et commençait à persécuter les non-Albanais dans ces zones « libérées ». Les contre-offensives de l'armée fédérale avaient provoqué un grand nombre de victimes du côté des guérilleros albanais et de leurs familles, et les Américains faisaient déjà courir le bruit – comme en Bosnie – que les Serbes poursuivaient une politique génocidaire.

7. *BBC* 28 juin 1998.

Dans la dernière semaine de septembre les Occidentaux montaient en épingle le massacre d'une trentaine de civils albanais à Gornje Obrinje – alors que nous avions fermé les yeux sur le massacre de dizaines de Serbes un mois plus tôt à Klecka (je me souviens du mail de Boris me demandant si les médias français parlaient de cette tuerie). Dans le métro parisien, je vis, par-dessus l'épaule d'un passager – qui lisait *Libération,* les photos grand format de cadavres semblables à celles de la guerre de Bosnie. Alors qu'au moment du siège de Sarajevo, cette pratique – inaugurée en 1989 à Timisoara[8] – qui consiste à tuer l'intelligence à coup d'images de cadavres

8. Dans la ville roumaine de Timisoara, qu'on a présentée comme insurgée contre la dictature de Ceaucescu, on rapporta qu'il y aurait eu 1 104 tués et 3 352 blessés – le chiffre final fut de 93 morts. Les images d'un « charnier », fabriquées de toutes pièces et montrées à la presse occidentale, furent abondamment diffusées dans le monde entier. Les télévisions annoncèrent quelque 70 000 morts quelques jours plus tard, trouvés dans des charniers. Le journal *L'Événement du jeudi* du 28 décembre 1989 a même titré « Dracula était communiste. » Ce n'est qu'en février 1990 qu'il fut établi qu'il s'agissait là d'une intoxication. La Roumanie, rappelons-le, fut le laboratoire de l'impérialisme européen : le sociologue Alain Touraine (futur membre de la liste « L'Europe commence à Sarajevo » avec Bernard-Henry Lévy) déjà en décembre 1989 parlait de « brigades internationales » pour renverser le système de Ceaucescu, d'autres néo-libéraux espéraient même une intervention de l'Armée rouge de Gorbatchev à Bucarest contre la Securitate, sur le modèle de celle de Bush père à Panama. En Bosnie il n'y eut pas à ma connaissance de faux charniers, mais les bilans de la guerre civile furent pendant longtemps grossièrement exagérés. « *Tout compte fait, quel est le nombre de morts en Bosnie ? Pour les agences d'information et les experts politiques, la réponse courante est : 200 000. Ayant pour ma part suivi de près le conflit d'un point de vue professionnel depuis son origine, je n'en suis pas convaincu.* » avait écrit le secrétaire d'État américain George Kenney dans *Le Monde* du 12 mai 1995.

ne me choquait nullement, j'eus cette fois mon premier haut-le-cœur, sans doute imputable à mon échange avec Boris.

En ce qui me concerne ces sentiments s'ajoutaient aux frustrations de ma vie quotidienne, et, plus encore à la position ambiguë dans laquelle me plaçait l'échange avec Boris : la position de l'homme qui a les moyens d'en savoir plus que le citoyen ordinaire et qui, donc, s'il était réellement responsable, devrait prendre davantage position sur le sujet, mais qui pour toutes sortes de raisons ne s'en sentait guère l'envie ni la carrure. Ce fut pour moi le début de sensations difficiles car je percevais ce qu'il y avait d'artificiel à parler de littérature avec Boris au milieu de la tragédie yougoslave.

Le 25 septembre, Boris m'écrivit : « Nous avons de très gros problèmes ici. Il est presque certain que la Yougoslavie va être bombardée, qu'en disent les gens en France ? » (« *We have serious problems here. It is almost certain that Yugoslavia is going to be bombed, what do people in France say about it ?* »).

J'étais convaincu qu'il exagérait, que la propagande des médias de Milosevic l'intoxiquait. Une fois de plus, j'avais

---

Mais le débat à l'époque consistait à lancer des insinuations calomnieuses pour disqualifier l'adversaire. Alain Joxe et Véronique Nahoum-Grappe 13 jours plus tard (*Le Monde* du 25 mai 1995) dans le même journal crurent donc étouffer la question posée à juste titre par Kenney (et donc tout débat rationnel sur cette guerre) en l'accusant de ressortir une « *version en tout point en accord avec la nouvelle ligne officielle de Belgrade* ». Douze ans plus tard, le 21 juin 2007, une dépêche d'*Associated Press* révélait que la guerre de Bosnie selon une étude menée pendant trois ans par le Centre de Documentations et de Recherche basé à Sarajevo a abouti au chiffre de… 97 000 morts entre 1992 et 1995 dont 65 % de Musulmans…

besoin d'épouser la « hauteur de vue » occidentale, me persuader qu'on ne bombardait pas un pays pour quelques assassinats, que les choses étaient plus complexes. J'avais surtout besoin de me faire croire que je n'aurais pas à m'impliquer davantage dans les tragédies de notre temps, que le drame yougoslave ne me concernerait pas. D'ailleurs j'en étais persuadé : on ne part pas si facilement en guerre. Il avait fallu des milliers de morts en Bosnie pour que l'OTAN attaque le QG de Karadzic. Lorsque je relis nos échanges de mails de cette époque, je découvre même que je poussais à l'occasion l'outrecuidance (je le fis le 4 octobre 1998) jusqu'à tenter de lui expliquer que les bombardements seraient un « moindre mal » pour freiner le nationalisme de Milosevic et éviter un embrasement complet des Balkans.

Hélas les gens qui ont un pistolet sur la tempe ne se résignent pas facilement au silence. Ils savent être intarissables et précis sur la menace qui les frappe. Le 25 septembre 1998, le courrier électronique de Boris fut circonstancié comme un rapport d'état-major militaire :

« Non mon ami, ce n'est pas une astuce de Milosevic. L'officier de défense Slocomb[9] *et Rue (le ministre allemand)*[10] *ont finalisé leur plan de bombardement des cibles militaires serbes. Il ne reste plus qu'une étape avant le bombardement : ils ont posé un ultimatum de 7 à 14 jours – si d'ici là ce qu'ils appellent la « répression » n'a pas pris fin, alors ils n'hésiteront pas à passer à l'attaque ; et ce ne serait pas la première fois, comme tu le sais.*

9. En réalité Walter Slocomb était vice-secrétaire à la défense.

10. En fait il s'agit du ministre de la défense Volker Rühe.

Ils ont même annoncé que ce sera un bombardement avec des missiles Tomahawk. »[11]

Dans les jours qui suivirent, Boris compléta son compte-rendu journalistique par un tableau vivant et imagé de la panique qui s'emparait des gens autour de lui. Il essayait d'y mêler un certain humour pour sauver un semblant de dignité – un trait culturel profondément serbe, ai-je appris plus tard – mais ça ne faisait que mieux souligner ce que les Belgradois avaient en tête : dans huit jours des missiles pleuvraient sur eux, et ils ne pouvaient rien y faire, sauf se plier aux exigences de ceux qui avaient le doigt sur la gâchette.

C'est lui qui avait raison, en effet. Le jeudi 1er octobre 1998, les États-Unis mettaient en demeure le gouvernement yougoslave de retirer ses troupes du Kosovo et l'OTAN était chargée de définir une liste de cibles à bombarder sur le territoire serbe. Le porte-parole du Département d'État James Rubin demandait aux ressortissants américains vivant en République fédérale de Yougoslavie (RFY) de quitter ce pays en prévision de possibles bombardements.

Pour la première fois, pendant une dizaine de jours, je dus tenter d'imaginer comment je vivrais si Paris était de la sorte sous la menace des missiles de croisière américains, me placer du point de vue du bombardé.

---

11. *No my friend it is not a Milosevic trick. American defense officer Slocomb and Rue (German minister) have finished their plan for bombing Serbian army targets. There is only a step from bombing : they have set a ultimatum until 7 or 14 days : if the « repression » doesn't stop till then, they will not hesitate to attack ; that wouldn't be the first time you know. They even announced that it will be a Tomahawk bombing.*

Le 13 octobre 1998, le représentant américain Richard Holbrooke obtenait l'accord du gouvernement yougoslave pour une trêve assortie d'un retrait partiel des troupes fédérales, le tout supervisé par 2 000 « vérificateurs » de l'Organisation pour la sécurité et la coopération en Europe (OSCE), une structure qui avait exclu la RFY de la liste de ses membres mais où siégeait encore la Russie (laquelle pouvait jouer, supposait-on, un rôle modérateur).

Il semble qu'une initiative d'un officier français, le commandant Pierre Bunel, ait contribué à enrayer le processus de guerre à ce moment-là, car les plans de bombardements avaient été transmis à l'état-major yougoslave.

Ce fut donc une fausse alerte, mais elle introduisait ma conscience civique dans une nouvelle phase de questionnement. Jusqu'en octobre, j'avais dû me demander si mon pays, qui avait contribué à l'éclatement de la Yougoslavie, avait encore le droit d'asphyxier les hôpitaux de Belgrade. Désormais l'actualité me forçait à envisager une hypothèse bien pire : celle d'une guerre ouverte.

Boris, que j'assaillais de questions sur Internet, était convaincu qu'une « sale guerre » se déroulait au Kosovo, qui n'était pas génocidaire mais comparable à la guerre d'Algérie, à ceci près que les Serbes – à la différence des Français –, n'étaient pas les éternels colonisateurs, mais d'ex-colonisés, qui avaient subi le pouvoir albanais sous l'empire ottoman, et, récemment encore, dans les années 70-80 quand certains Albano-kosovars avaient tenté de « déserbiser » le Kosovo pendant la période de l'autonomie (notamment en laissant s'installer au Kosovo des dizaines de milliers d'Albanais d'Albanie).

Pour ma part, j'essayais de raisonner par analogie, tout en restant extrêmement concret. Pour ce faire, il fallait imaginer un événement qui ne se produirait jamais en Occident, mais qui fût la transposition de ce qui se passait dans les Balkans. Il fallait supposer, dans un monde imaginaire, disons une France catholique qui n'aurait jamais colonisé personne, mais qui aurait été entièrement occupée par l'Angleterre protestante pendant cinq siècles après la guerre de Cent Ans (l'Angleterre ne fut protestante que longtemps après la guerre de Cent ans, mais c'est la seule image qui me vienne à l'esprit pour faire ressortir la différence entre colonisateur et colonisé dans les Balkans). Les Bretons, au nom d'une solidarité culturelle historique, auraient été les plus fidèles serviteurs de l'occupant anglais comme les Albanais l'avaient été des Ottomans.

Supposons que la France eût acquis tant bien que mal l'indépendance au XIXe siècle. Pendant cent ans, elle se serait efforcée de construire son nouvel État avec tous les peuples qui parlent sa langue, tout en jouant (au sein du Mouvement des non alignés) un rôle actif pour l'indépendance des nations du Sud. Elle aurait, qui plus est, combattu vertueusement le nazisme et le stalinisme dans les années 1940 en perdant beaucoup de ses fils dans les camps de la mort (comme le firent les Serbes). Imaginons maintenant que cette petite France glorieuse entre dans la tourmente : que, dans les années 1990, l'Alsace et le Rhône-Alpes, avec le soutien de l'Allemagne, aient tenté de faire sécession et que, au prix d'une guerre civile atroce, grâce à l'appui militaire des États-Unis, ces régions l'aient obtenu. Enfin imaginons, qu'après cette histoire terrible, les nationalistes bretons, anciens alliés de l'Angleterre qui nous colonisa, demandent à leur tour l'indépendance et chassent les Français du Morbihan et d'Ille-et-Vilaine.

La guérilla bretonne, une guérilla stalinienne très brutale, eût été si puissante que le président Chirac aurait dû envoyer l'armée là-bas, tandis que notre pays restait sous embargo (au passage on peut se demander si la France, dans ce genre de crise, serait restée une démocratie exemplaire, elle qui bascula si vite dans le pétainisme à la première défaite militaire face à l'Allemagne). Imaginons donc que la guerre en Bretagne dégénère lamentablement, qu'il y ait des exactions de part et d'autre. Supposons par ailleurs que les Français de la nouvelle République indépendante du Rhône-Alpes soient opprimés par les Savoyards, qu'il y ait cinq millions de réfugiés du Sud-Est aux portes de Paris (en Serbie, un dixième de la population étaient des réfugiés), et que moi-même je ne puisse ni suivre des études normalement, ni me soigner, ni voyager, et que partout on explique que la France est un pays « nazi ».

Et puis soudain, un beau jour, j'apprendrais que les États-Unis ont déployé une flotte de guerre dans la Manche, avec pour unique ultimatum : « M. le criminel de guerre Jacques Chirac, vous avez huit jours pour retirer vos troupes de Lorient et de Rennes où elles protègent les civils, sans quoi nous enverrons des missiles de croisière sur le ministère de la défense, rue Saint-Dominique, le ministère de l'Intérieur, place Beauveau, et le plateau militaire de Satory, au dessus Versailles, avec, évidemment, des risques de dommages « collatéraux », c'est-à-dire que le château de Versailles, l'hôpital Laennec et quelques autres immeubles pourraient bien subir des destructions lourdes ».

Voilà à peu près dans quelle situation se trouvaient mon correspondant Boris et son pays. Voilà comment je devais tenter d'imaginer les choses si je voulais comprendre ce qu'il vivait et juger sérieusement les tenants et aboutissants, sans verser dans le mépris habituel des journalistes occidentaux, lesquels considéraient cette histoire d'ultimatum comme une anecdote, une étape de notre combat civilisateur contre la « barbarie des Serbes » et pour la paix dans les Balkans.

Heureusement la crise eut une issue pacifique. Le gouvernement de Belgrade s'affranchit de la menace en acceptant la présence d'observateurs de l'OSCE au Kosovo, une présence qui semblait avoir affaibli de part et d'autre les ardeurs guerrières et donnait une nouvelle chance aux mouvements pacifiques dans la région. Du reste, ce compromis montrait bien, à nouveau, que le régime de Milosevic – qui avait déjà en 1995 à Dayton accordé aux États-Unis ce qu'ils voulaient – n'était pas la dictature intraitable qu'on décriait.

Bien sûr j'ignorais, à l'époque, que la mission de l'OSCE, dirigée par l'Américain William Walker, remplissait en réalité des missions de renseignement au profit des extrémistes de l'UCK et leur livrait du matériel de télécommunication en préparation de nouvelles opérations de guerre[12].

La gravité de la menace de guerre avait posé à nouveau la question du projet de créer un site sur Internet consacré à l'information alternative, parallèlement au site de forums philosophiques que je continuais d'animer. Mais ni Hervé-Christian ni moi n'avions de temps à y consacrer.

---

12. Cf par exemple la déclaration du vérificateur Pascal Neuffer, *La Liberté*, Genève 22 avril 1999.

Et puis des différends substantiels demeuraient entre Boris et moi, qui surgirent en octobre-novembre, notamment sur l'affaire Pinochet. À cette époque un lobby de juristes de gauche – notamment le procureur espagnol Baltzar Garzon, qui fut un des maillons les plus visibles de cette chaîne – s'était arrangé pour faire arrêter l'ex-dictateur chilien Augusto Pinochet, le 17 octobre 1998, à l'occasion d'une de ses visites à son amie Margaret Thatcher à Londres. L'affaire fit grand bruit car on se demandait alors s'il n'y avait pas dans cette action, en germe, la mise en place d'une justice internationale qui permettrait d'arrêter tous les dictateurs à l'occasion de leurs déplacements et faire en sorte qu'aucun de leurs crimes ne demeure impuni. J'étais moi-même à ce point pénétré de l'idéologie des droits de l'homme qui sacralise les droits des victimes au détriment des logiques politiques – c'est-à-dire des États – que j'approuvais ce processus. Boris, au contraire, mêlait sa voix sur le forum Internet anglais *Living marxism*, à celle des partisans de la libération inconditionnelle du général Pinochet. Ceux-ci invoquaient la dignité des peuples du Tiers-Monde – car l'arrestation de l'ex-dictateur en Europe constituait, disaient-ils, une insulte néocoloniale à la souveraineté de la justice chilienne –, et le risque d'un dérèglement complet des relations internationales, qui conduirait bientôt à l'arrestation de Fidel Castro, Yasser Arafat, et bien d'autres leaders au gré des actions de tel ou tel groupe de pression.

Ce débat m'intéressait car il me conduisait aussi à examiner la légitimité du Tribunal pénal international sur l'ex-Yougoslavie, auquel Boris, textes à l'appui, reprochait d'avoir été formé dans des conditions illégales par le Conseil de sécurité de l'ONU, de dépendre de ses financeurs occidentaux, et de ne sanctionner durement que les criminels de guerre serbe, sans inquiéter aucunement les miliciens croates et musulmans (ce qui était au demeurant parfaitement vrai à l'époque, de sorte que ce tribunal n'était qu'un instrument de propagande). J'étais prêt à suivre Boris dans certaines de ses démonstrations, mais je trouvais qu'en exigeant la libération de Pinochet (qui était une icône de la répression fasciste dans les années 1970), il s'attaquait à un symbole et, d'une certaine façon, se coupait de mon univers de valeurs.

Dans la réflexion politique tout est affaire de connotations. La force d'un système idéologique tient aux connotations qu'il vous fait projeter sur des mots – et la difficulté consiste précisément à réfléchir aux choses sans le conditionnement des connotations dominantes. Ceci est d'autant plus avéré dans une société où l'image est hégémonique au point que les écrits eux-mêmes n'ont plus de sens qu'en référence à des clichés martelés et passés en boucle à la télévision. J'aurais pu prendre les arguments de Boris pour ce qu'ils étaient, et, à la limite, ignorer la conclusion qu'il en tirait – « Libérez Augusto Pinochet » – pour m'en tenir à une réflexion plus générale sur l'impact effectivement négatif de ce genre d'arrestation « sauvage » sur l'ordre politique et juridique mondial. Mais j'étais encore trop englué dans le style de pensée dominant, et la position de Boris sur l'affaire Pinochet, ressuscita en moi toute cette imagerie hostile aux Serbes, qui les dépeignait comme de dangereux « rouges-bruns », mi-communistes, mi-fascistes, prêts à soutenir n'importe quel dictateur.

Cependant il serait erroné de prétendre que ce fut là la cause majeure de ma prise de distance avec Boris pendant l'hiver 1998-1999. La raison principale fut la routine, tout simplement, le poids du quotidien. Je n'avais pas une âme de batailleur. J'aimais mieux avoir avec Boris des conversations « culturelles », sur Camus, Braudel. Il en était friand. Je préférais rester sur ce terrain lorsque je lui écrivais.

*

* *

Le 16 janvier 1999, William Walker accusait les forces de sécurité yougoslaves d'avoir massacré 45 civils dans le village de Racak. Selon des témoins albanais, la police avait cerné le village, séparé les femmes des hommes, puis tué ces derniers. Le ministère des affaires étrangères yougoslaves, quant à lui, expliquait que le 15 janvier des combats armés avaient eu lieu près de Racak à la suite d'une enquête de la police sur le meurtre d'un officier serbe par l'UCK dans le secteur huit jours plus tôt. En réalité, les autorités yougoslaves avaient invité le jour même la télévision d'*Associated Press* à filmer la prise du bastion des terroristes. Celle-ci avait donc les images du combat, et la mission de l'OSCE (KVM) avait été informée. Les 20 et 23 janvier, le correspondant en Yougoslavie du *Figaro* confirmait ces points. Diverses sources ont ensuite avancé, à partir du travail des médecins légistes, qu'une partie des cadavres avait été déplacée et amenés à Racak tandis que William Walker lui-même empêchait le juge d'instruction yougoslave sur place de faire son enquête. Cette affaire de Racak avait donc toutes les allures d'un coup monté[13].

---

13. « Yougoslavie : une guerre impérialiste pour instaurer un nouvel ordre mondial »,Tania Noctiummes et Jean-Pierre Page, in *Maîtres du monde ? ou les dessous de la guerre des Balkans ?*, Pantin, Le Temps des Cerises, 2000.

Exploitant, comme ils l'avaient fait quelques mois plus tôt, avec Gornje Obrinje, l'émotion de l'opinion publique savamment construite par les médias, les Occidentaux convoquèrent, sous la menace de nouveaux bombardements, le gouvernement yougoslave à Rambouillet.

Jusqu'au bout je voulus croire que Rambouillet conduirait à la paix. Après tout, en octobre, nous nous étions inquiétés pour rien. Je croyais encore qu'un fond de bonne volonté orientait les diplomaties européennes et pouvait modérer celle des États-Unis.

J'étais dans l'erreur.

Nous savons aujourd'hui que Rambouillet fut une farce. De tous les éléments de l'» accord » présentés au gouvernement yougoslave, aucun n'était négociable.

Le volet politique des accords prévoyait l'autonomie du Kosovo. La délégation yougoslave accepta. Le volet militaire (annexe B des « accords »), lui, imposait l'occupation permanente du Kosovo par les forces de l'OTAN en dehors de tout contrôle des autorités yougoslaves. Les articles 8 et 9 prévoyaient un droit de circulation absolue des troupes de l'OTAN sur l'ensemble du territoire de la République fédérale de Yougoslavie et d'utiliser les aéroports, les voies de communication y compris la radio : bref d'occuper l'ensemble de la RFY. George Kenney a estimé à juste titre que la délégation américaine avait « délibérément placé la barre si haut que les Serbes ne pouvaient pas la passer »[14]. La délégation yougoslave proposa une autre forme de présence internationale au Kosovo. Cette alternative fut ignorée.

---

14. *The Nation* 14 juin 1999.

Par la même occasion, le groupe ex-stalinien sectaire UCK était reconnu comme le représentant légitime du peuple albano-kosovar au détriment des porte-parole traditionnels de la société kosovare comme la LDK d'Ibrahim Rugova.

Après l'échec de l'ultimatum, l'OTAN prépara la guerre. La « Une » du *Courrier International* du 18-24 février 1999, (un magazine de renom qui dépendait du groupe financier l'Expansion-Vivendi lequel allait décrocher le marché d'approvisionnement en eau des réfugiés du Kosovo puis se positionner sur l'approvisionnement en eau de Kosovska-Mitrovica[15]) exhibait sur tous les kiosques à journaux la photo d'un jeune nationaliste extrémiste au crâne rasé et au visage bariolé sous le titre « Les Serbes, comment une nation fabrique son malheur »...

15. AFP 2 juillet 1999.

Chapitre Deux
Le bombardement de la Serbie

Le 22 mars 1999, une dépêche de l'AFP annonçait que le dispositif de bombardement de la République fédérale de Yougoslavie était enfin prêt. Les pays de l'OTAN avaient d'abord envisagé une attaque légère suivie d'un répit pour permettre ensuite au gouvernement yougoslave de revenir sur sa position et signer les accords de Rambouillet. Mais cette hypothèse était finalement jugée trop risquée. L'OTAN optait pour un bombardement massif. 400 avions étaient mobilisés, dont 250 américains.

Beaucoup de témoignages ont laissé entendre que les responsables de l'OTAN s'attendaient à une reddition rapide de Slobodan Milosevic.[16] C'était compter sans le consensus patriotique qui s'instaura immédiatement en Serbie face à l'ingérence occidentale. Quels que fussent les désaccords entre le peuple serbe et leur président, le sens de la dignité

16. « L'intervention de l'OTAN est une question de jours, pas de semaines » avait déclaré Hubert Védrine le 28 mars 1999.

nationale l'emportait dans l'opinion publique belgradoise : les bombardements de l'OTAN évoquaient le souvenir des bombardements nazis. Il n'était pas acceptable pour la plupart des Serbes – même les plus pro-occidentaux – que l'Amérique et l'Europe de l'Ouest imposent le règne de l'UCK au Kosovo, et qui, plus est, à coup de bombes et de missiles.

À ce sentiment se mêlaient à la fois l'attachement religieux des Serbes pour le Kosovo berceau de la culture nationale (avec ses monastères du bas Moyen-Âge), et une dignité mêlée de fierté qui permet de persévérer en ayant raison même contre tout le monde.

Un communiqué du futur président Kostunica, alors leader du Parti démocratique de Serbie, qui me fut transmis le 24 mars 1999 reflétait assez bien l'opinion dominante en Serbie :

« Il ne s'agit pas (de la part des Occidentaux) d'un quelconque intérêt pour la paix ou pour la souffrance des Albanais, mais plutôt d'une exigence américaine d'imposer son hégémonie sur la communauté internationale. Un totalitarisme s'est effondré à Moscou mais un autre est sur le point d'être instauré au sein de la communauté des nations. Ainsi, bravant toutes les protestations apparues de par le monde, ainsi que les mises en gardes formulées par des Américains bien éduqués selon lesquels les États-Unis ne devraient pas jouer le rôle de la « brute tyrannique du monde libre », un homme débordant d'ambition, et qui aujourd'hui séjourne à la Maison Blanche, pour la grande honte de ceux qui écrivirent la Déclaration d'Indépendance, a décidé, comme son prédécesseur à la veille de la seconde guerre mondiale,

de réorganiser l'ordre du monde. Les Serbes sont là pour en payer, peut-être, le prix le plus élevé. »[17]

*

*   *

La presse, éprise de sensationnel et soucieuse de mobiliser l'enthousiasme guerrier de nos concitoyens, répétait à longueur de journées les arguments favoris des lobbies anti-serbes (Comité Kosovo, Comité Sarajevo). Ces arguments étaient pourtant bien fragiles.

On nous parlait d'un manifeste de l'Académie des Sciences serbe de 1986, qui serait le programme génocidaire de l'État yougoslave. Mais ce texte, à le lire dans sa version française, n'était pourtant qu'un rapport établi dans une logomachie marxiste très datée sur la situation économique de la Yougoslavie, qui sur le versant « ethnique » se bornait à souligner l'existence d'une agression albanaise contre les Serbes dans le cadre du régime d'autonomie des Kosovars et recommandait un renforcement des prérogatives juridiques de la République serbe. Rien qui pût rappeler de près ou de loin

---

17. « *We are not talking here about some care for peace, or concern over the Albanians' suffering, but rather an American bid to establish its hegemony over the international community. One totalitarianism collapsed in Moscow, and another one is to be established in the world community. Defying protests across the world and warnings by well educated Americans that the United States should not take over the role of a « bully of the free world, » a man of unbridled ambition, who is in White House today to the shame of those who had created the Declaration of Independence, decided, just like his predecessor on the eve of World War II, to rearrange the world order. The Serbs are here to pay, perhaps, the highest price.* »

Mein Kampf… La collusion entre Milosevic et les extrémistes serbes de Bosnie, reposait sur des pièces contestables (que d'ailleurs le Tribunal pénal international quelques années plus tard n'allait pas établir) ; et, en toute hypothèse, la filiation entre la Bosnie et le Kosovo n'allait aucunement de soi. On dénonçait le régime d'« apartheid » au Kosovo, mais on découvrait incidemment, en lisant les sites contestataires sur Internet, que les nationalistes Albanais depuis longtemps avaient refusé la logique fédérale yougoslave, notamment lorsqu'ils avaient bénéficié de l'autonomie, et qu'ils s'étaient eux-mêmes mis en marge de l'ordre de social en 1989 en refusant de prêter les serments de fidélité aux lois yougoslaves exigés d'eux pour l'obtention d'emplois publics. On nous parlait de génocide au Kosovo, mais on ne voyait la trace que d'exactions militaires serbes désordonnées dans les zones où l'UCK faisait régner la terreur, et tout ce que l'on pouvait conclure de cela c'est qu'un bombardement occidental ne ferait qu'aggraver l'ampleur des massacres, aucune bombe n'ayant eu pour effet de calmer des hommes armés…

Ce qui sautait aux yeux en revanche, c'était l'extrême arrogance des Américains qui poussaient les pays européens réticents à s'engager dans une logique de guerre.

On connaissait les travaux des stratèges américains démocrates comme Zbigniew Brzezinski, l'homme qui se vantait d'avoir pris au piège les Soviétiques en 1979 en les poussant à intervenir en Afghanistan[18] et qui venait dans un ouvrage, *Le Grand Échiquier,* de théoriser la méthode de conquête des Balkans et de l'Asie centrale pour le contrôle du pétrole. Des

18. *L'Événement du jeudi* 14 janvier 1998.

intellectuels américains indépendants avaient disséqué la doctrine prônée par les rapports de la Fondation Carnegie[19] qui déjà en 1992 avaient prôné l'instrumentalisation de l'OTAN par les États-Unis, le court-circuitage de l'ONU et le soutien aux revendications des minorités ethniques pour légitimer des interventions armées « humanitaires » qui permettent ensuite la création de nouvelles bases militaires. On savait que Madeleine Albright consultait ces lobbies[20] et partageait leur point de vue belliciste : *« À quoi sert d'avoir la plus grande force militaire au monde si on ne l'utilise pas ? »* avait-elle déclaré en 1997. À côté de cela, de lourds enjeux économiques se profilaient. Un chroniqueur de la presse démocrate disait les choses abruptement : *« Pour que la globalisation marche, l'Amérique ne doit pas craindre d'agir comme la superpuissance omnipotente qu'elle est. La main invisible du marché ne fonctionnera jamais sans un poing caché. Mc Donalds ne peut être prospère sans Mc Donnel Douglas, le constructeur de l'avion F 15. Et le poing caché qui garantit un monde sûr pour les technologies de la Silicon Valley, ce poing s'appelle Armée des États-Unis, Air Force, Navy et Marines. »*[21] Bill Clinton allait dans leur sens : *« Si, nous voulons des relations économiques solides, nous permettant de vendre dans le monde entier, il faut que l'Europe soit la clé... C'est de cela qu'il s'agit avec toute cette chose du Kosovo »*[22].

---

19. Cf *Maîtres du monde ? ou les dessous de la guerre des Balkans*, Paris, Le Temps des Cerises 2 000 p. 93 et suivantes.

20. *The New York Times,* 14 mai 1997.

21. *The New York Times,* 28 mars 1999.

22. *The Nation*, 19 juin 1999.

Mais cela personne ne voulait l'entendre, parce que Bill Clinton n'était pas George Bush. Comme John Kennedy – qui bénéficiait d'une aura étrange dans l'histoire du XXe siècle alors pourtant qu'il fut l'initiateur de la guerre du Vietnam – Clinton semblait trop sympathique, trop moderne, et surtout trop « de gauche » pour passer pour une brute sanguinaire. Et pourtant il y avait derrière lui des lobbies plus guerriers et interventionnistes qu'au sein du Parti républicain.

C'était peut-être cela, l'impensable, pour nos contemporains : songer que des partis de centre-gauche comme le parti démocrate américain, ou le SPD allemand, et leurs jeunes dirigeants en jeans et basket qui avaient fumé du shit dans les années 1970 comme Tony Blair[23], ou évité de faire leur service militaire comme Clinton, voire craché sur l'armée comme Joschka Fischer, le ministre allemand des affaires étrangères « vert », ou Javier Solana, le secrétaire général de l'OTAN, ancien ministre de la défense socialiste en Espagne[24], pussent être belliqueux, et même plus que les politiciens de droite.

Or nous en étions là : la gauche européenne en 1999, comme Jules Ferry dans les années 1890, menait une guerre

23. Selon le général Jackson, c'est Blair qui joua un rôle majeur pour convaincre les États-Unis et les autres pays de l'OTAN d'engager l'opération armée en Yougoslavie – cf *The Telegraph*, « There's a minefield just ahead in Kosovo », 12 septembre 2007 http://www.telegraph.co.uk/opinion/ main.jhtml?xml=/opinion/2007/12/09/do0906.xml.

24. Garcia Marquez a écrit un article magnifique sur le double visage de Solana à cette époque – « La OTAN bombardea Yugoslavia » *El Pais* 10 avril 1999.

coloniale saturée d'idéologie avec une étonnante ardeur martiale. Au delà même des intérêts géostratégiques – le pétrole, la mondialisation – elle rajoutait à la Raison d'État une couche de projections fantasmatiques qui levaient en elle toute inhibition.

C'était un étrange combat d'arrière-garde contre les fantômes du passé – le nazisme et le stalinisme – projetés à tort sur la petite Serbie déshéritée. Laurent Joffrin de l'hebdomadaire social-démocrate *Le Nouvel Observateur* l'énonçait en ces termes surréalistes : *« Contrairement aux idioties qu'on entend, l'idée de mettre la force au service du droit n'est pas spécialement américaine. C'est aussi et surtout celle de la gauche démocratique européenne, celle de Victor Hugo, de Jean Jaurès ou de René Cassin. On n'a pas assez remarqué que cette guerre est menée par quatre chefs de file sociaux-démocrates, français, allemand, italien et anglais, tous formés par le socialisme des années 70, et qu'elle les oppose à un ancien communiste passé au nationalisme, autrement dit qui conjugue en sa personne les deux ennemis mortels de la social-démocratie. »* (*le Nouvel Observateur* 08/04/1999 – n° 1796).

Fantasmes idéologiques, intérêts stratégiques et ignorance des réalités concrètes s'entremêlaient dans une folle course au renversement de Milosevic (qui était pour tous l'alpha et l'oméga des problèmes balkaniques). Une seule crainte empêcha l'engagement dans une guerre totale (et notamment l'intervention au sol) : le risque de voir nos armées s'enliser sur un terrain accidenté sous le feu d'une armée yougoslave préparée depuis quarante ans à ce genre d'agression. Nous ne voulions aucun mort dans les rangs de nos soldats, malgré les cris véhéments et irresponsables de nombreux partisans de la

« guerre humanitaire » qui désiraient voir nos armées planter le drapeau de l'OTAN sur le Parlement de Belgrade.

Claude Lanzmann, le producteur du film « Shoah » allait dire cette année-là que l'agression de l'OTAN contre la Serbie était « l'affaire Dreyfus du XXe siècle »[25]. Je crois qu'il avait raison. Hélas ce fut une affaire Dreyfus où les anti-Dreyfusards allaient gagner la bataille.

*

* *

Pour moi ce furent les jours de la plus grande désillusion et de la plus forte amertume. Je vis fleurir autour de moi tout ce qui me faisait horreur.

– L'hypocrisie juridique : Nous prétendions défendre le droit, et nous violions tous les principes – le principe de non-agression posé par la charte des Nations-Unies était bafoué (une grande conquête du droit des peuples, pourtant...), de même le principe de consultation préalable du Conseil de Sécurité de l'ONU, et le texte même du traité de l'Atlantique Nord qui ne prévoyait pas de transformer l'Alliance défensive en organe d'agression. Nous méprisions aussi le droit interne des États qui fut allègrement ignoré. Pratiquement aucun pays de la coalition ne consulta son Parlement. En France, le Premier ministre se borna le 23 mars 1999 à informer le gouvernement au cours d'une réunion anticipée du Conseil

25. Déclaration de Lanzmann faite dans le cadre de la conférence « Après l'émotion la réflexion politique », Fondation Marc Bloch, 29 mai 1999, citée par Peter Gowan sur http://www.counterpunch.org/gowan.html.

des ministres le matin, et de transmettre un message à l'Assemblée nationale l'après-midi[26]. La guerre fut pilotée par seulement trois personnes entourées de leurs conseillers : le président de la République de droite, Jacques Chirac[27], qui se

---

26. On releva avec amusement d'ailleurs que le très mitterrandien président de la commission de défense de l'Assemblée nationale Paul Quilès passa plusieurs jours à prôner une solution intégrant l'ONU sans être dutout entendu. La gestion dictatoriale de la politique étrangère est une spécialité française qui a déjà provoqué par le passé des scandales, en ce qui concerne la politique africaine notamment.

27. Son rôle fut de faire taire les voix discordantes au sein du RPR, notamment son secrétaire général Philippe Seguin qui le 24 mars 1999, sur la chaîne de télévision « Canal Plus », se déclara « consterné qu'on aille bombarder un pays européen ». Deux heures après la publication du compte-rendu de l'AFP, le secrétaire général du RPR, sous la pression de l'Elysée, est obligé de publier un communiqué de presse dans lequel il juge « courageuse (...) la décision de la France de participer aux actions de l'OTAN » (*Le Canard Enchaîné* du 31 mars 1999). À droite seuls de vieux gaullistes comme Marie-France Garaud qui déclara à la télévision française le 28 mars 1999 : « *C'est à cause du refus des forces d'interposition, car les Serbes avaient reconnu l'autonomie du Kosovo que nous sommes intervenus dans un État souverain sans consulter les Nations Unies. Mais si nous voulions l'indépendance du Kosovo, il fallait le reconnaître. De deux choses l'une : ou la Serbie est un État souverain et dans ce cas, nous devons demander aux Nations Unies l'autorisation d'intervenir ; ou le Kosovo est reconnu antérieurement comme un État souverain et la situation est différente(...) je regrette que la France n'ait pas joué son rôle – que s'il y avait un État qui pouvait obtenir de Milosevic plus que les autres, c'était la France parce que les liens de notre pays avec la Serbie sont des liens forgés dans le sang et par l'histoire et il eut été préférable que ce soient les Français, peut-être d'ailleurs avec les Russes, et non un consortium franco-allemand, qui auraient dû être les acteurs de cette affaire.*» (émission « Public » sur TF1 – 28 mars 1999 http://www.defense.gouv.fr/defense/archives/discours_du_ministre_de_la_defense_de_1998_a_2002/min_def/979899/d290399/290399_htm).

targuait de bien parler l'anglais (à la différence de son prédécesseur) et d'entretenir d'excellentes relations personnelles avec Bill Clinton, un premier ministre socialiste, Lionel Jospin et un ministre des affaires étrangères qu'on disait à l'époque (mais peut-être à tort) lui aussi fasciné par les États-Unis.[28]

– La manipulation grossière des esprits par un matraquage médiatique. Images chocs de victimes de massacres, manipulation de l'histoire, épouvantail d'un risque d'alliance « slave » contre l'Occident, diffamation croissante du peuple serbe, tantôt accusé de nazisme, tantôt taxé de fanatisme religieux. Un peuple « halluciné » dira un ministre français. Diabolisation de quiconque essayait de reposer le débat en termes rationnels.[29] Chaque semaine le Président Chirac allait apparaître à la télévision pour nous expliquer que cette guerre était un combat de « la civilisation contre

28. Le Journal satyrique français *Le Canard Enchaîné* qui, traditionnellement, recueille les confidences des hauts fonctionnaires et ministres, écrivait le 7 avril 1999 : « C'est un ministre jospiniste pur jus qui parle et qui, sous couvert d'anonymat, dresse ce réquisitoire contre Hubert Védrine le ministre des Affaires étrangères : « Dans cette affaire du Kosovo, c'est Hubert Védrine qui a mené la danse. Il a fait totalement confiance aux Américains et à Madeleine Albright. » Une autre confidence corrobore celle-ci : « En privé, d'ailleurs, un conseiller de Matignon confirme que Lionel Jospin se montre de plus en plus critique à l'égard de Védrine et de sa "fascination" (sic) pour Madeleine Albright ».

29. Par exemple, le dimanche 28 mars 1999 au soir question perfide d'une journaliste célèbre à une ministre communiste, sur la troisième chaîne de télévision : « Mais enfin, Milosevic, c'est le fascisme. Vous ne croyez pas qu'il faut faire la guerre au fascisme ? »

la barbarie »[30]. Le racisme antiserbe était palpable dans l'air, et cela revenait sans cesse, sur les ondes radios, vingt, quarante fois par jour. *France Infos* toutes les heures, journaux télévisés de midi et du soir, journaux écrits, tout le monde disait la même chose, et tout le monde rêvait de mettre la Serbie à genoux. Un écho au gros titre de la presse autrichienne en 1914 : *Serbien muss sterben.*

*

* *

Il fallut supporter ce premier soir de bombardement sur la Serbie où les journalistes fébriles filmaient avec avidité le décollage des bombardiers.

Premier soir mémorable : des commentateurs enthousiastes, des avions flambant neufs décollant des porte-avions comme dans les films de guerre.

Mais j'avais Internet. *Nous* étions une poignée de privilégiés à y avoir accès et surtout à savoir nous en servir pour autre chose que pour regarder des sites érotiques. On ne pouvait plus nous mentir. À 22 h 40 j'écrivais à Boris *: « La correspondante de France qui témoignait depuis un hôtel de luxe dit que tout va bien à Belgrade, que les taxis circulent normalement.»* Réponse de Boris une heure plus tard : *« c'est un mensonge, n'y crois pas. Les voitures dans les rues ce sont des actes*

---

30. Un thème qui lui était cher et qu'il allait reprendre à la septième conférence des ambassadeurs du 26 août 1999 : « *Ce siècle, qui s'est ouvert, en 1914, sur la tragédie de Sarajevo et qui a vu tant d'horreurs, s'achève au Kosovo par une victoire contre la barbarie.* » (http://www.chez.com/euroscepticisme/ressources/Chirac_ambassadeurs_26-08-99.html).

désespérés et des gens paniqués plutôt que raisonnables qui essaient de « fuir » mais pour aller où ? » et un peu plus tard « *La ville est dans le même état de guerre que Beyrouth autrefois* »[31].

Tous les mails de Boris qui suivirent furent du même tonneau. Il y en eut 5 à 10 par soirée pendant trois mois :

« *C'est vraiment incroyable comme situation – je suis dans l'attente d'être bombardé par des Tomahawks ! j'espère juste que ma maison (mon immeuble, mon quartier) sera épargnée. Merci de continuer à me tenir informé. Bye. /Post-scriptum : ils ont annoncé une nouvelle vague d'attaques sur le point de commencer. Les gens de gauche à Rome sont devant l'ambassade des États-Unis et vont manifester toute la nuit. Qu'en est-il à Paris ?* » (24 mars – 23 h 34)[32]

« *Le signal continue (cette horrible sirène), on s'attend à de nouvelles attaques. Il est confirmé qu'un bombardier a été descendu et deux ou trois Tomahawks ont été déviés par notre armée. Ils ont détruit l'usine qui fabriquait des petits avions pour l'agriculture ! quelques bases militaires, quelques cibles à Belgrade – à l'aéroport, des petits radars pas loin de la maison de Maja, et un système d'adduction d'eau. Nous avons encore de la*

---

31. « *It's a lie. Don't swallow it. The cars on the streets are desperate and not particularly reasonable acts of panic of some people who are trying to « escape ». « Where to, I wonder…* » / « *The city is in Beirut stadium of war* » *(sic)*

32. *It s a really undescribable situation – I am waiting to be bombed by tomahawks ! I only hope that my house (block, part of town) will be spared. Thank you for your contiuious informations Bye, /PS they have just announced new attacks which are about to begin. Leftist from Rome are infront the USA embassy and they ll be demonstrating whole night. What about Paris ?*

lumière, le téléphone et l'électricité. L'état de guerre et la mobilisation en masse ont été déclarés. Ils ont tiré sur Pristina et le Kosovo aussi, et aussi sur le Monténégro, et quatre villes de Voïvodine. Des familles ont été tuées. »[33] (25 mars 0 h 42)

« Mon cher ami, merci pour ton soutien. Je suis au milieu de l'agression des bombardements occidentaux. Des civils sont tués. Ils tirent sur vingt cibles. Je suis paralysé de peur. Je suis dans mon appartement dans l'attente d'être bombardé. C'est vraiment horrible. J'espère qu'on restera en contact. Le bombardement va durer toute la nuit. »[34] (24 mars 1999, 21 h 44)

« Les cibles sont principalement militaires, mais elles ne sont pas précises. Des civils qui ont été tués étaient des réfugiés de Bosnie et de Croatie – deux familles. Je ne veux pas aller dans les abris sous-terrains, qu'ils aillent se faire foutre !!! Ils me le paieront, si je survis, d'une manière ou d'une autre… Ce sont des meurtriers de sang-froid. Ils ont même tiré sur les tuyaux

---

33. *The signal (that horible sirene) is still on alert and they are expecting new attacks in this phase.It has been approved that one bomber is shot down. Couple of tomahawks has been misguided by our army too. They destroyed the factory for agricultural airplanes (!), few millitrary bases, few targets in Belgrade-airports, radars, not very far from Maya's house, and water system supliying. We still have light, phone and eletricity. The war situation and mass mobilization is being declared. They have shot Pristina and Kosovo too as well as Montenegro and four towns in Vojvodina. Some fammilies are killed insofar during the action.*

34. *My dier friend, thank you for your support. I am in the middle of agression of Western bombings. Some civilians are killed.20 targets are shot. I am paralised by fear. I am in my appartment, waiting to be bombed. It is really horrible. I hope we ll stay in touch. The bombardement is going to long for the whole night.*

d'adduction d'eau potable et les réservoirs. »[35] (24 mars 1999, 23 h 25)

Les nouvelles sur les civils serbes prenaient en moyenne deux minutes par jour en fin de journal sur les grands médias nationaux français et n'intéressaient guère[36]. Elles occupaient des pages entières sur mes écrans d'ordinateur. Plus jamais depuis lors je n'ai cru aux images de jeux vidéos qu'on nous ressort à chaque guerre, plus jamais je n'ai été dupe du ton détaché, voire méprisant ou amusé des journalistes occidentaux avides de spectacles extrêmes. Car j'avais désormais accès à l'envers du décor : *j'étais dans le réel…*

*

*   *

Puisque je savais un peu écrire, il était temps que je mette cette faculté au service de mon indignation. Le 23 mars 1999 un de mes premiers gestes fut d'inonder de textes le fax du sociologue Pierre Bourdieu au collège de France. Je pensais qu'il fallait qu'un grand intellectuel prît la tête du mouve-

35. *The targets are primarily military ones, but they are not precise. Civilians who were killed were refugees from Bosnia and Croatia – two fammilies. I dont want to go to the underground, they can fuck themselves!!!They are going to pay this to me, if i stay alive in one way or another… Cold blooded murdereours. They have even shot the wather supplies and reservoirs.*

36. Elle n'inspirait par exemple à Véronique Nahoum-Grappe qu'un bel acte de foi : « *En fait on ne craint rien dans le centre de Belgrade pour le moment, mais on y récolte tous les bénéfices psychologiques d'un terrible bombardement, sans aucun de ses inconvénients physiques* » (*Le Monde* 2 avril 1999). L'OTAN venait d'annoncer le 31 mars qu'elle inclurait les ministères en centre ville au nombre de ses cibles.

ment de refus de la guerre. Puisque Bourdieu avait, en 1995, décidé de cautionner le « mouvement social » contre la vague néo-libérale, il pouvait aussi, à mes yeux, se battre contre l'escalade militariste. Je le connaissais un peu. Un de ses amis d'enfance m'avait amené à sa maison de campagne en Béarn en juillet 1990 pour que je lui demande conseil sur mon avenir professionnel. Il m'avait suggéré de faire de la sociologie. Je n'ai pas suivi cette voie mais j'ai encore échangé par la suite deux ou trois brefs messages avec lui, je le savais réceptif aux réalités de ce monde, et je pensais qu'il serait du bon côté de la barrière cette fois encore. Le problème est que je ne voulais pas le contacter sous mon vrai nom, car je travaillais parallèlement avec un de ses collaborateurs sur un projet d'article dans un domaine très différent. Donc mes fax furent signés « Delorca », de sorte qu'il ne pouvait savoir qui lui écrivait et ne pouvait répondre (à supposer qu'il l'eût souhaité). Je ne pense pas que mon envoi eût une influence quelconque sur sa décision de publier un article aux côtés de Vidal-Naquet dans *Le Monde* du 31 mars 1999 contre les bombardements. Plus tard, en mai, allait paraître un *Appel pour une paix juste et durable dans les Balkans* signé par les mêmes auteurs ainsi que Chomsky et quelques autres célébrités. Ce texte faisait beaucoup de concessions, dans son vocabulaire et sur le fond, à la pensée des grands médias. Il nommait les Albanais « kosovars », comme si les Slaves ne l'étaient pas. Il ne critiquait en rien des mythes occidentaux concernant le « régime serbe », appelait juste à la paix, et à accorder l'asile politique… aux déserteurs. Oui, les déserteurs… On humiliait une nation et la gauche pacifiste trouvait seulement à dire : « Aidez leurs déserteurs, aidez ceux qui l'humilient encore plus ». Aider les déserteurs d'un pays qui se défend, c'est espérer qu'il perde la guerre plus vite. Ces gens-là non plus ne comprenaient pas le point de vue des bombardés[37]...

Boris, lui n'était pas déserteur. Juste réformé pour raison de santé – mais il avait quand même, tout anarchiste qu'il était, envisagé dans un élan de romantisme au tout début des bombardements de s'engager dans les brancardiers de l'armée. Pour secourir les blessés. Comme Nietzsche en 1870.

Il portait néanmoins un regard bienveillant sur le texte du *Mensuel de gauche* que je lui traduisis : « *Si ce genre de pétition ne fait pas de bien, elle ne fait pas de mal non plus.* » Il fallait être pragmatique... Fidèle à ce conseil de pragmatisme j'allais d'ailleurs, en mai, tenter de prendre contact par Internet avec le collectif qui soutenait ce manifeste. Sans succès il faut bien le dire : aucun de ses organisateurs n'allait me répondre. Mais c'est une constante à gauche de la gauche en France, elle allait se confirmer dans les années suivantes : les collectifs intéressants (ceux qui ont le sentiment de détenir un pouvoir intellectuel sur un sujet donné) ne s'ouvrent que sur cooptation. C'est un décalque des comportements universitaires.

---

37. Très marqué par la pensée trotskiste, cet appel reproduit le « ni Staline ni Churchill » des années 40, devenant désormais « ni Milosevic ni OTAN », sorte de confort petit-bourgeois jadis dénoncé comme tel par Roland Barthes dans ses *Mythologies*, et qui allait dissuader beaucoup d'intellectuels de gauche français de chercher à faire la part objective des faits. Un autre appel signé par des personnalités à gauche de la gauche comme Madeleine Rebérioux ou les philosophes Lucien Sève et Tony Negri allait paraître dans *Libération* du 23 avril 1999 pour demander que l'ONU reprenne le contrôle des opérations et que l'on recherche des solutions « alternatives ».

J'ai aussi – comme beaucoup de gens dans le mouvement anti-guerre – écrit à des députés, des sénateurs, par mail ou par courrier postal. Je n'ai même plus gardé le souvenir précis de toutes ces initiatives désordonnées inspirées par le désarroi et l'impuissance. La vérité est que les citoyens ordinaires ne savaient à qui s'adresser. Le lobby pro-albanais était fort, mais les anti-OTAN, eux, étaient dispersés et même introuvables dans la vie de tous les jours…

*

* *

Parallèlement je résolus de constituer un site sur Internet, seul – ce fameux site alternatif que ni Hervé-Christian ni Boris n'avaient été capables de m'aider à créer à l'automne.

Bien que j'ignorasse tout de la programmation informatique et du langage « HTML », j'utilisai les moyens sommaires que certains hébergeurs américains – en l'occurrence « tripod » – mettaient à notre disposition. Je savais que je n'aurais guère d'influence, mais si au moins mes textes sortaient deux ou trois esprits de l'ornière c'était déjà cela de gagner.

C'était un pari très risqué parce que je connaissais mal les Balkans. Si j'écrivais quelque ineptie, cela ne manquerait pas de se retourner contre la cause de la paix que je souhaitais défendre. Mais puisque personne d'autre dans l'espace francophone ne le faisait, il m'incombait à moi, sur Internet, de faire le pont entre nous et les gens qu'on bombardait. Je n'avais plus le choix.

En outre le 26 mars 1999, je me rendis à la première grande manifestation anti-guerre à Paris, à l'appel du Parti communiste. C'était une manifestation bien morne. À l'arrière du cortège des immigrés serbes interpellaient les automobilistes mécontents d'être bloqués par le défilé. Au milieu des militants de l'extrême gauche criaient « Clinton-Chirac-Jospin nazis ! ». À l'avant des organisations de gauche brandissaient quelques banderoles sans conviction. Ce fut une des mobilisations les plus faibles d'Europe occidentale. Alors qu'en Allemagne, en Italie des dizaines de milliers de gens dénonçaient l'ardeur guerrière de l'OTAN, en France nous ne fûmes que 3 200 personnes selon la police (10 000 selon les organisateurs). Une seconde eut lieu le 1er avril réunissant 10 000 personnes. Après quoi le PCF renonça tout simplement à en organiser par peur de trop vexer son allié socialiste et du fait que ce parti, qui siégeait au gouvernement, avait perdu très profondément son ressort anti-impérialiste traditionnel.[38]

---

38. Un des signes de la déliquescence du PCF dans les débats de politique internationale autour de la Yougoslavie se trouvaient dans cette déclaration de l'eurodéputé communiste Francis Wurtz devant le ministre de la défense : « *Pour être tout à fait clair, je veux tout d'abord dire, monsieur le Ministre, que je suis totalement d'accord avec vous quand vous caractérisez le pouvoir de Milosevic comme un pouvoir nationaliste, dangereux, irresponsable et tout à fait capable de faire aujourd'hui autant d'exactions à Pristina qu'hier à Srebrenica* » (émission « Public » sur TF1 – 28 mars 1999 http://www.defense.gouv.fr/defense/archives/discours_du_ministre_de_la_defense_de_1998_a_2002/min_def/979899/d290399/290399_htm). Beaucoup de communistes minoritaires restés sur une ligne anti-impérialiste payèrent cher leur refus de cet alignement absurde sur le discours de la presse belliciste. Par exemple Jean-Pierre Page, responsable international de la CGT, qui perdit son poste principalement du fait de son opposition trop radicale à la guerre.

Seuls les Serbes de Paris continuèrent de se réunir place du Trocadéro. Mais leurs rassemblements qui n'étaient pas autorisés par la préfecture de police, furent brutalement dispersés.[39] C'était le black-out à Paris, comme à Bruxelles du reste où toute manifestation était interdite sous prétexte que l'OTAN y avait son siège.

Je me souviens très bien de ce 26 mars 1999 à 20 heures.

Déçu de la faible mobilisation, et de l'ambiance où personne ne parle à personne, j'erre sur un trottoir à Sully-Morland, le spleen me gagne. Je cherche toujours un exutoire. Une idée me vient : appeler Boris. Retrouver sa réalité. C'était l'occasion ou jamais. Les e-mails n'avaient que trop duré.

J'ai composé deux ou trois fois le numéro. Les lignes serbes étaient saturées à cette heure-là. Ça faisait aussi le charme de ce pays. Pauvre « Empire du Mal » au téléphone moribond...

Enfin une tonalité. On retient son souffle. La ligne va-t-elle fonctionner ? Une voix grave décroche... C'est lui...

Première sortie du virtuel...

Un embarras me gagne, après tout ce qu'on s'était écrit. Ne rien sortir de trop idiot. Je voulais lui dire *« J'ai manifesté,*

---

39. Mon statut professionnel m'interdisait de participer à une manifestation interdite. Et je mettais aussi un point d'honneur, à ce moment là, à ne pas trop me rapprocher des associations « yougos » qui étaient repliées sur elles-mêmes, rue Simplon à Paris notamment ou dans la banlieue Est, et n'avaient pas de sites sur Internet. C'était pour moi un gage d'universalisme que de combattre la politique de l'OTAN sans avoir trop de liens culturels avec les Serbes en tant que communauté.

on continue à faire des choses. On ne s'est pas résignés à ces bombardements ». Ou quelque chose d'un peu lyrique. « *Hasta la victoria siempre* ».

Mon élan est stoppé.

Je commence par un « *comment vas tu ?* » (*how are you*) un peu plat, inoffensif, poli, vaguement hésitant. Réponse étrange de Boris avec un petit rire : « *Well I am under the table* » (Eh bien, je suis sous la table). Je répète bêtement : « *Under the table ?* » (Sous la table ?) Et je ne sais pas très bien si c'est de l'humour serbe… « *Yes, they are bombing us now* » (Oui, ils sont en train de nous bombarder en ce moment).

Je n'ai jamais su que penser de cette réponse. Des années plus tard Boris en parlait encore en rigolant « *La première fois que Frédéric m'a appelé, j'étais sous la table. C'est idiot mais dans les moments où les bombes tombent on ne sait pas quoi faire. Moi je m'étais mis sous la table, en sachant que ça ne servait à rien. C'était une réaction de peur un peu absurde. Les guerres provoquent des comportements étranges* ».

They are bombing us now… ce n'est pas tous les jours qu'on est en ligne avec un type qui peut vous dire un truc comme ça. Son expression m'a glacé le sang, comme tous ses récits du chaos belgradois qu'il nous livrait sur Internet. « *They are bombing us now* » ça voulait dire qu'il venait d'y avoir une explosion à un kilomètre de chez lui un quart d'heure plus tôt, qu'il y en aurait une à cent mètres dans cinq minutes, qu'on évacuait des blessés, qu'il y avait des incendies, que peut-être même il y aurait une bombe sur son immeuble au moment même où on se parlait. Que toute sa vie, comme la survie du pays où il habitait, était soumise au jeu de la roulette russe.

Il y avait ce chic type qui me disait qu'on le bombarde. Ce pays humilié sur lequel tout le monde mentait. Et moi je n'avais rien à offrir, pas l'ombre d'une bonne nouvelle pour lui. À l'Ouest rien de nouveau.

Je me ressaisissais. Il fallait être à l'opposé de tous ces gens intoxiqués par la TV. Rester méticuleux, présent, et dévoué. *« Ils bombardent en ce moment ? comment ? où ça ? vous avez de l'électricité ? est-ce que ta fac est encore ouverte ? as-tu des sous ? veux-tu que je t'en envoie ? et ta famille comment va-t-elle ? »* Boris était très touché. Il parlait dignement, accent *very british*, il tentait de mettre à distance les émotions de la guerre. Mais il y avait des sirènes dans la rue. De la panique dans les esprits.

Quand je raccrochai, au moins je sus le plus clairement du monde ce qu'il me restait à faire : je devais continuer – écrire des infos alternatives sur Internet, puiser dans le réel, lui faire dire ce qu'il était. C'était mon devoir le plus haut. Tant pis pour le boulot, tant pis pour les soirées chez Florence. Je ne servais peut-être à rien mais je ne pouvais pas rester les bras croisés. Déjà le soir même, sur mon ordinateur, des lecteurs de mon site m'écrivaient pour me remercier, me demandaient de continuer à synthétiser mes dépêches. Avec un peu de chance, mes petites pages seraient bientôt référencées par les moteurs de recherche. J'aurais peut-être cent ou deux cents lecteurs chaque jour. Il fallait continuer.

*

* *

Comme nous l'avions craint, l'attaque occidentale, loin de convaincre les troupes serbes de se retirer du Kosovo ne fit qu'exacerber la brutalité de certains groupes armés et des massacres de civils albanais eurent lieu, notamment dans les zones où l'UCK était la plus active. Les récits des massacres, pour aussi imprécis qu'ils fussent, furent immédiatement exploités par les médias dominants, fortement encouragés à envoyer des reporters à la frontière albanaise et macédonienne aux côtés des armées occidentales, ainsi qu'à la conférence de presse du porte-parole de l'OTAN, Jamie Shea. Et les autorités occidentales prétendirent avoir les preuves matérielles qu'un plan de génocide « Fer à Cheval » avait été déclenché (il s'avéra par la suite que ce plan n'était qu'un montage des services secrets bulgares).

Les spéculations les plus fantaisistes étaient lancées. *The Independent* du 12 avril 1999, parla de 100 000 disparus au Kosovo, le journal de TF1 du 20 avril signala « 100 000 à 500 000 personnes qui auraient été tuées ». Antoine Garapon dans *Esprit* évoquait des « centaines de milliers de kosovars massacrés ».

Bien vite l'engouement pour les réfugiés albanais devint une mode grégaire. À la sortie des magasins français, on demandait aux gens de réserver un colis pour les Albanais ou d'en héberger un chez eux. Les États occidentaux se livraient à une sorte de compétition pour l'aide aux « Kosovars » alors que non seulement personne ne donnait rien aux réfugiés serbes, mais encore la branche grecque de Médecins du Monde fut exclue de sa fédération internationale pour être venue en aide aux victimes des bombardements côté serbe.

Les champions de l'humanitaire français voyaient dans l'organisation de camps d'accueil en Macédoine et en Albanie une occasion de promouvoir leur idéal interventionniste, en accord avec les militaires et les gouvernants qui les utilisaient pour dissimuler les dommages provoqués par les bombardements de l'OTAN. Les spectacles les plus navrants de la *charity business* s'étalèrent sur les écrans de télévision tous les soirs, juste après les communiqués de l'état-major de l'OTAN.

Dans les grands journaux, les pro-Albanais demandaient un engagement militaire plus lourd. Les évocations du nazisme fusaient de toutes parts – un recyclage du « Nasser = Hitler » transposé à Milosevic, une histoire qui remontait à une affiche de 1993.

« *Autant l'avouer, je craque,* s'étranglait Daniel Cohn Bendit dans *Libération* du 6 avril 1999. *Les images provenant du Kosovo télescopent ma mémoire et réveillent des cauchemars que je croyais à jamais ensevelis. Déjà en Bosnie, déjà à Srebrenica. Et maintenant Pristina. La sélection, la déportation, les trains plombés, les exécutions ! Génocide ? « Un génocide, c'est quand on tue quelqu'un parce qu'il est laid », disait André Frossard. Ils les déportent, les massacrent, les violent, les exécutent parce qu'ils sont nés kosovars et non serbes. Je suis blessé. Blessé par notre impuissance, blessé par ces images intolérables et blessé parce que j'assiste à l'exode des Kosovars avec une angoisse qui m'étrangle : et si c'était définitif ?* » M. Zaki Laïdi évoquait « *l'établissement d'une nouvelle liste de Schindler* », dans le même journal trois jours plus tard. Feu Françoise Giroud écrivait : « *M. Milosevic purifie. Chacun sa méthode, on doit manquer de chambres à gaz, en Serbie...* » (*Le Nouvel Observateur*, 1er avril). Philippe Val dans *Charlie Hebdo* (31 mars), dans la même veine : « *Lisons un journal, en remplaçant « Kosovar » par « Juif ». Les troupes de Milosevic organisent des pogroms, détruisent les villages, assassinent les hommes, et contraignent à l'exode femmes et enfants juifs. Qu'est-ce qu'on fait, on intervient, ou pas ? Ah, je sens un flottement, même parmi les pacifistes. À part les équivalents de Céline, de Drieu La Rochelle et des communistes solidaires du pacte germano-soviétique, on décide fermement qu'on ne peut pas laisser faire ça.*[40] »

La question du passage à l'offensive terrestre était sur toutes les lèvres, même au risque de provoquer une nouvelle guerre du Vietnam.[41]

*

* *

Devant mon écran Internet tous les soirs, je devais non seulement lire les mails de Boris, me replonger sans cesse dans cette fournaise d'injustice et de bellicisme totalitaire, mais j'avais aussi le devoir moral de traduire pour mon site d'informations alternatives, de la façon la plus rigoureuse possible, la bouillie des nouvelles que véhiculaient les agences occidentales, russes, chinoises ou serbes. Ma ligne éditoriale, remarquez-le, n'était pas inconditionnellement pro-serbe. Sur

---

40. Les trois dernières citations sont dans l'article d'Halimi et Vidal « Chronique d'un Génocide annoncé », mars 2000 http://www.homme-moderne.org/societe/media/halimi/opinion/chroniqu.html.

41. Réclamée par exemple par Alain Finkielkraut dans *Le Monde* du 28 mars 1999, président du Comité Kosovo, qui déconseillait par avance aux Occidentaux de s'engager dans la voie d'un partage de la province qui, selon lui, constituerait « le pire scénario » (seul *Le Figaro* a évoqué la possibilité d'une partition du Kosovo pendant cette guerre).

de nombreux points je divergeais avec les positions de certains Serbes de Nis ou de Belgrade qui s'exprimaient sur Internet (y compris celles de Boris). Par exemple lorsqu'ils traitaient l'OTAN de « nazis » ou qu'ils les accusaient de faire du *carpet bombing* au Kosovo. Je désapprouvais ces excès de langage, tout en comprenant qu'un peuple injustement bombardé en vienne à dire cela. De même, j'étais sans doute plus sensible au sort des Albanais que ne l'étaient beaucoup de Serbes. Mais il n'y avait somme toute rien d'anormal à cela puisque j'étais, moi, à l'abri des bombes, et mieux à même de faire la part des choses. J'étais encore moins « pro-Milosevic » : son autoritarisme me semblait très néfaste y compris pour les intérêts qu'il croyait défendre. Je me faisais aussi l'écho des faits et gestes des intellectuels anti-guerre dont me parlait Boris, les écrits de gens trop peu connus du grand public comme Edward S. Herman ou Michel Chossudovsky, les déclarations de Peter Handke, James Galbraith ou Harold Pinter, le voyage de Ramsey Clark et Gloria La Rivera à Belgrade. Cela d'ailleurs m'aidait à approfondir ma connaissance des milieux « résistants » ainsi qu'à comprendre le sens de la solidarité internationale. Chaque nouvelle d'une manifestation à Washington, Melbourne ou Berlin nous réchauffait le cœur, même si elle ne regroupait que 2 000 personnes.

De même certains e-mails de lecteurs du site, de temps à autre, venaient m'encourager. Je dois les citer ici car ils furent le visage, si je puis dire, de la « bonne France » selon l'expression qu'un Serbe allait employer dans mes interviews ultérieures, celle qui n'avait pas complètement sombré dans la bêtise médiatique.

« Je viens de visiter votre site. C'est un service précieux que vous rendez à tous ceux qui ont soif d'informations honnêtes ! » (Raymond G. 24 mai 1999)

« Je tiens à vous remercier sincèrement pour votre travail au milieu de cette jungle de désinformation. Encore merci et courage… » (Charles O. le 23 juin 1999)

« J'oppose les infos officielles à celles de votre site web depuis près de 2 mois maintenant et le contrepoids que vous apportez est essentiel. Je tiens à vous féliciter pour votre travail. » (Jean-François C. – 29 juin 1999)

« Bonjour, je ressens exactement les mêmes choses que vous sur ce qui se passe, et moi non plus je n'arrive pas à rester indifférent et dormir tranquille, donc besoin d'agir » (Jérome G. 23 mai 1999)

Plus nombreux hélas étaient les nigauds qui m'insultaient.

« Sans doute préférez-vous laisser les Serbes faire leurs exactions au Kosovo comme ils l'ont déjà fait en Bosnie… je ne connais pas votre situation de famille… mais je suis père d'une fille de 3 mois… et je cherche déjà comment je vais lui expliquer dans 20 ans pourquoi nous avons agis (sic) *si tardivement pour stopper cette Barbarie… comme j'ai moi-même posé cette question il y a 10 ans à mes grands parents en ce qui concerne 1940. Mais vous avez raison au moins en n'ayant rien fait en 1991, vos impôts n'y étaient pour rien dans le massacre des Bosniaques…*

Mr Ponce-Pilate… je ne vous salue pas et rendez-vous dans 20 ans » m'écrivit par exemple un lecteur.

D'autres employèrent encore un langage moins châtié, me qualifiant de « tchetnik », de « petit nazi », de « salaud » etc.

Curieusement nombre d'entre eux vivaient en Suisse, ce qui fit dire à un mien correspondant que, peut-être, la neutralité officielle de ce pays dans toutes les guerres provoque chez ses habitants une sorte d'ardeur militariste *par effet de compensation.* Je crois plutôt que l'importance de la communauté albanaise en Suisse expliquait l'aveuglement des Helvètes dans cette affaire.

Ces attaques étaient très blessantes. J'étais mort d'angoisse pour mon ami serbe, et très en colère contre la bêtise de mon époque. Les insultes personnelles ajoutées à cette torture psychologique étaient bien trop lourdes à porter. J'en veux énormément à ceux qui cédèrent à la facilité lâche de se faire les chiens de garde du discours dominant, mais en même temps je ne peux leur jeter la pierre : ils étaient piégés par un engrenage.

*

*   *

La solitude dans laquelle je vivais est très difficile à décrire : une solitude qui n'a rien à voir avec l'isolement social ordinaire. C'était ma première expérience de très forte rupture avec la société où je vivais. Une rupture qui n'était pas seulement esthétique, liée à je ne sais quel aristocratisme philosophique, mais une marginalisation involontaire, subie. Mon pays était réellement *contre moi.* À l'exception de quelques vieux généraux catholiques, de militants d'extrême droite qui hélas, souvent, s'étaient entichés des Serbes par pure islamophobie (les Albanais étant en majorité musulmans), ainsi que quelques communistes exaltés, ou des humanistes utopistes, tout le monde – dans mon entourage, comme dans les médias – diabolisait ce que je pensais, crachait sur le courage des intellectuels anti-guerre, répétait toujours les mêmes stéréotypes comme des machines stupides et légitimait la destruction du pays où vivaient, si ça se trouve, des milliers de gens bien comme mon ami Boris.

On me mettait ainsi, malgré moi, dans la peau d'un dissident soviétique rejeté par le système, contraint de compter bêtement les bombes, les morts, et les mensonges, redoutant que le pire advienne d'une semaine à l'autre.

Et ce fut encore pire quand la Yougoslavie cessa de faire la « Une » de l'actualité. Quand elle fut reléguée en troisième ou quatrième position derrière la météo, la hausse du SMIC et la candidature de tel politicien à la tête d'un parti : ce moment incroyable où la guerre ne fut plus décrite comme une guerre mais comme une série de « sorties » d'avions sur l'Adriatique[42]. Le temps où les bombardements ne sont plus des attaques mais des « frappes », où les morts deviennent des « dommages collatéraux », voire des « bavures ». Où seul le spectacle de notre générosité à l'égard des « Kosovars » résume nos objectifs et nos raisons de bombarder. Moment étrange où l'agonie d'une société, qui subit sa septième année d'embargo et sa sixième

---

42. Dans un article intitulé « Comment la propagande de l'OTAN a remporté la bataille dans l'opinion publique française », j'ai décortiqué ainsi le timing et le contenu d'un des JT de TF1 (40 % de parts d'audience) où la Yougoslavie ne faisait déjà plus la « une », le 15 avril 1999, à partir de 20 h 10.

– Dans un premier temps : un long reportage sur les réfugiés albanais qui passent la frontière. Les images s'apesantissent sur leur malheur et sur l'action dévouée de la Croix Rouge. L'expression « nettoyage ethnique » figure en bonne place dans le reportage.

semaine de bombardements quotidiens, d'incendies, de privations, d'angoisses... ne compte tout simplemet plus.

Je me sentais seul face à cela.

Je ne pouvais plus parler à mes amis, qui, après avoir été pro-albanais comme tout le monde, avaient retrouvé le train-

---

– Puis un reportage de M. Bourat à la frontière macédonienne, chez les militaires français où l'on apprend que les avions de l'OTAN ont « traité » la zone occupée par les soldats serbes. Une incidente indique que tout le monde sur place pense à l'intervention terrestre (alors pourtant que des infos concordantes, depuis 8 jours, semblaient écarter cette hypothèse, une façon pour le journaliste d'entretenir la pression guerrière dans l'opinion publique).

– À 20 h 22 un reportage de deux petites minutes est consacré aux « dommages collatéraux » en Yougoslavie. Le reporter Jean-Claude Galli évoque le chiffre « un peu trop rond » (sic) de mille morts cité par le gouvernement yougoslave. Au lieu d'un reportage honnête sur les victimes, le propos du journaliste se transforme en une analyse du discours gouvernemental serbe dont on cherche à montrer qu'il n'est ni trop catastrophiste (pour ne pas affoler la population) ni pas assez (pour ne pas démobiliser les gens). Le reporter note que la TV serbe ne montre que des gens malades et non des morts. Le moins que l'on puisse dire est que le journaliste ne paraît pas éprouver beaucoup d'intérêt pour l'ampleur réelle des souffrances yougoslaves.

– À 20 h 24, avant même que le télespectateur ait pu prendre vraiment conscience des dommages que les frappes occidentales provoquent en Yougoslavie, la TF1 enchaîne sur une enquête au sujet des méthodes d'information de l'OTAN à Bruxelles, dont on relève le « gros travail de communication ». On interroge le porte-parole de l'OTAN, M. Jamie Shea – qui parle français. Puis le reporter, Antoine Gueuland, conclut, sans rire, à propos des informations délivrées quotidiennement par l'OTAN : « S'il faut les considérer avec une certaine prudence et un certain recul elles ont malgré tout le mérite d'exister »...

train de leur vie quotidienne, en m'envoyant des blagues par Internet.

Au bureau, c'était pire.

Un jour, un des anciens, parmi les moins fermés, un de ceux que j'appréciais le plus, disait à une de mes collègues : « C'est marrant quand même : l'OTAN est en train de bombarder des usines et des routes, dont on devra bientôt financer la reconstruction quand Milosevic sera renversé ». Je suppose que pour un juriste occidental tout était de cette sorte : une simple affaire de démolition et de reconstruction, des questions de sous, d'indemnisation. À l'entendre, les Serbes avaient intérêt qu'on saccage tout chez eux. On reconstruirait tout à neuf. Ils auraient de plus belles usines, de plus beaux hôpitaux… Pour un peu on se fût pris à rêver qu'on bombardât notre région de la même façon, pour qu'enfin l'on reconstruisît tout en plus grand et plus spacieux…

– Non contente d'avoir souligné les « mérites de l'OTAN » c'est à ceux de Bill Clinton que TF1 s'attache ensuite, avec un reportage d'Ulysse Gosset qui souligne toutes les difficultés que le président américain rencontre pour faire accepter l'intervention de ses hommes au Kosovo. Un reportage très laudateur pour le président américain.

– Puis, pour que personne ne soit déçu, on rend longuement hommage à l'armée française. Olivier Santini donne la parole au ministre de la défense et aux soldats de la base de Mont-de-Marsan.

– Enfin, le dossier sur la Yougoslavie ne pouvait se terminer que sur un reportage « humanitaire ». À Tirana, on nous montre les images d'une opération de distribution de vivres aux Albanais, avec, au passage, une mention spéciale pour notre ambassadeur bien-aimé qui accomplit au mieux cette mission.

Hélas ce ne fut pas ce que j'entendis de pire dans mon bocal professionnel.

Il y avait au bout du couloir de mon bureau un collègue plus âgé que moi qui avait été diplomate quelques années auparavant. Un homme de culture, énarque, très fier des voyages qu'il avait faits.

Fin avril je me risquai à aborder le sujet de la guerre avec lui. Il est venu déposer quelques dossiers dans mon bureau. Je glisse une question sur un ton modéré : « Ne crois-tu pas que notre action dans les Balkans est un peu dangereuse ? ».

C'est la formule la plus neutre qui me soit venue à l'esprit.

Un silence de quelques secondes succède à mon point d'interrogation. Mon interlocuteur affecte un rictus hautain, amusé. Il se paye carrément ma tête : « Non que crois-tu qu'il puisse arriver ? Tu sais, nos dirigeants sont des gens raisonnables. Védrine, le ministre des affaires étrangères, est un *ordinateur sur pattes.* »

Je m'obstine un peu tout de même.

– Oui, mais les risques d'intervention militaire terrestre ? dis-je timidement.

J'aimerais qu'il imagine, une seconde juste. S'il arrivait ce dont Finkielkraut et les intellectuels qu'a rencontrés Chirac rêvent.

Mais lui n'imagine rien du tout. Doucereux, la bouche en cœur, ils se font de plus en plus suffisants.

– Allons allons – si cela est décidé, ce sera sur les bases les plus rationnelles. Tu as fait un stage en ambassade, Frédéric, à Sciences Po n'est-ce pas ? Tu sais donc comme moi comment les choses se décident ».

Justement je savais. Et je ne savais que trop. Surtout depuis que des sites serbes égrainaient quotidiennement la liste des morts « collatéraux »…

« Des universitaires sur Internet émettent quand même des doutes… », dis-je. Et cette phrase signifiait : « T'imagines-tu dans ta petite tête qu'un Noam Chomsky existe en ce monde ? »

Mais rien à faire. Il hausse les épaules. « Tu sais, les experts. Quand tu as cinq experts tu as toujours cinq avis différents. On ne peut jamais prendre de bonne décision sur cette base. J'ai connu ça aux Affaires étrangères. »

Les Affaires étrangères… Pour faire bonne mesure mon docte confrère ajoute une louche de culture historique : « De toute façon, me dit-il d'une voix posée mais ferme, les Serbes n'ont que ce qu'ils méritent. C'est un peuple *terroriste.* Ils l'ont toujours été. Nous avons fait une guerre pour eux en 1914 après ce qu'ils venaient de faire à l'archiduc d'Autriche. Ce peuple ne mérite pas le sang qu'on a versé pour lui »

Sa phrase ressemble à l'affiche vulgaire sur les Serbes « hooligans » de la gare en février. Je pense d'un coup aux millions de Serbes morts au combat contre les Allemands et les Autrichiens, en 14-18, en 40-45 – un quart de la population de ce pays disait-on. À ceux qui ont retenu les divisions nazies par des actions de guérilla. Aux rêves de ces générations de Belgradois qui ont dressé dans leur ville un monument à la gloire de la France. Les morts ne servent à rien, et les rêves se déchirent.

Le plus terrible dans ces paroles c'était incontestablement l'allusion à mes stages, à mon cursus Sciences Po. « Tu as fait un stage en ambassade », c'est-à-dire « tu dois penser comme nous », « tu es forcément des nôtres », « on viole tes valeurs, mais tu dois être consentant, d'ailleurs tes valeurs sont obligatoirement les nôtres ». Ou encore peut-être « tu n'es pas quand même assez idiot ou assez ingrat pour renier ce que nos ambassades t'ont appris et leur préférer les imprécations chomskyennes ».

Toujours ce même poids, que Florence ne pouvait pas comprendre. J'avais été des leurs. J'étais *aussi* un bombardeur. Tant qu'ils me verseraient un salaire, tant que je serais au milieu d'eux. Mais quoi ? je ne pouvais quand même pas devenir un Ramsay Clark que l'université de Belgrade venait de faire docteur *honoris causa* !

À défaut d'autre chose, je me fis une promesse : au bureau ne plus jamais prononcer le mot de six lettres « Kosovo ».

*

* *

Je ne supporte plus cet esprit français depuis lors. Dans aucune de ses variantes. La variante optimiste m'exaspère – le côté « Nous sommes un pays si merveilleux, nos crimes ne comptent pas ». La variante sceptique encore plus : ce côté vaguement désabusé qu'on retrouve notamment parmi les recrues des grandes écoles, cette façon de dire avec un sourire en coin « oui, certes, les États-Unis mènent une politique impériale, et nous aussi, les Serbes n'ont peut-être pas tous les torts que l'on pense, mais après tout peu importe, tout cela se vaut, il n'y a pas de quoi fouetter un chat ». Je suis allergique à toutes ces façons de se réfugier dans l'abstraction, dans l'indifférence ou le cynisme, et je tiens cela de la guerre du Kosovo.

Pourtant les crimes eux étaient là, décrits par le menu dans les dépêches :

Des missiles soi-disant égarés (mais qui en apporterait la preuve ?) comme celui qui s'abattit sur un quartier résidentiel à Surdulica (320 km de Belgrade) faisant au moins 17 morts dont de nombreux enfants. (AP 28 avril 1999)

Le 1er mai l'aviation « alliée »[43] tirait sur un pont au nord de la capitale du Kosovo, Pristina. L'agence Tanjug affirme que le missile tiré par un avion allié a coupé un autobus en deux alors qu'il passait sur ce pont. Des journalistes indépendants ont vu une quinzaine de corps coincés dans la carcasse de l'autobus au moment où elle tombait du pont. (AP 1er mai 1999)

Le 20 mai l'OTAN larguait des missiles sur l'hôpital Dragisa Milosic à deux pas d'une caserne à Belgrade. Bilan : au moins trois morts – des femmes qui étaient en train d'accoucher dit-on (20 mai 1999).

À Nis, le 7 mai 1999 l'OTAN bombardait intentionnellement l'hôpital et le marché à coup de bombes à fragmentation particulièrement meurtrières et interdites par la convention de Genève. Des dizaines de bombes à fragmentation lâchées au Kosovo allaient encore causer la mort de civils même après la fin des opérations militaires.

Au nom de la confusion entre objectifs civils et objectifs militaires, on détruisait le plus grand complexe chimique serbe, Pancevo près de Belgrade le 18 avril 1999 au risque de

43. Vocable créé par nos médias pour associer l'OTAN au souvenir de l'alliance anti-nazie de 1941-45.

provoquer une pollution chimique de grande ampleur dans la région. Après le bombardement un nuage de gaz toxiques : phosgène – un composé chloré gazeux suffocant, qui a été utilisé comme gaz de combat –, chlore, et acide chlorhydrique s'élevait au-dessus de la ville. Selon le ministère de l'environnement serbe, le taux de substances cancérigènes dans l'atmosphère au-dessus de Pancevo était 7 200 fois supérieur aux normes. Les ouvriers du site durent verser des tonnes de dichloroéthane, cancérigène lui aussi – liquide irritant, volatile, avec risque de formation de mélanges explosif, polluant aquatique majeur – dans le Danube pour éviter l'explosion. Le fleuve risquait d'être pollué jusqu'à la Mer Noire, de même que les nappes phréatiques qui fournissaient l'eau courante à Belgrade.

Dans son ouvrage publié en français sous le titre « Caligula au Pentagone » Andrew Cockburn[44] a parlé d'une stratégie de l'administration Clinton intitulée « flinguer les barons » : cibler les grandes entreprises pour que leurs dignitaires abandonnent Milosevic et que son gouvernement s'effondre à défaut de soutiens financiers. Ce fut peut-être une des dimensions de cette politique. Mais la volonté de toucher les civils « ordinaires » était présente aussi. Le refus de dissocier clairement les cibles déboucha au mois de mai 1999 sur une campagne de bombardements terroristes ciblant directement et à dessein les civils serbes. Le 3 mai 1999 l'Alliance utilisait, pour la première fois depuis le début de la guerre, des bombes au graphite qu'elle lança sur

44. Andrew Cockburn, *Rumsfeld. His Rise, Fall, and catastrophic Legacy*, New York, Scribner, 2007.

les centrales électriques. Des régions entières de Serbie, dont la capitale Belgrade, ont ainsi été privées d'électricité (c'est-à-dire notamment les hôpitaux où l'on ne pouvait plus soigner les malades et les blessés). Les militaires eux-mêmes signalaient qu'il s'agissait d'un « message » à la population serbe. Heureusement les ingénieurs serbes parvinrent à neutraliser rapidement l'effet terrible de ces bombes, mais des quartiers de grandes villes restèrent longtemps plongés dans le noir absolu. De même, à ce moment-là, les canalisations commencèrent à être prises pour cibles.

Ces crimes de guerre au sens des conventions de Genève furent dénoncés comme tels par quelques esprits honnêtes tels la responsable de la commission des droits de l'homme de l'ONU à Genève, Mary Robinson, une des rares voix courageuses à ce moment-là, qui dès le 30 avril 1999 demandait que le Tribunal pénal international pour les crimes de guerre en ex-Yougoslavie se prépare à juger les responsables occidentaux de ces crimes. De même Amnesty International a épinglé l'attitude des États occidentaux à ce moment-là.

À part l'attaque de l'ambassade de Chine à Belgrade sur laquelle on a beaucoup glosé, l'action qui donna lieu aux plus grandes polémiques – puisqu'il déboucha sur un procès devant la Cour européenne des droits de l'homme – fut le bombardement de la radio-télévision belgradoise.

Le 23 avril 1999 à 02 h 06 (00 h 06 GMT), un missile américain détruisit le bâtiment de la Radio-télévision serbe (RTVS). Des journalistes et des techniciens de TV se trouvaient à l'intérieur. Plusieurs journalistes et techniciens périrent.

Boris se rendit sur les lieux le jour même. Il nous communiqua un mail très bref, encore sous le choc d'avoir vu les équipes de secours tirer les cadavres des gravats. Une centaine de journalistes étrangers et techniciens de télévision signèrent une lettre de condoléances aux familles des victimes de l'attaque.

Le Monde, quant à lui, ne fut guère solidaire. À la Une du journal du 22 avril Plantu dessina un Slobodan Milosevic au visage de goret lisant un « manuel d'épuration ethnique » confortablement assis dans son fauteuil tandis que des bombes perçaient sa télévision. Sous-titre cynique : « La télé de ma femme, la radio de ma fille… heureusement il me reste les livres !… » Le journal du 24 avril 1999 récidivait et présentait un dessin du même Plantu intitulé « Purification médiatique » et montrant l'immeuble de la RTVS bombardé par un avion de l'OTAN.

De même l'éditorialiste de *Libération* se réjouissait dans un article du 26 avril 1999 intitulé « La RTS, télé haine ».

*

* *

Le 31 mars à 0 h 57, Boris m'avait écrit un beau mail parmi tant d'autres, qui décrivait non seulement la très dure réalité des choses, mais aussi le courage, l'esprit de résistance mêlés à l'humour serbe.

« Un jour de plus passe dans la ville assiégée. L'atmosphère des abris humides et malsains, l'odeur, la psychose enracinée dans la « psychologie collective » des Belgradois. Demain, comme on l'a annoncé d'une façon semi-officielle, va commencer le régime dit des « bons de rationnement de nourriture et

d'essence ». Ça fait penser aux images horribles des boutiques iraqiennes. Ça risque d'être tristement comparable. Les pharmacies sont déjà vides, les hôpitaux sont bombardés et une bonne partie des équipements hospitaliers et médicaux sont hors d'usage. À cause des conditions de vie dans les abris la santé des enfants est massivement affectée. Belgrade avance comme un navire dans les tableaux de Turners vers une tempête de panique et de « psychose de la nourriture et de la boisson ». « La Grande Peur », comme le célèbre historien français l'a appelée, la peur de la pénurie devient rapidement une obsession[45] *ici. Nous avons encore de l'électricité d'accord et donc la possibilité d'envoyer des messages à tous les gens de bonne volonté, normaux, pacifistes en Occident qui peuvent faire – comme je l'espère fortement – quelque chose pour adoucir les souffrances des civils belgradois.*

La situation hors de Belgrade empire de jour en jour. Clinton a refusé, apprend-on, l'offre de médiation russe. Le cauchemar continue. Pour combien de temps ? Est-ce qu'ils préparent une intervention au sol. C'est difficile à croire. Pourtant les gros titres sanglants des médias occidentaux, dans leur style à la manière du film « Des hommes sous influence », mettent en scène l'horreur avec les réfugiés albanais et atteignent un triste record de crétinisme. Une vieille femme albanaise tombe par terre. Les reporters de CNN essaient de la ranimer. Dans la foulée ses dix petits enfants tombent par terre au même moment aussi. CNN et cette demi-folle d'Amanpour

---

45. Ce tableau pathétique correspond assez peu au sens de l'euphémisme qui caractérise les Serbes. Je le pris comme une sorte de confidence amicale : avec moi Boris ne cherchait pas à édulcorer ses angoisses.

appellent à l'aide[46]. *Qui sait combien d'enfants serbes meurent pendant ce temps loin des caméras de CNN au Kosovo…*

Voici l'alerte à nouveau… On entend les gens de mon immeuble qui filent aux abris. Les explosions sont vraiment fortes.

Les gens de cette ville ont pourtant encore du cran. Nous avons un mot serbe pour ça : l'inat. Tous les jours au concert de rock de la place centrale[47] *malgré les alertes des milliers de gens chantent et crient : « Adolf Clinton », « Monica je t'en prie mords le plus fort »*[48], *« Il n'y aura pas de soldat Ryan à sauver ici »*[49], *« Mickey Mouse est un meurtrier », « Montrez nous vos visages »… Les gens refusent de boire du Coca Cola et de consommer des produits américains (ou du moins ce qu'il en reste dans les magasins). La rage contre les Américains est énorme. C'est encourageant.*

---

46. Cela signifie que les dix enfants sont tombés par terre volontairement pour attirer à leur tour l'attention des caméras. Mais Christiane Amanpour, star de CNN, une des voix de la haine médiatique anti-serbe de cette époque, aveuglée par sa compassion tombe dans le panneau.

47. Les concerts sur les places et sur les ponts de Belgrade (pour éviter que l'OTAN ne les bombarde comme à Novi Sad), symboles du courage des jeunes serbes sous les bombes étaient dénigrés par Bernard Henri Lévy qui leur lançait des anathèmes : « *Les civils qui à Belgrade manifestent contre les frappes sans avoir un mot de protestation contre l'horreur de la purification ethnique… ils ont beau venir danser tous les soirs… ils se sont mis eux aussi, et pour longtemps, au ban de l'Europe et de ses valeurs* » (*Le Monde* 8 avril 1999).

48. La fellation adultérine de la stagiaire Monica Lewinsky au Président Clinton à la Maison blanche faisait la Une des journaux.

49. « Il faut sauver le soldat Ryan » Film à la mode à l'époque.

Aqui no se rinde nadie !!! [50] »

« *Aqui no se rinde nadie* », « ici personne ne se rend », slogan des sandinistes nicaraguayens, comme le « no pasaran » de mes aïeux espagnols, ça allait bien avec son

---

50. *One more day in besieged city is passing…The atmosphere of wet and unhealthy shelters, the smell, the psychosis is rooted down into the « collective psychology » of Belgradians. Tomorow, as they have half oficially announced, begins so called « bounds for food and gasoline » regime;you can recolect those horrible pictures from Iraqian shops.It is going to be painfully simmilar. Farmacies are already empty, hospitals are bombed and good deal of hospital and medical faccilities is out of use.Because of the conditions in the shelters children are getting an masse ill and demaged health. Belgrade is heading, like a ship from Turners paintings, towards the storm of panic and « food and drink psychosis ». « Great Fear », as famous French historian had called it, fear of food shortages is quickly becoming the obssesion here.We still have got the eletricity alright and, thereby, an opportunity to send our message across to all god-willing, normal and pacifist people from the West who can do, as I certainly do hope, something to alleviate the suffering of Belgrade civilians. /Situation outside Belgrade is even worse and it is worsen every day rather dramaticaly. Clinton had refused, so we hear, the Russian negotiation offer.The nightmare continues.For how long?Are they preparing the ground for the ground troops?It is hard to believe.Yet, the bloodthearstines of western media, their Wag the dog style theatre of horror with Albanian refugees, is reaching it s peak of cretenism.One Albanian older women is falling on the ground.The CNN reporters than try to reanimate her.After that, her ten grandchildren are falling on the ground at the same time too. CNN and half creazed Amanpour are shouting for help. Who knows how many Serb children is dying, in the meantime, far away from the CNN cameras, in Kosovo…./Here goes the bombing alert again…I can hear a stampedo of people running from my house and going to the shelters.The explosions are really loud. /Yet, this people of this city still have spirit.We have a word for it in Serbian:it is called « inat ».Everyday on our central square rock concert is on, bombing alert nothwithstanding, with thousands of people singing and shouting: « Adolf Clinton », « Monica please bite harder », « There will be no Rayan to save here », « Mickey Mouse is murderer », « Let us see your*

imaginaire à la Manu Chao. En même temps une leçon de persévérance pour tous les esprits libres, un appel à la solidarité.

Je retournai cette phrase dans ma tête pendant plusieurs jours. Je ressentais dans ces mots comme l'écho des combats ultimes de tous les peuples qui perdirent leur liberté mais sauvèrent leur honneur avant d'être oubliés par l'histoire officielle. Quelque chose que les citadins des pays riches gavés de spectacle et de vacuité ne pouvaient pas comprendre.

Une nuit où Belgrade fut particulièrement touchée – le 10 avril 1999 vers 4 heures du matin très précisément –, je dis à Boris qu'il nous fallait écrire un livre collectif dans lequel nous décririons l'impuissance des anti-OTAN dans différents pays du monde et exposerions notre propre analyse des événements. C'était l'écho que je décidais à mon tour de donner à ce « Aqui no se rinde nadie », ma façon de saisir la flèche que Belgrade me lançait comme l'aurait dit Nietzsche. Mon propre chapitre fut prêt dès le 27 avril 1999 sous le titre « Comment la propagande de l'OTAN a remporté la bataille contre les pacifistes en France (Bilan au bout d'un mois de bombardements mars – avril 1999) » que j'ai déjà cité dans mes notes de bas de page ci-dessus[51].

---

faces »... People are refusing to drink coca cola and other american goods(what has left of them in the storages, anyway). The rage against America is tremendous.And encourageing. / Aqui no se rinde nadie !!!

51. Ce texte fut hélas republié en 2002 par un site d'extrême-droite « AIPJ » qui dénonçait la « république islamomarxiste » française (je dus

Cette initiative qui aurait pu s'avérer fructueuse reste hélas pour moi au nombre des mauvais souvenirs de cette guerre. J'ai passé des semaines à tenter de convaincre des jeunes gens hostiles à la guerre au Canada, en Australie, en Angleterre, en Roumanie d'écrire un article sur la position des résistants de leur pays face à l'OTAN. Tous promirent de nous envoyer un article mais bien peu le firent. C'était des gens obsédés par leur égo, velléitaires. Seule l'idée d'avoir leur nom dans un livre pacifiste les intéressait mais ils étaient incapables de prendre trois heures pour rassembler une documentation et se mettre au travail. Pendant trois mois, ils nous tinrent en haleine, et finalement ils nous trahirent. Cet aspect velléitaire et narcissique des militants anti-OTAN n'était hélas qu'un premier avant-goût de tout ce que j'allais retrouver, assez souvent, le long de mon parcours militant.

Finalement le projet de recueil d'articles sur les réactions de divers pays aux frappes de l'OTAN fut réalisé par la revue *les Cahiers de Médiologie*, en septembre 1999. D'autres avaient donc eu la même idée que moi… avec de meilleurs moyens pour la mener à bien…

*

* *

Le bilan en termes de pertes humaines en Serbie sera finalement chiffré à environ 1 500 civils morts (c'est-à-dire beau-

---

leur faire retirer mon article). Le 16 juillet 2002 un site chrétien évangélique l'a également publié sous http://www.voxdei.org/afficher_info.php?id=3660.91, ce que je n'ai découvert qu'en 2007. Mais j'ai renoncé à faire supprimer cet article des sites qui ne me plaisent pas.

coup plus à l'échelle de la Serbie que le nombre de victimes de l'attentat du World Trade Center de New York en septembre 2001). Ces chiffres n'incluent pas les éventuels décès ultérieurs suite aux atteintes à l'environnement (et notamment à la présence d'uranium appauvri radioactif qui équipait les fuselages des missiles de l'OTAN[52]).

Selon le *Boston Globe* du 30 mai 1999 le chiffre des victimes civiles doit être rapporté aux 15 000 tonnes de bombes larguées. Cela donne donc un civil pour 10 tonnes de bombes. Ce ratio est comparable à celui de la guerre du Vietnam (entre 1964 et 1967 : 52 000 morts pour 650 000 tonnes). Il est supérieur à celui de la guerre contre l'Irak en 1991.[53]

Le bilan économique et social des bombardements fut lui aussi très lourd quoique difficile à évaluer. Selon une dépêche *Associated Press* (jeudi 29 avril 1999, 14 h 52) dès la fin du mois d'avril des économistes indépendants du pouvoir estimaient que les dégâts provoqués par les bombes de l'OTAN dépasseraient ceux de la Seconde Guerre mondiale, quand la Yougoslavie avait été bombardée par les Allemands puis par

---

52. Selon une déclaration du Dr. Miodrag Djordjevic de l'hôpital « Bezanijska Kosa » de Belgrade en décembre 1999 150 000 personnes avaient le cancer en Serbie, et ce chiffre devrait être multiplié par deux dans les 20 ans à venir (propos recueillis par l'organe gouvernemental *Serbia Info* le 8 décembre 1999) – des estimations invérifiables dès lors que le gouvernement qui succéda au régime de Milosevic, dans un souci d'apaisement politique, cessa d'évoquer le sujet.

53. Ce bilan n'a d'ailleurs pas laissé l'opinion publique américaine complètement indifférente. L'ex-président Jimmy Carter écrivait dans les colonnes du *New York Times* du 27 mai 1999 : « *La décision d'attaquer l'ensemble d'une nation s'est avérée contreproductive, et la destruction par nos*

les Alliés. Selon une estimation gouvernementale, les dégâts s'élevaient déjà à 40 milliards de dollars (248 milliards de FF/37,8 milliards d'euros). 500 000 salariés avaient été licenciés, et le taux de chômage approchait les 50 % de la population active. Les usines, les écoles et les universités ont fermé. Par exemple l'usine Zastava de Kragujevac, à 80 km au sud-est de Belgrade, fleuron de l'industrie yougoslave, qui employait 15 000 personnes, produisait la voiture Yugo, avait été été détruite. Pour une population déjà très appauvrie, et dépourvue d'État Providence, c'était un sacrifice intolérable.

Outre le fait que toutes ces destructions procédaient d'une politique illégale et injuste des grandes puissances occidentales, ce qui rendait tout cela le plus insupportable était, à l'époque, qu'on ne pouvait pas savoir *quand cela s'arrêterait.* Les médias avaient tant et si bien banalisé les « frappes », tout le monde en Occident s'y était si bien habitué que le pire devenait envisageable. D'ailleurs les stratèges de l'OTAN commençaient à manquer de cibles et le disaient. On s'acheminait vers une prise en otage croissante de la population civile, avec ou sans interventions terrestres. Il semblait toujours que le cauchemar ne faisait que commencer.

---

forces des vies de civils (yougoslaves) est devenue désormais absurde et excessivement brutale » (*"decision to attack the entire nation has been counterproductive, and our destruction of civilian life has now become senseless and excessively brutal*"). Et les stratèges de l'OTAN commençaient à s'inquiéter. Selon un article de Amadeu Altafaj et Carlos Segovia paru dans *El Mundo* du 31 mai 1999 l'OTAN aurait admis dans un document confidentiel avoir « *perdu la guerre de l'information* » et préparait le renfort de ses effectifs de propagande pour le cas où les hostilités se poursuivraient.

Même aujourd'hui, si l'on refait l'histoire après coup sur des bases honnêtes, on constate qu'il est impossible de savoir jusqu'où l'OTAN aurait poussé sa volonté de destruction si les opérations s'étaient prolongées au-delà du mois de juin 1999. Certains témoignages après-guerre ont raconté que Bill Clinton songeait sérieusement à envahir militairement la Serbie avant l'hiver, quitte à provoquer des centaines de milliers de morts. Il est probable que la diplomatie démocrate américaine fût prête à aller plus loin dans la destruction de la Serbie que moi-même je ne le pensais. Brzezinski, conseiller de la Maison Blanche avait appelé à « La guerre totale contre Milosevic » dans *Le Monde* du 17 mai 1999 en déclarant : *« L'enjeu dépasse le simple cas du Kosovo. Un échec de l'OTAN signifierait tout à la fois la fin de la crédibilité de l'Alliance et l'amoindrissement du leadership américain ».*

Chapitre Trois
L'été 1999

Paradoxalement c'est l'homme que les médias occidentaux présentaient comme fou et suicidaire, Slobodan Milosevic, qui choisit de mettre un terme aux bombardements en acceptant les termes d'une résolution du G8[54]. Cette résolution prévoyait l'occupation du Kosovo par une force multinationale de maintien de la paix, sans remise en cause de la souveraineté yougoslave sur cette province.

Contrairement à ce que proclamèrent les médias occidentaux à cette époque, ce n'était pas une capitulation. Alors que les avions de l'OTAN avaient tué plus d'un millier de civils en Serbie et provoqué en grande partie les massacres d'Albanais au Kosovo, le potentiel militaire de la République fédérale de Yougoslavie n'avait pas été entamé. Seuls 13 des 300 chars de combats yougolaves présents au Kosovo avaient été détruits (*The Times*, 26 juin 1999). L'échec militaire des États-Unis allait d'ailleurs valoir au général Westley Clark d'être limogé de son poste de commandant suprême des Forces de l'OTAN en Europe (SACEUR) dès le mois de juillet 1999[55].

---

54. Groupe des 7 plus grands pays industrialisés du globe + la Russie.

55 *El Mundo* 29 juillet 2009 éditorial « Clark, victime du Kosovo ». http://www.el-mundo.es/1999/07/29/opinion/29N0012.html.

Le bilan des pertes de l'OTAN, lui, demeura inconnu. L'OTAN avait seulement reconnu la perte d'un avion « invisible » F117 et de deux autres appareils dont les pilotes se seraient éjectés.

Certains sites yougoslaves ont avancé le chiffre de 171 avions et hélicoptères de l'OTAN abattus. Le bilan des pertes américaines à l'issue de la guerre du Vietnam n'était toujours pas connu 25 ans plus tard. Il est peu probable que l'on connaisse jamais l'état des pertes alliées en Yougoslavie.

Slobodan Milosevic pensait avoir fait la preuve de la capacité de résistance de son pays pendant 78 jours. L'acceptation de la résolution du G8 ne marquait pas de différence substantielle par rapport à la position du gouvernement yougoslave pendant les négociations de Rambouillet. À ce moment là en effet Belgrade, rappelons-le, avait déjà accepté le principe de l'autonomie du Kosovo, et c'est aussi l'option que retenait la résolution du G8. Les négociations avaient achoppé sur la composition de la force de maintien de la paix dans la province. Les Occidentaux à Rambouillet voulaient que ce fût l'OTAN. La résolution du G8 prônait l'envoi d'une force multinationale sous la direction du Conseil de Sécurité, la KFOR, sur le modèle de la SFOR en Bosnie.

Certes le risque existait que cette KFOR fût *de facto* contrôlée par l'OTAN.

Milosevic crut trouver une parade : obtenir des Russes qu'ils participent à la force de maintien de la paix au Kosovo. La présence de cette force pouvait fournir deux garanties : que l'UCK serait désarmée et ne terroriserait pas les civils non-albanais, que le Kosovo ne glisserait pas vers l'indépendance. Le calcul de S. Milosevic aurait pu s'avérer judicieux, mais il sous-estima complètement l'aptitude des Occidentaux à violer les résolutions internationales et l'absence totale de latitude d'action des Russes.

Le mercredi 9 juin 1999, les Yougoslaves signèrent l'accord technique de retrait de l'armée yougoslave et de la police serbe.

Le 10 juin 1999 à 15 h 23, le secrétaire général de l'OTAN, après consultation du Conseil de l'Atlantique Nord déclarait qu'il avait « donné instruction au général Wesley Clark de suspendre les opérations aériennes de l'OTAN » contre la Yougoslavie. À 19 h 30, le Conseil de Sécurité de l'ONU, tenu à l'écart depuis le début du conflit, adoptait par 14 voix pour et une abstention (la Chine) une résolution autorisant « le déploiement rapide de présences internationales civile et de sécurité » au Kosovo et ordonnant tant le retrait de l'armée yougoslave que l'arrêt des activités militaires de l'UCK.

Dans la nuit du 10 au 11 juin 1999, une partie des troupes russes de la SFOR[56] en Bosnie s'invitaient au sein de la KFOR[57] au Kosovo. Ce fut une des dernières occasions pour la population non albanaise au Kosovo de se réjouir, et l'arrivée des russes gâcha quelque peu l'enthousiasme des médias venus filmer en direct la victoire des « valeurs humanitaires » occidentales à Pristina. Cette intrusion russe était visiblement

---

56. Force de maintien de la paix de l'Organisation des Nations Unies en Bosnie-Herzégovine.

57. Force de maintien de la paix de l'Organisation des Nations Unies au Kosovo.

de si mauvais goût que le général Westley Clark songea à tirer sur leurs blindés, révélant de la sorte le fond extrémiste de sa personnalité. Le pire ne fut évité que grâce au refus du général britannique Rose d'obéir aux ordres de Clark. Rose aurait répondu à Clark : *« Sir, je ne vais pas déclencher la IIIe Guerre mondiale pour vous ! »*[58].

Ce geste de Clark révèle le tempérament va-t-en guerre du personnage qui n'avait pas hésité à bombarder des cibles civiles au cours des trois mois précédents. Il en dit long en outre sur les débordements qu'auraient pu entraîner la poursuite des hostilités en cas d'absence d'accord de paix.

Mais très vite les Russes furent absorbés au sein de la KFOR placée sous commandement de l'OTAN. Moscou n'avait pas les moyens d'exercer une influence véritable en ex-Yougoslavie.

Français, Allemands, Anglais, Américains et Italiens se partagèrent le Kosovo en zones de contrôle. Des contingents symboliques de Grecs, de Turcs – un symbole lourd dans le contexte balkanique –, d'Ukrainiens, de Néerlandais complétaient le tableau. Et une administration civile de l'ONU fut installée sous la direction du politicien français Bernard Kouchner, ex fondateur de Médecins du monde, qui voyait dans cette attribution la victoire de ses idéaux interventionnistes.

Pour tous ceux qui suivirent les événements avec un regard affranchi du conditionnement médiatique, le mois de

---

58. http://www.mondialisation.ca/index.php?context=va&aid=1246.

juin 1999 fut tout aussi sinistre que la période des bombardements.

D'une part on voyait les médias occidentaux et les médecins légistes se ruer sur le Kosovo avec une avidité morbide en quête des centaines de charniers dont l'UCK et les propagandistes de l'OTAN avaient parlé. Le résultat fut en deçà des prévisions. L'OTAN avait évoqué des dizaines de milliers de morts albanais, le décompte final s'éleva plutôt à 4 000 morts, de toutes nationalités confondues (serbes, albanais, autres ethnies), au cours d'une période allant de 1998 à juin 1999. Parmi eux probablement une majorité d'Albanais, mais on retrouvait des chiffres plus proches d'une guerre civile « classique » avec exaction de paramilitaires que du « génocide » imaginaire à cause duquel on avait cherché à faire taire les adversaires de l'OTAN.

D'autre part un vrai nettoyage ethnique eut lieu sous nos yeux, sans que la KFOR n'intervînt pour l'empêcher (sauf en des points précis où séjournaient des contingents russes ou français). En quelques semaines, et d'une façon délibérée, les extrémistes de l'UCK, que les médias occidentaux qualifiaient encore de « résistants », « combattants de la liberté », pillèrent et incendièrent les maisons et les appartements des ressortissants serbes, tziganes, juifs, bosniaques, turcs, bref de tous ceux qui ne parlaient pas albanais dans la province. Des centaines de gens furent enlevés ou froidement assassinés, des femmes violées, des monastères profanés. Des dizaines de milliers de civils se réfugièrent en Serbie, d'autres se regroupèrent en de rares endroits où ils pouvaient encore se défendre comme les quartiers nord de Kosovska-Mitrovica.

Cette chasse à l'homme fut tolérée par la KFOR et les médias occidentaux qui y voyaient une revanche « logique » des Albanais persécutés[59]. Ils oubliaient entre autre que des Albanais aussi firent les frais de cette violence. Il y avait ceux qui avaient refusé les logiques tribales et étaient demeurés loyaux à l'égard de la République fédérale de Yougoslavie tels M. Faik Jasari, Corin Ismali, et Fatmir Seholi, membres de l'Initiative démocratique du Kosovo (parti loyaliste albanais qui faisait partie de la délégation yougoslave à Rambouillet) interviewés le 9 août 1999 dans une cache à Belgrade, ou encore cette Albanaise Adriana Slaku qui témoigna dans le journal italien *Liberazione* le 31 mars 2000 à propos des mensonges des traducteurs. Mais aussi les membres de la LDK, le parti d'Ibrahim Rugova : des politiciens de la LDK furent fréquemment assassinés pendant les années qui suivirent.

L'Occident n'empêcha pas les jeunes extrémistes de l'UCK de prendre possession par les armes des municipalités, des postes de police, et faire régner le chaos. Le désarmement de l'UCK, prévu par la résolution des Nations-Unies fut un mythe. Tout ce que le Docteur Kouchner put faire – au prix de négociations très complexes – fut de transformer en 2000 l'UCK en Corps de sécurité du Kosovo, chargé de maintenir l'ordre dans la province pour le compte des Nations Unies après y avoir semé la terreur en 1999.

---

59. Comme l'écrit Jean-Arnault Dérens dans *Balkans : la crise* (Follio-Gallimard 2000 p.328) : « Joignant l'immoralité à l'ignorance, certains défenseurs des droits de l'homme sont prêts à "excuser" ces débordements albanais, au motif des grandes souffrances qu'a endurées ce peuple au Kosovo. (...) Au nom d'une responsabilité collective de son peuple, un paysan serbe chassé de chez lui aurait moins droit à la compassion internationale qu'un paysan albanais expulsé de son foyer... »

L'UCK, enfant chéri de l'Occident, largement financé par l'argent de la drogue et compromis avec la mafia albanaise, demeura jusqu'au bout incontrôlée.

Cette période fut une heure noire non seulement pour les Serbes, les Tziganes, mais aussi pour l'ensemble de l'Europe. Sous la direction de la MINUK (Mission des Nations Unies au Kosovo), le Kosovo devint une plaque tournante du trafic de stupéfiants, d'armes, et de prostituées à destination des marchés occidentaux.

À la décharge de l'administration de l'ONU on peut souligner que cette structure manquait de moyens humains et qu'il était presque impossible de monter de toute pièce un gouvernement « international » dans une région en quelques mois. De même qu'il est en général difficile pour des militaires – et cela peut être retenu à la décharge de la KFOR – d'assurer des opérations de maintien de l'ordre pour lesquelles elles n'ont pas été formées. Mais la complaisance à l'égard de l'UCK est allée bien trop loin pour que ces éléments puissent suffire à innocenter les troupes d'occupation.

L'ONU imposait une administration coloniale avec des méthodes empruntées à droite, à gauche, sans aucun contact avec les réalités balkaniques. Son administrateur vivait dans une tour d'ivoire, continuait de traiter MM. Hashim Thaqi et Agim Ceku – des criminels de guerre avérés – comme des gens respectables. Partout au Kosovo, pendant des mois, la règle du deux poids deux mesures fut appliquée. Les Serbes retranchés dans des poches de survie étaient harcelés dès qu'ils détenaient une arme. Les Albanais coupables de meurtres de Serbes n'étaient pas poursuivis, et l'UCK pouvait encore pilonner au mortier les maisons serbes sans être inquiétée le moins du monde.

*

* *

Pendant toute la période allant de juin à septembre 1999, la presse occidentale triomphante fut particulièrement odieuse à l'égard des Serbes. En particulier le journal *Le Monde*.

Par exemple le 18 juin 1999, l'AFP rapporte qu'un groupe de membres de l'UCK armés font violemment irruption dans ce haut-lieu de la spiritualité orthodoxe. Ils pénètrent dans la chapelle située à l'arrière du couvent, brisent les cadres et des verres protégeant des icônes médiévales, taggent le sigle de l'UCK sur l'une d'elles, cassent la pierre tombale de St Yonikos dans une chapelle annexe, endommagent les vieilles peintures murales, font régner la terreur, séquestrent les religieuses et, selon le témoignage d'un militaire de la KFOR, déshabillent la plus jeune d'entre elles et la violent.

Le 22 juin 1999, *Le Monde* restitue (en dernière page), l'information sous la forme suivante : « … Le monastère orthodoxe de Devic a *reçu la "visite"* en début de semaine dernière "d'hommes en uniforme de l'UCK", comme l'explique, devant les portes de l'abbaye, un officier français… ces derniers ont saccagé les icones, inscrivant "UCK" sur des tableaux, cassé l'autel et tiré des coups de feu, raconte l'officier qui vient de s'entretenir avec le père abbé. » Le pillage devient une « visite », le viol est ignoré.

La radio *France-Info* n'était pas en reste : le vendredi 17 juin, un homme de 70 ans était mort enchaîné à une chaise après avoir été sévèrement torturé par les combattants de l'UCK. Le samedi 18 au matin, *France Info* évoquait l'événement en ces termes : « un homme hier a été *malmené* par des membres de l'UCK après avoir subi un *interrogatoire musclé*. On l'a retrouvé mort enchaîné. » Tout est dans le choix des mots.

Quelques semaines plus tard, le journal *Le Monde* laissait le psychanalyste Réfabert écrire à la Une de son édition du 12 août 1999 : *« Le droit est bafoué au Kosovo aujourd'hui parce qu'un groupe ethnique, la nation serbe, a pu commettre pendant dix ans une politique de discrimination, puis d'expulsion assortie d'élimination physique sans être jugée »*...

Au milieu de cet océan de haine antiserbe et de désinformation, il faut saluer ici le travail de recensement des victimes et de témoignage effectué non seulement par les organismes serbes, mais aussi par des sites Internet comme *Emperor's new clothes* de Jared Israel.[60] Jared Israel était un Juif de Boston (ce détail a son importance car il revendiquait son appartenance communautaire), patron de PME, ancien des comités Vietnam. Il avait découvert après la guerre de Bosnie l'ampleur des mensonges des médias sur les Balkans et ceci avait ravivé sa fibre militante. Il avait monté de toute pièce ce site pour démentir les mensonges de l'OTAN et s'y dévouait corps et âmes. Issu d'une culture maoïste, il avait un penchant certain pour la contestation dogmatique. Ignorant en grande partie les subtilités balkaniques, il s'était épris du

60. J'allais avoir affaire à Jared Israel en septembre 1999 quand il me pria de solliciter l'Écrivain Engagé pour une interview, puis l'année suivante quand il accepta de signer à ma demande l'Appel de Bruxelles.

régime de Milosevic et prétendait expliquer aux peuples de Yougoslavie où se trouvait leur intérêt. Cependant, ces travers mis à part, il faisait preuve d'une force de conviction et d'une capacité de travail tout à fait remarquables. Les interviews qu'il réalisa au lendemain du nettoyage ethnique effectué par l'UCK notamment resteront un apport précieux à l'histoire. Notamment celle de l'archiviste juif de Pristina Cedda Prlincevic, leader de la communauté juive de Pristina, qui révéla que l'UCK n'était pas seulement anti-serbe, mais aussi antisémite, et anti-rom (anti-tzigane). Cette interview pour la première fois révéla au monde la passivité de la Kfor et le caractère systématique des violences de l'UCK contre tous ceux qui ne parlaient pas leur langue.

*

*   *

Au moins le mois de juin amenait la paix à mon ami Boris. Lui et moi continuions de correspondre. Nous poursuivions notre projet de livre commun et, comme mon petit site sur Internet commençait à s'institutionnaliser aux yeux des quelques centaines de gens qui le fréquentaient, Boris rêvait que nous puissions construire à deux quelque chose de plus grand, comme une sorte de « Znet » français.

Il s'exprimait beaucoup sur le forum du *Znet* américain et sur celui de la revue anglaise *LM Magazine* (qui allait couler l'année suivante à la suite d'un procès). Le 22 juin 1999 il assistait pour la première fois à une conférence du Groupe Libertaire de Belgrade qui allait devenir un de ses espaces de réflexion favoris. Les cercles de libre-pensée qui ne fussent inféodés ni au courant néo-libéral pro-occidental, ni aux nationalistes étaient devenus bien rares en Serbie.

La meilleure nouvelle du mois de juin fut celle de la rencontre entre Boris et la graphiste belgradoise Marina Milacic (ainsi l'appellerons nous), très précisément le 17 juin 1999. Ils s'étaient connus via Internet, à la fin des bombardements, grâce à je ne sais quel site cubain, alors qu'en fait ils habitaient le même quartier. Le récit que Boris fit de cette rencontre dans son mail du 19 juin 1999, mérite sans doute d'être reproduit dans ces pages, car il révèle la fraîcheur espiègle qu'il avait alors, et cet imaginaire de guérillero qui habitait encore les jeunes bourgeois belgradois sous les bombes.

« Cette femme, Marina, est la personne qui était mentionnée par cette lettre qu'un professeur cubain m'avait adressée et que je t'ai transmise, si tu te souviens de cette correspondance. Quelques jours après cette lettre elle m'a envoyé un mail me demandant qui j'étais et tout ça. Nous avons commencé une correspondance régulière, à parler de la guerre. D'une lettre à l'autre, la correspondance est devenue plus personnelle et intime. J'étais sous le charme – dans un sens amical bien sûr ; c'est une artiste et une femme vraiment idéaliste et passionnée, pleine de, pardonne mon orthographe, « joi de vivre », apolitique, mais qui s'est découverte « gauchiste » depuis peu – et mon cynisme ainsi que mon sens de l'humour noir l'amusaient, et donc nous avons commencé à apprécier vraiment notre correspondance. Elle a 34 ans, elle a deux fils, le plus âgé a onze ans (un mode d'existence dangereusement rapide à mon goût !!!!). Elle travaille comme graphiste et designer sur le web. En un clin d'œil, parce qu'elle a ce côté positivement fou des artistes, nous nous sommes « adoptés » l'un l'autre et nous nous sommes appelés « grande soeur » et « petit frère ». C'était très drôle. Elle a insisté pour que je lui envoie ma photo

– par ailleurs elle est extrêmement jolie – et j'ai fait semblant de refuser, en disant que je n'en avais pas de version scannée. Je lui ai juste dit que je pouvais lui envoyer des photos du comandant Marcos et de zapatistes puisqu'elle est une fan de l'Amérique latine, intéressée par le « romantisme de la guérilla ». Parmi les photos que je lui ai adressées, j'ai glissé bien sûr une photo de moi en faisant croire qu'il s'agissait de l'« insurgente Pablo » (ha, ha, ha !) ; j'ai réussi à la persuader de commenter la photo de cet « insurgente » romantique, le plus beau des zapatistes, le Zoro du Chiapas, – c'est ainsi que j'ai décrit mon alter ego –. Et nous commentions ainsi son (mon) apparence dans quelques lettres. C'était à mourir de rire. Elle ne se doutait de rien.

Et, quand nous nous sommes rencontrés pour la première fois dans un café, elle était si étonnée et gênée qu'elle s'est mise à hurler « Espèce de salaud !!! ». C'est vraiment une bonne blague. Elle, elle est vraiment une personne splendide et des plus intéressantes. En ce moment elle est en train de réfléchir au moyen de se venger de ma plaisanterie.

Elle connaît beaucoup de choses aux ordinateurs et nous sommes devenus vraiment très proches : frères et soeurs spirituels (!). D'un autre côté elle est débordée de travail. Je vais lui demander si elle a du temps pour nous aider. Ce que je voudrais que tu fasses, c'est rassembler quelques personnes intéressées par le projet de site web, tu en détermines le nombre, et s'il te plait envoie moi un concept détaillé du site, sur la base des principes sur lesquels nous sommes tombés d'accord, avec les suggestions des autres, des dessins, des images aussi, de sorte que je puisse transmettre ça à Marina et lui demander de l'aide. Je suis optimiste quant à sa réponse. Mais nous devons développer une plateforme claire et aussi une stratégie parallèlement à la présentation visuelle. Ensuite nous déploierons ta page web dans le cadre de ce concept, avec son aide. Par conséquent, essaie de prendre le temps s'il te plait de repenser l'ensemble de notre projet en détail (veux-tu inclure Hervé-Christian ou pas ?) et envoie moi un projet que je puisse l'adresser à Marina… ».[61]

Ça faisait déjà un bout de temps que j'étais convaincu que les Yougoslaves nous battaient en tout : dans le malheur

---

61. *« This woman, Marina, is the one mentioned in one of the letters that Cuban academic sent me and I forward them to you, if you can recall that corespondance.Few days after the first letter, her latter came, and she was addressing to me, asking who I am and so on.We continued to correspond on a regular basis, talking about the war.From one letter to another, the correspondance became more and more personal and intimate. I was enchanted with her – in friendly way of course, she is an artist and a really passionate idealisic women full of, correct my spelling, joi du vivre, apolitical but a new discovered « leftist » – and she was amuzed with my cynicism and sense for black humor, so we started to enjoy very much our correspondance. She is 34, has two kids, elder is eleven years old (dangerously fast living for me !!!), and working as a graphic and web designer. In one moment, because she is, as an artist, so positively weird, we have « adopted » each other and we are calling ourselves big sister and little brother.IIt was very amuzing.She insisted on sending my picture to her – she is extremely good looking by the way – and i was pretending to refuse doing that, saying that I dont have my photography scaned.And i said to her,that i can send her some photos of Marcos and zapatistas because she is latino fan and interested in « guerrilla romantism ».Among the pictures i sent to her,was my picture, of course, presented as « insurgente Pablo«(ha, ha, ha,) ; I succeeded in persuading her to comment romantical insurgente, a most attractive zapatista,« lady killer » and Zoro of Chiapas, as i have depicted my alter ego, and we were commenting his(my) looks in a few letters.I have nearly exploded of laughter.She didnt suspected anything, and when we met for the first time, on a cofee, she was so startled and suprised that she started screaming : « You bastard » !!!! It was a good joke, really, and she is a splendid and most interestng person.Right now, she is thinking of how to revenge me for my joke :) She has a lot of knowledge about computers and we became really close : spiritual brother and sister (!).*

comme dans la joie, ils ne suivaient jamais la ligne moyenne grise à laquelle les pays riches étaient condamnés.

Je contactai Marina le 15 juillet 1999, et elle accepta de devenir le webmaster de notre site. J'entamai à ce moment là une correspondance sur laquelle il y aurait beaucoup à dire. Cet échange n'allait pas être sans influence politique, notamment au printemps 2000, mais aussi il allait me faire comprendre profondément – et même à certains égards partager à distance – les conditions de vie, et les possibilités d'avenir d'une artiste de 34 ans dans une ville assiégée, au bord de la guerre civile.

Elle avait un profil très différent de mon correspondant. Si Boris avait un côté « aristocrate rouge » versé dans un anarchisme intellectuel très chic, Marina se rattachait davantage à la petite bourgeoisie anticommuniste. Elle était née au Soudan, d'un père croate (ingénieur je crois) et d'une mère médecin mi-serbe mi-juive. Les Serbes nés en Afrique étaient nombreux du fait de l'investissement de Tito dans des politiques de coopération avec les pays du Tiers-Monde dans le

---

On the other hand, she is up to her eyeballs in work. I am going to ask her does she have time to help us. What I need you to do, is to gather a few people interested in this site, you determine the number, and please send me the detailed concept of the site,on the principles we agreed upon with suggestions from others, with ideas on the graphics and image too, so i can forward it to her and ask her for help. I am optimist about her reply, but we must develop a clear platform and strategy as well as the visual presentation and then expand your web page in that particular discourse with her help.So, please, take a time and rethink the whole matter in deatil fashion (do you want Hervé-Christian to be included or to skip him ?) and send me a draft so i could mail it to her… ».

cadre du Mouvement des non-alignés. Elle avait attrappé le virus des voyages à l'âge de quatorze ans (en 1979) quand sa mère (qui l'éleva seule pendant toute son enfance) l'avait envoyée chez sa tante en Suisse. La « diaspora » serbe en Europe de l'Ouest et aux États-Unis qui représentait environ 4 millions de personnes avait fortement contribué à l'occidentalisation des Serbes si bien qu'ils étaient à ce moment-là une tête de pont des « valeurs occidentales » dans les Balkans. Elle avait passé son adolescence à écouter Blondie, imiter la mode New Wave dans un Belgrade encore multiethnique, puis avait vu se refermer sur elle, à partir de 1989 la logique de la fragmentation yougoslave, des replis nationalistes, de la guerre et de l'embargo qui l'empêchaient d'obtenir des visas pour l'étranger. Coincée dans un mariage mal construit avec un décorateur de cinéma (je crois), elle valorisait ses talents artistiques en *free-lance* comme *designer* et infographiste (elle faisait des affiches, des logos, des sites Internet). Son identité juive qu'elle tenait de sa mère comptait beaucoup pour elle. Elle avait donné à un de ses deux fils le prénom de son grand père maternel juif qui avait vécu à Budapest, et elle expliquait par sa judéité aussi bien son humour que la noirceur de son point de vue sur l'existence qu'elle dissimulait mal sous des éclats de rire (de nombreux membres de sa famille avaient péri dans les camps nazis)[62].

---

62. J'étais moi-même rempli de sympathie pour la culture juive, et le suis resté jusqu'à aujourd'hui. Son apport à la pensée occidentale (Spinoza, la psychanalyse) m'avait toujours fasciné. Et, évidemment, j'avais lu très jeune Primo Lévi, et divers témoignages sur les horreurs du génocide.

Tout ce background sociologique et affectif la disposait à refuser aussi bien l'héritage communiste (qu'elle considérait comme trop égalitariste et incompatible avec la créativité individuelle) que le patriotisme (qui la bloquait dans les frontières d'un petit pays). Elle travaillait pour les multinationales (se faisait surexploiter par elles du matin au soir) et manifestait chaque année pour les partis d'opposition. Alors que la famille de Boris avait acquis quelques privilèges du fait de l'engagement communiste de l'aïeul, et se sentait encore liée aux idéaux de l'époque titiste, Marina détestait profondément tout ce qui portait ou avait porté faucille et marteau, et spécialement Slobodan Milosevic et sa femme en qui elle voyait les boureaux de l'avenir de ses enfants.

À cause des bombardements cependant, et de l'union sacrée qui s'était créée en Serbie contre l'agression de l'OTAN, elle était dans une phase de résistance imaginaire à l'impérialisme, souscrivant à l'icône du « Che » – elle était entrée en contact par Internet avec de rares personnes sympathisantes des Serbes, notamment un communiste argentin. C'est ce qui la fit rencontrer par Internet Boris, alors que sans les bombardements leurs deux itinéraires ne se seraient probablement jamais croisés, pas plus du reste qu'ils n'eussent croisé le mien…

À titre d'illustration de ce que l'échange avec cette femme put m'apporter, je me contenterai de citer le courrier électronique suivant daté du 25 juillet 1999 dans lequel Marina racontait la manière dont elle a vécu les bombardements. Je crois que ce message se suffit à lui-même et se passe de commentaire.

« Tu poses tant de questions. Ce film Barril de poudre, je ne l'ai pas aimé. Je n'aime pas Paskaljevic. Trop déprimé à mon goût. Et pas tout à fait exact. Les concerts (pendant les bombardements) n'étaient pas tout à fait exacts non plus. C'est dur d'expliquer à quelqu'un qui vit dans un pays normal avec un mode de vie occidental. La verité est entre les deux. Moi-même j'ai un mélange d'optimisme méditerranéen et d'obscurité slave. Mais les gens ici sont forts. Je ne le pensais pas avant la guerre. Je pensais que ce serait le chaos à la première bombe qui tombe, mais non, il ne s'est rien passé. Le premier soir, à la tombée de la nuit, on a su tous que les bombardements commenceraient. Je me souviens, j'étais morte de peur. J'étais assise à écouter de la musique, à faire comme si tout était normal. Et puis enfin ce bruit dingue de sirènes. Ça venait comme une délivrance. Mes mains ont commencé à trembler. Tu sais je ne savais pas comment ça serait. Heh, c'était mon premier bombardement, ma première guerre… Mais il y avait un soulagement, parce qu'au moins ça commençait. L'attente était ce qu'il y avait eu de pire. Je m'attendais à voir les gens paniqués courir aux abris, mais non. Personne dans mon immeuble n'est sorti. Incroyable. Je voyais par ma fenêtre des gens dans leurs appartements assis devant la télé. Réalité inversée. Je voyais les Tomahawks à la fenêtre après minuit. Ils ont bombardé Pancevo la première nuit. J'ai compris à ce moment-là qu'ils ne me voleraient pas ma dignité d'être vivant. C'était tout ce qui me restait. D'autres gens ont dû penser la même chose. Mais on ne pouvait pas garantir qu'il n'y aurait pas des moments de grand désespoir. Je l'ai ressenti moi-même à l'approche de la fin de la guerre. Je ne pouvais plus supporter ça. Ce n'était pas de la peur. C'était du désespoir. J'ai tout essayé. J'ai fait semblant que ces bombes n'existaient pas et je marchais dans les rues au beau milieu des raids.

Et puis j'ai fait comme si ça ne m'arrivait pas à moi. Comme si je regardais un grand feu d'artifice dans la nuit. Je dormais bien comme un ange, alors que mes fenêtres tremblaient. Comme si de rien n'était. Mais à partir d'un certain moment, il n'y a plus eu d'électricité que quelques heures par jour. Parfois je n'avais même pas d'eau. Et les nouvelles disaient qu'ils détruiraient toutes les infrastructures du pays. J'ai pris conscience du fait que ce n'était pas une façon de vivre décente. C'était une sorte de mort à crédit. Parce qu'ils m'humiliaient. J'ai obtenu un visa pour la Nouvelle Zélande. J'ai un parent là-bas. Il m'a envoyé tous les papiers. Mais je n'ai pas envie d'aller vivre dans ce kiwiland à la gomme. Et puis, ç'aurait été tellement horrible de partir comme ça pendant la guerre, en laissant tous les gens que j'aime ici. Il vaut mieux partager la vie des gens que d'aller regarder ce qui leur arrive à 20 000 kilomètres de distance. Ça ç'aurait été vraiment horrible. Mais ce qui m'a finalement anéantie, ça a été la mort de mon père, une semaine avant la fin des bombardements. Il habitait à Boston, mais il était citoyen allemand. Je voulais me rendre à son enterrement. Les Américains n'ont pas voulu me donner de visa. Je me suis sentie terriblement mal. Maintenant il faut que je me rende en Allemagne pour ce foutu « inhéritage » ou je ne sais plus quel est le mot pour dire ça. Un appartement qui lui appartenait à Dusseldorf et de l'argent. Je vais sans doute avoir un visa pour l'Allemagne. Hey les avocats sont toujours très gentils quand il s'agit d'argent ! Je serai la bienvenue maintenant. Mais je suis furieuse, c'est si dérisoire tout ça. Désolée. Tu m'as poussée à te dire des choses que je voulais garder pour moi. »[63]

---

63. *You're asking so many questions. That film « Barrel of powder » I didn't like it, i don't like Paskaljevic. Too depressive for my taste. And no, it is not*

Par ailleurs, au début l'été aussi, je fus en correspondance avec une étudiante grecque, qui avait comme moi 29 ans. Appelons-la Iphigénie, Phigy pour les intimes. Je l'avais « rencontrée » fin mai sur le site *Living Marxism*, où Boris neuf mois plus tôt avait dénigré l'arrestation de Pinochet. Phigy

---

exactly true. Also those concerts weren't exactly true. It is so hard to explain everything to someone who lives in a normal country with western way of living. The truth is somwhere in between. I noticed at my self this mixture of meditarrenean optimism and Slav's dark side. But people here are strong. I didn't believe in that till this war. I expected when the first bomb would fall that it would be chaos but, no, nothing happend. It was evening and we all knew that the bombing will beggin and expected that. I remeber I was scared to death, I was sitting and listened music pretending that my life is normal. And finally that crazy sound of the siren came as a relief. My hands started to shake, you know I didn't know how it would be, heh, it was my first bombing and my first war. But it was a relief because it began at last, that waiting was the worst. I expected to see people in panic running to the shelters, but no, noone from the building where I live didn't run out. Amazing, I could see from my window people still sitting in their flats watching tv..Inverted reality. I saw those tomahawks from my window after midnight, they bombed Pancevo that first night, and I realized at that moment that I won't let them to take me dignity of living. That was all that was left. I think that other people thought the same. But nobody could expect that there weren't moment of desperation. I felt it when the end was near. I simply couldn't stand it anymore. It wasn't fear it was hoplessness. I tried everything, I pretended that those bombs don't exist and I walked through the streets during the air raid./ Then I pretended that this is not happening to me and I watched big fire work from my window every night. I slept perfectly while my windows were shaking. I lived like nothing was happening. But when I didn't have electricity more then few hours per day, sometimes I didn't have water, and all those news that they are going to bomb complete infrastructure, I realized it is not decent living, it is some kind of death. Because I was humiliated. I had visa for New Zealand, I have a relative there and he sent me all papers. I still have that stupid visa, but I don't want to go to that stupid kiwi land. I didn't want to

était née dans une famille de commerçants anatoliens qui avaient migré en Grèce après l'indépendance de la Turquie. Elle avait grandi dans la ville industrielle de Thessalonique et terminait une thèse de philosophie sur Heidegger et les pères fondateurs de l'Eglise dans une université écossaise. Isolée pendant tous les bombardements, elle était aussi remontée que moi contre le milieu intellectuel occidental. « *Tu te rends compte,* me disait-elle dans un anglais très BBC au téléphone : *Derrida était à Thessalonique il y a quelques semaines. Un des étudiants présents à la conférence lui a demandé : que pensez-vous de l'attaque de l'OTAN contre la République fédérale de Yougoslavie ? Et tout ce qu'il a répondu, c'est qu'il n'était "ni pour ni contre", et que de toute façon la question était mal posée. Il fallait presque déconstruire la notion de bombardement. Voilà à quelle absurdité conduit la philosophie d'aujourd'hui.* Shamefully irresponsible *! Une irresponsabilité abjecte !* »

Elle imputait la croisade anti-Yougoslave à la *political correctness* du centre-gauche européen : la victoire des principes de défense des gays, des minorités ethniques et même des animaux. Mais une victoire à contre-temps, car elle s'appli-

gos there either during the war, I felt it would be terrible if I fly away and leave all the people I love here. It is better when you share your destiny with someone you love then to go and watch from 20 000 km. THIS would be terrible. But what broke me finaly was when my father died one week before the end of the war. He lived in Boston, but he was German's citizen. I wanted to go to the funeral but Americans didn't want to give me visa, I felt very bad. Now, I have to go to Germany because of that stupid inheritance or what is the right word, I don't know. Some apartment in Dusseldorf and money, and now I'll probably get visa for Germany, heh, those lawyers from there are very kind and that is the matter of money, I am wellcomed now. I am so angry and this all sounds pathetic. Sorry, you provoked me to tell you something I didn't want.

quait à ruiner un pays – la République fédérale de Yougoslave – qui avait lui-même un très fort potentiel de défense de la *political correctness* : n'oublions pas par exemple que la Gauche yougoslave (JUL) le Parti de l'épouse de Slobodan Milosevic, Mira Markovic, était un parti très « arc-en-ciel », proche des Verts européens au début des années 1990 et qui faisait de la diversité culturelle son cheval de bataille.

L'analyse de Phigy sur ce point ne manquait pas de pertinence, car les thèmes de *political correctness* ont été en effet les moteurs des guerres impériales pendant les huit années qui ont suivi. La libération des femmes et des gays notamment fut un instrument de propagande de premier plan dans la guerre d'Aghanistan, et dans les pressions sur l'Iran quelques années plus tard. Dans les Balkans où le machisme restait prédominant (les *gay-prides* se soldant presque systématiquement par des brutalités de Zagreb à Belgrade), ce thème allait devenir un élément de légitimation de l'action des ONG occidentales quand les conflits ethniques furent apaisés. L'importance de la *political correctness* était telle que, lorsqu'on en avait assez de défendre les femmes et les minorités humaines, l'on en venait aux animaux : il y eut en Allemagne une campagne pour protéger les chiens de Belgrade menacés de génocide (sic !)[64]

---

64. En 2000, la mission diplomatique yougoslave à Berlin reçut des lettres de protestations de diverses associations caritatives allemandes demandant que cessent « les assassinats massifs de chiens en Serbie » (« the cessation of mass dog murders »). Ces organisations auraient « appris » que 350 chiens – pour la plupart des chiens errants – seraient sur le point d'être liquidés avant le 15 juin 2000 et suppliaient Belgrade d'« empêcher ce nouveau génocide » – *Serbia-Info* 14 juin 2000 – http://www.serbia-info.com/news/2000-06/14/19439.html.

– alors que les réfrigérateurs de la majorité de la population étaient vides… On nageait dans le pharisianisme le plus irréel et le plus abominable.

Phigy, comme beaucoup de Grecs, était comme un pont entre la Serbie et l'Occident. Grâce à elle, je réfléchis au rôle de la religion orthodoxe dans les identités balkaniques. Julia Kristeva avait écrit un article extrêmement choquant sur ce thème en plein milieu des bombardements, accusant la religion orthodoxe d'entretenir un « masochisme » chez les Serbes.[65] Ce sujet n'intéressait guère Boris qui, du fait de son anarchisme anti-clérical, au moment des fêtes de Pâques au lieu du rituel *« Vaistinu Vaskrse »* (en vérité il est ressuscité) que les Serbes répondent à *« Khristos Vaskrse »* (le Christ est ressuscité) » répliquait simplement aux gens « Qui ça ? ». Phigy au contraire était croyante et pratiquante, ce qui est le cas – ai-je appris – de beaucoup de gens de gauche en Grèce, y compris des communistes.

Elle m'expliqua que l'orthodoxie dans les Balkans n'avait pas les caractéristiques impériales du catholicisme romain. C'était une Eglise qui avait grandi dans l'opposition à la tyrannie ottomane, et vivait donc dans un esprit plus égalitaire et plus juste. Cet échange m'inspira un texte que j'allais publier sur Internet sous le titre « l'Autre Europe ». Comme on le sait, le rapport entre religion et politique est toujours très difficile à analyser, dans tous les pays. Personnellement je ne suis pas dutout enclin à surestimer le rôle de la religion orthodoxe dans l'identité serbe (même si elle joua un rôle dans les siècles passés). Toutes les spéculations sur l'ortho-

---

65. *Le Monde*, 18 mars 1998.

doxie étaient en général une tarte à la crème médiatique pour agiter le spectre d'une alliance organique serbo-russe. Les Serbes eux-mêmes ont mis en scène l'orthodoxie (surtout après la chute de Milosevic) comme élément central de leur identité pour dissimuler le fait que cette identité s'était surtout construite dans l'ostracisme dont l'Europe les accabla tout au long des années 1990. La religion donnait un contenu positif à la très forte négativité qui présidait à leur isolement comme nation-paria (et peut-être l'Islam joua-t-il le même rôle en Orient après la destruction du nationalisme arabe par les Occidentaux, nous y reviendrons). Néanmoins je saurai éternellement gré à Phigy de m'avoir sensibilisé à cette question religieuse en dehors du terrain miné de la propagande médiatique. Cela en valait la peine.

*

* *

Avec son enthousiasme de gamin, Boris obtenait tout des gens. Fin juin je lui donnai mon feu vert pour qu'on s'investisse dans la construction du site alternatif dont il rêvait. Et Marina – qui était débordée pourtant – accepta d'y consacrer gratuitement de son temps.

Comme je le craignais, le projet démarra aussi mal que l'idée de livre que nous avions lancée au moment des bombardements. C'était palabre sur palabre, des e-mails à n'en plus finir. Boris et Hervé-Christian, chacun à sa manière, gâchaient leur énergie dans des activités stériles. L'un passant des journées à rédiger un « manifeste » façon dix-neuvième siècle rempli de formules creuses (qui allait devenir les « principes » du site *Résistance*), l'autre cherchant à imaginer les arborescences idéales, et les logiciels les plus performants multi-fonctions capables de tout, et même davantage. L'absence totale de sens de l'action pratique chez Hervé-Christian me surprit et me déçut. Elle allait hélas se confirmer l'année suivante.[66]

Les seuls textes concrets qu'on pouvait proposer au lecteur restaient les nouvelles balkaniques, en français, que je continuais de rédiger sur ma page Tripod à la lumière de la chandelle le soir.

En dehors de ce projet de site Internet, je rencontrai aussi une aimable journaliste d'origine serbe née aux États-Unis (nous fûmes même amis à un moment). Elle faisait partie de cette émigration serbe monarchiste et travaillait au *Figaro Magazine* (où elle se sentait d'ailleurs passablement isolée, tous ses collègues ou presque étant de fervents supporters de la croisade contre Belgrade). Elle fut la première Serbe que je rencontrai en chair et en os (car en ce temps les Yougoslaves étaient des plus discrets). Pendant le mois de juin, elle chercha à me rapprocher de gens comme le Général Gallois, un certain Victor Loupan qui avait vendu un reportage objectif à *Paris-Match* sur le Kosovo, et un Français des États-Unis, qui tenait un site anti-guerre. Elle me donna aussi l'adresse de Mary Mostert, biographe de Ronald Reagan[67], qui d'ailleurs

---

66. Malgré toutes ses bonnes intentions, il allait être absent, pour une raison ou pour une autre, de presque tous les grands moments de notre entreprise collective, sauf à un pot pris avec le Missionnaire à Paris le jeudi 8 juin 2000.

67. Elle évoqua même dans un mail du 13 juillet 1999 la possibilité que son éditeur Gavin Grooms publie la version américaine de notre futur livre. C'était la première proposition concrète de publication qu'on me faisait. L'aile droite du Parti républicain n'a jamais été très enthousiaste

était d'accord pour participer au projet de livre dont j'ai parlé plus haut et que nous n'avions pas encore abandonné à ce moment-là. Mais il y existait un fossé entre moi et ces gens. La journaliste du *Figaro Magazine* me rapprocha aussi d'un Français apolitique (au sens de « ni gauche ni droite »), ancien diplomé de Sciences Po, quinquagénaire exilé aux États-Unis, Gilles d'Aymery. Son site *Swans* (les Cygnes), créé en 1996, qui a fonctionné jusqu'à nos jours, est un des plus anciens et des plus fournis du Web. Il fut résolument anti-OTAN pendant toute la guerre des Balkans.

J'étais également en contact avec une vieille linguiste d'origine roumaine qui enseignait en Belgique[68], et d'autres usagers du forum *Libération* comme un vendeur de pompes hydrauliques français qui vivait en Russie, ou des abonnés de notre site philosophique que j'avais attiré vers ma page Tripod sur la Yougoslavie.

---

pour l'aventure anti-serbe de Clinton dans les Balkans. En 2000 pendant la campagne électorale, George W. Bush avait promis de retirer les troupes américaines de cette région. Le courant libertarien (qui par moments ont soutenu Pat Buchanan) quant à lui voyait dans l'interventionnisme états-unien à l'étranger (notamment dans l'agence *National endowment for democracy*) une structure de type soviétique. Leur site antiwar.com diffusait des nouvelles alternatives très intéressantes et fut un des rares ballons d'oxygène de cette guerre.

68. Contactée la première fois le lundi 24 mai 1999 suite à sa contribution sur le cyberforum de *Libé*. Rencontrée à Paris le 15 juillet. Elle aida aux débuts du site *Résistance*, comme les correspondants de Boris, Tony Abdo et Alberto Rojas. En 2000 elle allait aider au secrétariat de l'Appel de Bruxelles, avant de laisser la main au journaliste belge Georges Berghezan.

C'est aussi à ce moment qu'adhéra à ma page d'information alternative celui que nous appellerons l'Écrivain engagé.

En mai, il avait écrit des articles très incisifs sur le Kosovo où il s'était rendu, des textes argumentés, étonnamment factuels comme le débat politique n'en produisait plus en France depuis très longtemps. Il m'avait surpris, je l'avoue, moi qui le tenais jusque-là pour un de ces intellectuels médiatiques superficiels et égotiques. Sa prise de position lui avait valu la haine de tous, on l'avait dit fini, exclu à jamais du paradis terrestre de la Rive Gauche parisienne. Sa disgrâce rejoignait ma solitude désarmée, et donc je lui avais écrit, en mai, une lettre fraternelle, un message de soutien. La guerre m'imposait de plus en plus ce genre de spontanéité. Face aux 15 000 tonnes de bombes versées sur la Yougoslavie, je ne me posais plus trop des questions de forme et de convenance.

Le 11 juin sa réponse me parvint par email, tout aussi simple et chaleureuse : « *Cher monsieur, Excusez le retard de ma réponse (votre lettre du 14 mai). J'ai suivi avec profit votre page Web. Votre témoignage de solidarité m'aura aidé à tenir le coup, sachez-le. Et donc, un grand merci.* ».

L'impression que ça vous fait, au début, de voir apparaître sur votre écran, le soir, en allumant l'ordinateur, le nom d'une star de l'intelligentsia dans le flot de vos correspondances électroniques... C'est un gage si précieux. On croirait que d'un coup reculent de quelques mètres les limites de l'impossible... « Ça étend le sol de la cage », comme dirait Chomsky...

J'existais donc pour le Roi Lear...

Chapitre Quatre
Le voyage initiatique

La petite ambassade de la République fédérale de Yougoslavie de la rue de la Faisanderie dans le seizième arrondissement de Paris, ressemblait à une sorte de blockhaus grisâtre. Aucune fenêtre. Des caméras épiaient les passants. Paranoïa des attentats ? Après tout des nationalistes bosniaques n'avaient-ils pas attaqué le Centre culturel yougoslave près de Beaubourg en 1993 ? On sonnait à un interphone, on vous renvoyait à une porte dérobée, à l'arrière, un très lourd engin en métal. J'avais le sentiment d'entrer dans une fusée échouée quelque part sur une planète sans atmosphère. Le récit que j'ai gardé dans mes carnets de mon passage, le vendredi 8 octobre 1999, pour l'obtention d'un visa garde la mémoire de mon parcours du combattant administratif.

À l'intérieur, c'était comme une cave. Des gens étaient assis à gauche de la porte autour d'une table basse, d'autres faisaient la queue à deux guichets au fond de la salle. Quand on disait « c'est pour un visa » on devait remplir un formulaire, puis il fallait attendre. Attendre pour avoir le droit de s'installer dans une des deux files d'attente…

Apparemment tout le monde parlait serbe. Aucun Français ni Ouest-européen ne venait chercher de visa pour Belgrade à ce moment-là. Un jeune gars m'a demandé quelque chose dans la file d'attente, toujours en sa langue balkanique. J'ai répondu « Je ne parle pas le serbe désolé ». Peut-être avais-je une tête de Yougo pour qu'on m'interpelle dans cet idiome ? Ça pouvait me rassurer : au moins je ne risquais pas d'avoir des problèmes à Belgrade du fait de ma tronche d'Occidental.

Au bout des files, les bureaucrates n'ont pas l'air très pressé. C'est un petit vieux, dégarni barbichu, avec une tête de bibliothécaire, et une grosse quinquagénaire peinturlurée. Ils se lèvent, se rassoient, cherchent un tampon, lentement. Je n'ai jamais vu ça. La lenteur comme signe extérieur de pouvoir : « Je vous méprise parce que je *peux* être lent » « Je vous méprise donc je suis lent ». De temps en temps, ils rabrouent un usager, parce qu'il manque un document quelconque. Aucun effort de délicatesse. Comme à l'étable.

Ils se servent même un café. Ils sont les maîtres ici.

Les gens sont résignés. Moi ça m'amuse plutôt. Ça tient aussi au fait que je ne comprends rien à ce qu'entre eux ils se disent ni aux affiches sur les murs en alphabet cyrillique. Sauf celle qui montre des Yougoslaves avec des cibles rondes sur la poitrine symbole de la résistance à l'OTAN, les petites « *targets* » blanches et noires. C'est un univers très grisant.

Au bout d'une demi-heure mon tour arrive… Je donne au petit vieux la lettre d'invitation que Marina m'a envoyée. Il est vraiment courtelinesque, minuscule et ventripotent, très fier de ses tampons, de son pupitre. « Ce serait pour un visa » dis-je en français. Il scrute mon papier d'un regard oblique.

Toujours très lentement. Il attrape les trombones, le stylo, la règle, ses petites affaires. Il me demande l'argent – il fallait payer pour le visa – puis prend un formulaire. Il calligraphie mon nom qui figure sur le passeport. Puis, surprise, dans la case à côté, il écrit non pas mon prénom, mais « José » – J-O-S-E. C'est mon deuxième prénom, celui de mon grand-père et parrain de baptême, que je n'utilise jamais.

Je ne réagis pas. Ça va bien avec l'ambiance du local, je trouve, et avec ce lien invisible que les bombardements ont tissé avec mon aïeul. Au pire je corrigerai s'il reproduit la bévue sur un papier plus officiel. Après deux nouveaux coups de tampon, bizarrement le bureaucrate s'adresse à moi : *« Habla usted español ? »* (vous parlez espagnol ?). Pourquoi diable ce vieux Serbe qui vient de changer mon prénom veut-il que je parle castillan ? Je réponds machinalement « *sí* », songeant que c'était peut-être à cause des bombardements. Il traînait sur Internet depuis deux mois des témoignages de pilotes espagnols de l'OTAN sur la brutalité des bombardements. Ça donnait à l'Espagne une image de douceur et de repentance que n'avaient pas les autres pays. Peut-être mon hispanisation forcée était-elle une façon de me porter plus haut dans l'estime des Serbes que les autres Français.

Le vieux prend à nouveau la lettre d'invitation de Marina. Il la toise, il l'ausculte. Puis, sans se démonter, il se tourne vers moi : *« Cuales son sus relaciones con Marina Milacic ? »* (quelles sont vos relations avec Marina Milacic). Voilà le barbichu s'installe en plein cœur de ma vie privée. Il est visiblement en quête de détails croustillants. Tout cela me semble délirant. Ça ne me choque même pas. *« Es una amiga »* (C'est une amie) dis-je en rigolant presque. Il se gratte la barbiche, prend des airs de gestapiste d'opérette, vaguement songeur et répète : « *Una amiga* ».

Puis il m'interroge encore :

– « *Y está aquí ?* » (est-ce qu'elle est ici ?)

Je n'ai pas très bien compris. Mais il semblait idiot qu'on me demande si la fille qui m'invitait chez elle à Belgrade vivait à Paris. Peut-être avait-il dit « *ha estado aquí* ?» (a-t-elle vécu ici ?) toutefois la question même tournée dans ce sens demeurait incongrue. Je réponds à tout hasard, persuadé de la profonde gratuité de cet échange.

– *No, ella vive en Belgrade* (Non, elle habite à Belgrade)

– *Donde ?* (où ?), reprit-il

J'ai dû prononcer Belgrade à l'anglaise parce que j'ignore le terme espagnol. Je me reprends :

– *En Beograd* (à Beograd).

C'est le terme serbe et ça sonne encore plus loufoque

– *En Beograd...* » répète-t-il avec une intonation qui semblait se vouloir pleine de sous-entendus mystérieux.

Le bureaucrate apparemment satisfait par mes réponses, remplit son formulaire, tranquillement. J'en profite pour lui glisser : « *Mi nombre no es "José"* » (Mon prénom n'est pas « José»). Il fait un signe de la tête. Il semble qu'il s'en foute. Il ne rectifie rien. Il me tend finalement mon passeport d'un geste auguste. Il a tamponné le visa en quatrième page. C'est la seule chose qui compte.

*

* *

D'un surréalisme l'autre, il y eut aussi une drôle d'ambiance au bureau de l'agence de voyage yougoslave de la compagnie JAT, près de Madeleine, quelques jours plus tard. Plus conviviale mais étrange quand même. Plus personne ne vendait de billet d'avion pour Belgrade, à cause de l'embargo aérien, depuis le 1er septembre. La compagnie yougoslave proposait une formule combinant un vol pour Budapest et un voyage en bus ensuite jusqu'en Serbie.

Les bureaux ne ressemblaient en rien à une agence de voyage. On eût plutôt dit un cabinet médical des beaux-quartiers parisiens, avec de jolies plantes, et des affiches au mur. Sur l'une d'elles on lisait « la Yougoslavie au cœur », l'autre était une photo complètement décalée de touristes dévalant une rivière serbe en kayak. À lire les journaux, on avait plutôt l'impression que seule la brigade des opérations spéciales de l'US Army devait s'offrir le luxe de faire trempette dans les eaux serbes en cette période de l'année.

Un homme plutôt maigre, le teint gris, quinquagénaire usé, vous recevait comme un patient. Avec un gros accent, il vous priait de vous asseoir. « Monsieur Markovic va s'occuper de vous, voulez-vous un café ? ». On avait l'impression d'être chez un dentiste. Et M. Markovic arriva, se posa placidement sur sa chaise, comme le bureaucrate de l'ambassade, mais avec l'arrogance en moins. Quand je dis que je voulais me rendre à Belgrade, bien que je ne sois pas serbe, son regard s'illumina. Je lui rappelais le temps d'avant, celui où son pays était traité comme un pays « normal ».

Il avait l'air tout droit sorti d'une bande dessinée de *Lucky Luke*. Chauve, arborant une grosse moustache blanche et un bel embonpoint. Le genre de personnage qu'on choisit d'habitude pour les rôles de vieux shérif ou de membre d'une académie des lettres.

Il fallut bien une demi-heure pour qu'il appelât la compagnie hongroise MALEV afin de se faire confirmer la disponibilité du billet, se servît un café, puis contactât la compagnie en charge des « mini-bus » – non sans avoir répété dix fois la même chose à chacun de ses interlocuteurs.

Au milieu de cette gentillesse je n'avais plus du tout envie de rire. Ça tenait à la façon dont lui et le quinquagénaire gris vous raccompagnaient à la porte, comme si vous étiez un premier ministre, avec mille remerciements pour avoir acheté un billet. On avait vraiment l'impression de s'être procuré de son plein gré un billet pour nulle part.

*

*   *

L'idée de me rendre à Belgrade m'était venue finalement sur les conseils de la journaliste du *Figaro Magazine*. C'est qu'il devenait urgent de percer la bulle des dialogues virtuels avec Boris et Marina : sortir la Yougoslavie du hallo de rêve ou de cauchemar qui l'entourait maintenant depuis un an. J'avais de plus en plus de mal à me positionner dans ma vie quotidienne (à l'égard de mon boulot notamment) sous le poids de ma vie parallèle de cyber-militant. Je tournoyais au dessus du vide, suspendu à un câble. Mon départ fut retardé de plusieurs semaines en raison d'une pneumopathie qui me fit aussi rater une conférence d'intellectuels anti-guerre, le 10 octobre, où devaient se retrouver les stars des sites rebelles sur Internet des deux côtés de l'Atlantique : Sara Flounders,

Diana Johnstone, Christopher Black[69]. L'Arche de Noé des rescapés du Déluge médiatique. J'aurais pu y faire connaître notre site Internet *Résistance*. J'étais exclu ainsi du grand bal des contestataires. Comme disait Char : « Au jardin des Oliviers qui était de trop ? »

*

* *

Je livre ici au lecteur, à peine élagué, le récit de mon premier voyage à Belgrade (qui fut largement écrit le soir-même de mon arrivée là-bas). J'ai préféré ne pas trop le modifier, en garder d'une certaine manière la fraîcheur.

Jeudi 4 novembre 1999. Une fourgonnette est lancée sur l'autoroute entre Budapest et Belgrade. On est une dizaine, tous des Serbes sauf moi.

L'avion de 9 h m'avait laissé à Budapest. À cause de l'embargo contre la République fédérale de Yougoslavie plus aucun appareil ne se rendait à Belgrade. À l'aéroport, en Hongrie, des tas de panneaux qui évoquent des villes bombardées « Novi Sad », « Kragujevac », « Nis ». Des agents de compagnies de bus les brandissaient à bout de bras. J'ai suivi les consignes de mon agence de voyage. J'ai parlé en anglais au type qui tenait l'affiche « Unistours ». On nous a parqués à douze dans un coin de l'aéroport. Sans savoir pourquoi ni comment, on a attendu une demi-heure. Puis un type en costume a fait l'appel. On nous a mis dans des taxis sans

69. Un avocat canadien qui travaillait au TPI Rwanda, j'allais le rencontrer par l'intermédiaire de Diana Johnstone le 20 janvier 2001 chez feu Yannis Varouchas. Il a ensuite contribué à l'*Atlas alternatif*.

nous dire pour quelle destination. Ils nous ont déposés trois kilomètres plus loin, au milieu de nulle part, sur le parking d'une station service, où nous attendait une estafette. C'était vraiment étrange et j'ai compris un peu plus tard : les compagnies serbes étaient *personna non grata* dans la zone aéroporturaire, à cause des sanctions de l'ONU. Tout ce qui se rendait en Serbie était relégué dans une banlieue lointaine au milieu des vapeurs d'essence.

Mon voyage aérien avait été multicolore, sous l'égide de l'impatience, de l'indifférence, la joie, l'appréhension, la crainte. Mais l'excursion terrestre fut bien plus vivifiante. Dans ce joyeux « minivan » – comme ils disent – qui file vers l'inconnu, au milieu des diables serbes une seule impression l'emporte : celle d'être à ma place auprès d'eux, celle de faire ce que je dois faire, peut-être pour la première fois de ma vie. Du coup tout me semble léger et bon enfant. Je prends des notes sur tout, souris à tout le monde, et tout le monde me sourit, même le soleil, ce qui donne un très bel éclat aux arbres rouges et jaunes sur les bords de l'autoroute.

Ils n'en reviennent pas, eux, d'avoir à bord un gars qui ne parle pas leur langue. Un type qui n'a même pas de famille en Yougoslavie, et qui va rencontrer des gens qu'il ne connaît que par Internet. Ils me prennent pour un fou.

Assise à l'avant, devant moi, se tient Mira, une jolie brune à lunettes de soleil aux formes avantageuses. Elle a sympathisé avec une petite vieille. Je la trouve adorable. Et très exubérante avec ça. Elle étudie à Londres, je crois. Sa seule vue corrobore toutes mes spéculations sur la vitalité balkanique. Derrière il y a trois types qui ramènent des bagages immenses pour leur famille, des provisions. Il semble qu'ils ne parlent que serbe, tout comme le conducteur. À ma gauche, Micha, un Serbe parisien, qui habite du côté de Barbès. Petites lunettes, crâne dégarni. Il a peut-être trente cinq ans. Depuis Budapest il me sert d'interprète. Mais il fait grise mine.

Micha raconte sa vie. Son père est gravement malade à Belgrade et sa meilleure amie a le cancer. Il ne les a pas revus depuis au moins trois ans, il ne sait pas comment il va les trouver. En Serbie il n'y a rien. Il faut payer très cher pour tout, même pour les couvertures et les médicaments à l'hôpital, ça fonctionne au *bakchich.*

On parle de politique. Timidement au début il me demande mon avis sur les bombardements. Puis quand j'ai dit que tout ça n'était qu'une farce tragique, il se lâche peu à peu enfin.

« Heureusement l'OTAN a eu des pertes, dit-il, et des sérieuses. Les médias ne veulent pas le reconnaître, mais ils ont perdus une centaine d'avions. Ils ne l'admettront que dans dix ans. Dans le village de ma mère les paysans ont récupéré le pilote d'un bombardier américain abattu par la DCA. Ils l'ont lynché. » Discours de patriote. Il est anti-Milosevic pourtant. Néolibéral. Anticommuniste primaire et secondaire : *« Ces bureaucrates de l'époque de Tito, je ne peux plus les voir. Le type des visas à Paris t'a parlé en espagnol tout le temps ? pas étonnant, il a été diplomate à Cuba. Qu'il y retourne ! qu'ils y aillent tous ! ils ont fait assez de mal dans mon pays ! »*

On parle des médias, évidemment, et puis des Albanais. Micha tient des propos de petit blanc : *« Moi je paye des impôts, pas eux. Ils n'ont pas le sens du travail. Quand je suis arrivé en France, j'avais un diplôme de chercheur en biologie en poche. Ça n'a pas été reconnu. On m'a employé pendant cinq ans comme laborantin. Et eux, comme réfugiés, ils auraient tous les droits ? Ça me dégoûte vraiment. Tu sais qu'à l'université de Pristina on enseignait encore il y a quelques années les sciences physiques avec des unités de mesures qui n'ont plus cours depuis cent ans dans le reste de l'Europe ? Voilà ce que ça a donné l'autonomie du Kosovo. Une société moyenâgeuse. Leur président de la province autonome ne savait même pas le serbo-croate qui était la langue de la fédération. Mais je m'en fiche. Si ça n'avait tenu qu'à moi j'aurais donné l'indépendance au Kosovo, et à la Voïvodine aussi. Je ne veux pas payer d'impôts pour ces gens-là* ».

Il a mal à l'âme Micha, ça se voit. Il dit que les Albanais c'est comme les Arabes des banlieues françaises. Je voudrais lui répondre : « *Arrête avec ton racisme ! Les peuples des Balkans vous n'arriverez à rien si vous vous repliez sur le communautarisme.* » Mais je sais que tel n'est pas mon rôle. C'est comme avec Boris. Le vécu de Micha me condamne au silence, un silence attentif, ouvert. J'ai beaucoup à apprendre.

*

* *

À la frontière serbo-hongroise, les douaniers magyars nous arrêtent. L'attente commence, comme au guichet de l'ambassade, comme à l'agence de voyages. Le cours des choses si lent quand un sentiment d'urgence vous étreint. Epluchage des passeports. Ils dévisagent tout le monde. Un silence de mort règne soudain dans le minivan. Puis les douaniers jettent avec un mépris ostentatoire les passeports yougos sur la table devant eux. Je n'ai jamais vu personne agir de la sorte en France. Par contre ils posent le mien délicatement dans un coin. C'est le seul passeport français. Mais ça ne suffit pas. Ils s'approchent lentement du bus. Vont-ils se mettre à fouiller nos bagages ? Le sort de notre voyage dépend d'eux. Ils laissent planer le suspense. *Leur pouvoir est* dans le suspense, dans cette suspension du temps pendant laquelle ils peuvent tout nous faire, y compris nous faire passer la nuit-là ou nous renvoyer tous en Occident. Ils commencent à faire l'appel, comme à l'école primaire : *« Maksimovic, Nikolic, Djordjevic »*. Une nouvelle progression dans l'humiliation. Les Serbes répondent sagement, on leur rend leurs passeports. Je suis évidemment encore le seul à qui on épargne ce traitement, mon passeport m'est donné sans l'appel de mon nom, sans sourire ironique, comme si les Hongrois voulaient bien marquer que je suis le seul homme digne de respect dans ce pauvre véhicule. *Parce que je ne suis pas serbe.*

Passée cette première frontière, la bonne humeur revient peu à peu. On cherche à oublier. Il y a un *no man's land* avant le poste-frontière serbe, des boutiques *duty free*. J'achète des cigarettes pour la famille de Boris et Marina. La journaliste du *Figaro Magazine* m'a dit que c'était le cadeau à faire en ces temps d'embargo. Je retarde un peu tout le monde. On me le fait remarquer gentiment.

Puis nous voilà à la douane serbe. Autre manifestation de pouvoir, autre séance d'humiliation. Mais pas raciste celle-là. Juste l'arrogance ordinaire de la bureaucratie yougo. Le minivan est immobilisé. On ne sait pas pour combien de temps. *« It depends on their mood »* (Ça dépendra de leur humeur) me dit la jolie Mira. L'ennui pourrait venir de moi : je viens d'un pays « agresseur »… Le chauffeur demande au moins deux ou trois fois en serbe à Micha si je n'ai pas une caméra ou un appareil photo sur moi. On pourrait me soupçonner d'espionnage. Ce matin, un car a été immobilisé pendant trois heures à cause d'un ressortissant allemand. Micha maugrée dans son coin « Je hais ces bureaucrates ! Je ne supporte pas ! ».

La situation se débloque assez vite, nul ne sait pourquoi. Mon passeport ne les énerve pas. Le minivan repart très vite. « On a eu de la veine ». « *C'est grâce à Frédéric il nous a porté chance* » ajoute Mira en rigolant.

*

*   *

Il faudra encore cinq heures pour traverser la Voïvodine après les trois heures en Hongrie. Cette fois le temps s'est arrêté. L'estafette se traîne. Elle roule au milieu du néant. Elle roule autour d'un point fixe pour l'éternité. Tout le monde sommeille. La nuit tombe. Après des airs hongrois ou serbes, la radio diffuse *« Heaven is a place on earth »* de Belinda Carlisle, une chanson de midinette que j'écoutais en août. Est-ce de bon augure ?

Belgrade approche enfin. Il me semble dans la pénombre que Micha a les larmes aux yeux. C'est la ville de son enfance. « *Elle est moins éclairée qu'autrefois* » dit-il. Je ne me rends pas bien compte.

Suspense total. Y a-t-il de l'électricité dans cette ville ? Et de l'eau dans les robinets ?

L'estafette fait un détour par Novi Beograd, une forêt d'immeubles « soviétiques » – « façon Le Corbusier » disait toujours Boris. On y logeait naguère les ouvriers méritants. Des appartements très décents et pas chers, même si les ascenseurs n'y ont jamais fonctionné, selon le témoignage de

Micha. Il y a un peu vécu. On y dépose Mira qui file ses coordonnées à tout le monde. La petite vieille en profite pour me donner l'adresse Internet de son fils « parce qu'il sera bientôt en France, où il ne connaît personne ».

On roule maintenant sur une grande avenue. Micha me montre un immeuble détruit par les bombardements alliés. Un de ces immeubles comme on les avait vus en photos sur le Net : une carcasse calcinée, réduite à sa structure métallique. « Sur ce boulevard quand j'étais gosse on venait applaudir Tito qui y passait en uniforme blanc à chaque retour de voyage. Ça nous ennuyait bien ». Pas de doute : cette fois-ci tout est réel.

Micha cède encore à la nostalgie à l'approche de la gare : « *Là c'est devenu un quartier mal famé, me dit-il. Des tas de réfugiés de Bosnie et de Croatie y vivent. Ceux dont aucune ONG ne s'occupe. Ils vivent de petits trafics. La drogue surtout.* » Il n'y a plus de sécurité sociale, plus d'allocations. Quiconque a une crise cardiaque n'a pas de SAMU pour le secourir. La moitié de la population est au chômage et vit de l'entraide familiale. Une mort prochaine est au bout de cette pauvreté.

Un passager à l'arrière du minivan dit quelque chose en serbe. Micha sourit puis m'explique : « *C'est un Monténégrin. Ce sont un peu les Marseillais de la Yougoslavie. Il a dit avec son accent caractéristique qu'il en a marre que le bus fasse des détours dans la ville et qu'il voulait descendre.* » Il ajoute que les Belgradois aussi avaient une gouaille reconnaissable, un peu comme les Parisiens. Puis il peste à son tour contre le minibus qui s'arrête partout, surtout quand le chauffeur s'arrête pour cramer une clope. « Dans ce pays les gens n'ont pas le respect de l'argent, répétait-il. Je travaille, je paye avec l'argent de mon travail, mais personne ne le respecte ici. » Il a l'air de plus en plus inquiet. Ses retrouvailles avec son père ne sont plus qu'affaire de minutes. Son stress est contagieux. Je pense à l'uranium appauvri des armes américaines qui traînent dans les décombres des immeubles. Des milliers de cancers en perspective. *Those who used the infamous depleted uranium have a depleted conscience*[70]. Belgrade est une ville-martyre.

Micha indique au chauffeur où me déposer, il descend lui même quelques minutes avant la rue où vit Boris. Longue poignée de main, touchante. Au fond je lui dois ma première initiation *in vivo* à l'infini malheur des Serbes.

*

* *

Le bus m'a laissé au pied d'un immeuble vétuste, rue Gospodar Jemremova, la nuit, dans cette cité étrange, citadelle assiégée, dont je ne pouvais même pas lire les noms de rues en alphabet cyrillique.

---

70. « Ceux qui ont employé l'infâme uranium appauvri ont une conscience appauvrie » (déclaration du président Kostunica le 16 janvier 2001 (cf CNN http://edition.cnn.com/2001/WORLD/europe/01/16/defence.uranium.02/). L'expression joue sur le double sens de « depleted » en anglais qui s'applique à l'uranium radioactif qui constituait le blindage des missiles lancés contre les immeubles mais aussi à tout ce qui est diminué, réduit. J'ai introduit a posteriori cette expression dans le récit de mon voyage.

J'ai sonné à l'interphone, poussé la porte métallique. J'ai traversé un long couloir vétuste pour attendre quelque secondes au pied de l'escalier. Un très jeune homme est descendu, plus jeune que sur les photos qu'il m'avait envoyées. Presque un ado, grand, brun, cheveux courts, armé d'un sourire radieux qui changeait sa physionomie – avec des dents un peu écartées qui toutefois brisaient l'harmonie de son visage juvénile –, un regard plein de bonté et de douceur. Il devait être aussi étonné que moi.

Nous montâmes les marches. J'avais la plus grande peine à croire ce qui m'arrivait. Sur le seuil de la porte la mère de Boris, Branka, une grande femme mince, au très longs cheveux bruns, en jeans, cigarette au coin des lèvres. Mêlant son émotion à une sorte de retenue aristocratique, elle me dit en rougissant, mais dans un anglais irréprochable, combien elle était heureuse de m'accueillir en Serbie. Je crois que j'ai répondu avec maladresse. J'étais très touché, et comme en apesanteur. Son mari Slobodan se leva de son fauteuil pour venir me saluer. Il était en jeans lui aussi, et affectait une allure décontractée. Tous les deux avaient l'air d'être des gens très doux, un peu rêveurs, des intellectuels, qui auraient eu davantage leur place dans un grand appartement du quartier latin que dans la misère belgradoise. Une sorte d'infinie bienveillance émanait de ces deux êtres, qui n'avait rien à voir avec les règles formelles de l'hospitalité.

On me présenta deux grands chiens, des setters irlandais qui sont le centre de toute l'affection familiale, puis je visitai le bel appartement des Svetkovic, la chambre de Boris – une sorte de petite pièce à deux étages avec des affiches anti-américaines à hauteur des portes, et des posters de reggae et de rasta au dessus, au niveau des lits auxquels on accède à l'aide d'une échelle. On m'indiqua que je dormirais dans la chambre de Marko, le frère de Boris.

Le dîner était servi. Une lasagne. Branka ne cuisinait guère d'habitude. Elle avait l'air de s'excuser. J'ignorais si c'était de n'être pas un cordon bleu ou de n'avoir pas investi davantage dans la nourriture. Il n'y avait plus d'argent chez eux, depuis longtemps, je le savais, malgré leur statut social élevé. Entre l'Occidental opulent et la famille serbe bombardée, à bout de souffle, le sens de certains mots était truffé d'ambiguïtés. Mais j'étais heureux, très heureux. Heureux d'être enfin là. De voir ces gens pour qui je m'étais battu pendant des mois, pour qui j'avais tremblé et qui attendaient depuis aussi longtemps que moi, d'avoir le plaisir de me connaître. Dans un sens ça justifiait tout le temps passé sur Internet. Je m'étais peut-être trompé sur certains points. Mais pas sur la solidarité que je leur avais témoignée. Puisque c'étaient des gens bien, des gens comme je les avais imaginés. J'avais eu mille fois raison de leur tendre ma main.

Un peu plus tard dans la soirée, Boris me fit rencontrer Marina, dans un café bleuté non loin de son domicile. Ce genre de soirée ne s'oublie jamais.

*

*   *

Le deuxième jour commença dans des tons très suaves. Petit déjeuner copieux chez Boris, ballade dans les rues de Belgrade. « Son » Belgrade à lui, jeune, insouciant, paisible, comme si les bombes ici n'étaient jamais tombées. Boris veut m'épargner les traces de la tragédie sur laquelle j'ai tant écrit dans mes pages web. Sans doute veut-il aussi s'en libérer lui-même, faire comme si pour une fois il me faisait *normalement* visiter un pays *normal.* « *As-tu noté la diversité architecturale ? ça c'est du baroque austro-hongrois, et ça c'est du Bauhaus* ».

Mais personne n'est dupe. L'embargo, la guerre sont à l'arrière-plan. Partout au coin des rues des graffitis, des affiches pro ou anti-Milosevic qui dénigrent le camp adverse. Boris me les traduit. Sur la place de la République un podium tricolore, dressé par l'opposition anti-Milosevic. C'est là que Marina manifeste tous les soirs avec sa mère. Ils sont une poignée d'exaltés pro-occidentaux à se mobiliser depuis septembre.

L'engagement politique de Marina du côté de l'opposition ne me plait pas beaucoup, je le lui ai souvent dit. Pas plus que Boris je ne soutiendrais Milosevic, mais le programme des néo-libéraux ne parle que de coopération avec le FMI, de privatisations, licenciements massifs. Rien à faire de cette population d'ouvriers issus de l'époque communiste, les employés des grands conglomérats, et les petits paysans. Tous ceux qui votent socialistes par peur de la globalisation. Le mépris de Marina à leur égard m'a toujours effrayé.

Dans la principale rue commerçante, je cherche des cartes postales anti-OTAN comme celles que Boris m'avait envoyées pendant les bombardements. Elles ont déjà toutes disparu. « *Ici on essaie surtout d'oublier,* me dit Boris. *Et puis les Serbes sont comme ça, ils ne sont pas rancuniers. À la fin des années 40, cinq ans après que Belgrade ait été presque complètement rasée par les nazis, les touristes allemands étaient de nouveau accueillis à bras ouverts sur les plages de l'Adriatique* ». Je me rabats sur des dessins plutôt marrants de miliciens serbes sodomisant

Mickey et une parodie la première page des albums de bande dessinées *Astérix* : « L'Europe est occupée par les légions américaines, dit la légende en anglais, et seul le village serbe résiste à l'envahisseur… ». Sur la carte à la place des camps romains de « Peti-bonum », « Laudanum » et « Babaorum », on lit « Tirana », « Zagreb », « Skopje ». À la place du village d'Astérix, Belgrade, rebaptisée de son ancien nom romain. Le drapeau américain et l'aigle de l'OTAN remplacent les insignes romains.

Je visite au passage le Centre culturel français qui a été ravagé par une foule haineuse au début des bombardements. C'est moi qui ai tenu à le voir. C'est comme le monument à l'amitié serbo-française : des symboles qui évoquaient une confiance trahie.

À 21 heures, je dînais avec Marina, Boris et sa petite amie d'origine péruvienne, Maja (Maya). Ils partagent une belle histoire tous les deux. Le grand-père de Boris en tournée en Amérique latine pour le compte de Tito avait prêché la bonne parole autogestionnaire à Lima dans les années 1960. Le leader du Parti communiste péruvien, séduit par ses paroles, avait envoyé sa fille faire ses études à Belgrade, où elle fit naître Maja dans les années 1970. Maja devait devenir vingt ans plus tard le premier grand-amour de Boris, le petit-fils, de l'émissaire de Tito. « *It's like that, sans le savoir nous devions notre rencontre à la rencontre de nos grands pères* » conclut Maja en rigolant.

Cette fille a un visage typiquement inca. Pourtant elle ne parle pas un mot de castillan, encore moins de quechua. Elle est une des figures les plus originales du multiethnisme serbe, n'en déplaise à nos propagandistes. Marina ne croit pas à la passion qui unit Boris et Maja. Elle pense que ces jeunes tourtereaux ne tiendront pas la distance. Elle me l'a dit sur Internet. C'est son scepticisme viscéral qui parle. Pourtant Boris rayonne de bonheur dans la taverne traditionnelle où nous sommes ses hôtes. Un orchestre tzigane joue des airs folkloriques. Mon ami semble les connaître tous. Il les fredonne pour nous. Sur la table, des sortes de saucisses balkaniques, et des steaks de Georges le Noir, du vin rouge, doux, du Monténégro. Décors en bois marron foncé. « Le type qui joue de l'accordéon est un économiste connu » dit Marina. Voilà qui n'arriverait sans doute pas à Paris.

*

*   *

Le jour suivant (le troisième jour) Boris et moi avons visité le quartier Vrachar, verdoyant et cossu. Le soleil est toujours au rendez-vous en ce début du mois de novembre Boris me montre l'ambassade de Hongrie. *« Tu sais, Imre Nagy, en 1956 s'est réfugié dans l'ambassade de Yougoslavie à Budapest. Je connais un type qui était diplomate à Budapest. Il me racontait que les chars d'assaut russes n'ont pas hésité à pilonner la façade pour pousser nos diplomates à lâcher Nagy. »* Décidément les Yougoslaves ont toujours dérangé tout le monde. Les époques se téléscopent. Les registres d'évocation aussi. De l'autre côté de la rue, l'école maternelle de Marina, et juste à côté son collège.

On mange dans un restaurant français de *grand standing*. On parle du site *Résistance* – ce que mon ami appelle « notre rêve commun ». C'est un grand moment de fraternité, comme tout ce que l'on partage depuis que je suis en Serbie.

Je dois me battre à la fin du repas pour payer l'addition, en échange de la promesse de laisser Boris régler le lendemain. Depuis des jours je ne puis m'empêcher de songer que sa famille sacrifie des mois de salaires dans la prise en charge de ma nourriture.

À la sortie il me montre la mairie de Belgrade surplombée par un symbole monarchiste, qui fait face au siège du gouvernement où s'élève encore l'étoile rouge. Toute l'actualité des Serbes est là-dedans. Dans ce face-à-face entre les ex-communistes et la droite revancharde, il n'y a pas de troisième voie. À la tombée du jour je fus avec Marina à Kalemegdan, puis sur l'île *Ada Ciganlija* où les Belgradois faisaient leur footing, ce que j'avais du mal à imaginer, car dans l'obscurité nocturne elle ressemblait davantage à l'île de Circé.

Le dernier jour, le 7 novembre, je revis Marina seulement vers 15 h 30, après un repas chez Boris où on avait feuilleté l'album de famille – celui des princes du Montenegro, un véritable livre d'histoire. Dernières images d'une vie familiale délicieuse, presque une famille d'adoption. Le soir Boris et sa Maja nous entraînèrent dans un restaurant très huppé où il a sans doute englouti, malgré toutes mes protestations, des mois de salaire de *disk jockey* dans un club de reggae. Puis on prit un verre près de la fac. Belgrade voulait toujours vivre, afficher une certaine insouciance. Sur le chemin du retour j'allais écouter en boucle une chanson que Barry White, qui y avait enregistré son dernier album, lui avait consacrée. Elle s'intitulait justement « Belgrade ».

*

*   *

Le voyage à Belgrade, au fond, n'a fait que confirmer ce que j'avais pressenti devant mon écran d'ordinateur : il existait un *autre monde*. Un autre univers de vérités historiques, politiques, humaines, dont les Occidentaux ont à peine conscience. D'autres façons d'exister, d'éprouver les choses. Et elles étaient précisément le fruit, de ces différences historiques et culturelles.

Je devais aller au bout de ma *conversion*, m'arracher définitivement à mes certitudes de « bourgeois » français, abandonner aussi le mélange d'arrogance, de lâcheté, et de scepticisme raffiné qui sous-tendait ma propre culture, pour pouvoir m'ouvrir pleinement à cette nouveauté.

Pour supporter le choc du retour, de la reprise du travail, de la vie dans le mensonge français, j'ai essayé de m'accrocher à ce que je pouvais. Au site Internet dont je tenais toujours les nouvelles alternatives. J'ai rédigé un petit essai sociologique sur ce que j'ai vu en Serbie. Je l'ai envoyé à Bourdieu, et à l'Écrivain engagé. Les deux eurent la gentillesse de me répondre d'un petit mot encourageant. Ils me conseillaient de le publier dans la grande presse. La grande presse n'en a jamais voulu.

Le passage à l'an 2000 fut particulièrement triste. Enterré chez mes parents, dans mon village près de Pau. Loin de Florence, loin des festivités parisiennes – le « décollage » de la tour Eiffel, et autres coûteuses mises en scène de notre entrée dans la « fin de l'Histoire ». La Saint Sylvestre au soir, je l'ai passée près d'un ruisseau, à écouter le flot d'une cascade mélancolique, aux prises avec toutes sortes de fantômes, de mon présent et du passé. Ma famille hypnotisée par TF1 ne comprenait toujours pas ce que je vivais autour de la

Yougoslavie et même me reprochait occasionnellement mon engagement. Au milieu de ces quelques jours solitaires, j'eus aussi une conversation téléphonique avec un ami atteint d'une tumeur au cerveau, Thierry Faugouin. Conversation pénible. Il ne trouvait plus ses mots. L'aphasie gagnait son esprit. Dans chaque silence, dans chaque oubli venait se nicher la mort qui allait triompher quelques semaines plus tard. Il semblait pourtant que notre échange par moments l'aidait à recomposer sa mémoire défaillante. Mais les combats que j'avais menés pendant toute l'année 1999 m'avaient vidé de toutes mes forces. Je ne pouvais plus rien pour lui.

*

* *

La Serbie, quant à elle, en proie aux coupures d'électricité, privée de médicaments, ne pouvait même plus faire face à l'épidémie de grippe hivernale. Boris me demandait de lui envoyer du Zoloft[71] pour une de ses tantes qui ne s'était pas remise de l'angoisse des bombardements.

Pour apprendre aux citoyens serbes à « bien voter » aux prochaines élections, l'Union européenne fit livrer des camions de fioul aux villes tenues par l'opposition (de droite). Les autres villes étaient abandonnées à leur triste sort. Au mois de janvier 2000, le salaire moyen en Serbie était de 60 DM (100 DM pour un ingénieur). Un kilo de citron

71. Je finis par m'en procurer grâce à l'ordonnance d'un médecin abonné à notre site d'infos alternatives.

coûtait 5 DM, selon mes correspondants. Il y avait de la vodka dans les magasins, mais plus de lait…

La grande presse française pour sa part bruissait de sombres rumeurs sur des affaires d'espionnage[72] et demandait à Jacques Chirac d'être « plus ferme à l'égard de Belgrade ».

72. Un commando de cinq hommes, le commando « Araignée » était arrêté le 11 novembre à Belgrade – dont Milorad « Misa » Pelemis ex-commandant d'une unité d'élite lors du massacre de Srebrenica en 1995 et Jugoslav Petrusic, alias « Dominic Yugo », ex chef d'une phalange de mercenaires serbes à Kisangani en 1997 – et accusés d'avoir préparé l'assassinat de Slobodan Milosevic. Dans *Le Monde* du 2 décembre 1999 intitulé « France-Serbie le mystère », Rémy Ourdan critiquait « la politique élyséenne, favorable à une suspension des sanctions ». Paranoïaque jusqu'au bout l'article accusait Milosevic de vouloir poursuivre la guerre contre l'Europe (alors que la Yougoslavie, à genoux, et qui n'avait jamais déclaré la guerre à personne, ne faisait que panser ses blessures). Pour un peu il aurait demandé une nouvelle campagne de bombardements.

Chapitre Cinq
La lutte contre l'embargo

Mon activisme sur le front yougoslave, après un hiver très difficile sur le plan personnel, connut un regain d'intensité en mars 2000 à la faveur de nombreuses rencontres qui elles-mêmes témoignèrent d'une effervescence remarquable dans des cercles parisiens et bruxellois à ce moment-là.

Une des présences les plus utiles en ce début 2000 fut en tout premier lieu celle de Virginie Figuier (pseudonyme). C'était une fille de mon âge. Elle m'avait contacté via notre site Internet *Résistance* à la fin du mois d'août 1999. Elle travaillait dans le marketing électronique, en pleine expansion à ce moment-là, et sortait avec un Serbe de Bosnie.

Elle avait vécu le drame des Serbes encore plus profondément que moi, et ce pas seulement à cause de la situation de son compagnon. Elle m'envoyait des mails qui traduisaient un désarroi profond, et reflétaient, je pense, les sentiments de nombreux adversaires de l'OTAN à cette époque :

« *Je crois que je suis complètement à coté de mes pompes en ce moment, vraiment déboussolée devant l'attitude de gens très proches de moi, devant l'incompréhension et parfois l'intolérance de ma propre famille et certains de mes amis… je n'aurais jamais pensé avoir à faire face à une telle situation mais, même si elle est difficile à vivre parfois, souvent, je crois vraiment que c'est une chance pour moi. Mais j'ai perdu tous mes repères je ne crois plus à rien, je mets en doute tout ce que je vois tout ce que j'entends je soupconne tout et tout le monde de manipulation, c'est dingue… alors ça fait du bien de tomber sur des gens comme toi ça prouve que oui la vérité est ailleurs et je crois que nous sommes sur la bonne voie. (…) »*

(mail du 2 septembre 1999)

Virginie n'avait pas de culture politique. Elle avait longtemps vécu, probablement plus que moi encore, dans l'idée que le temps de l'Occident néo-colonial, borné, cruel, fermé au point de vue d'autrui, était révolu ; que, dans une société comme la nôtre, où les médias nous informaient en temps réel et où tout le monde avait bénéficié d'une éducation républicaine loin de l'intolérance religieuse, on ne pouvait plus mettre des peuples entiers au ban de l'humanité. Le choc du délire antiserbe des Occidentaux, relayé par son entourage immédiat, la frappait donc de plein fouet et elle perdait littéralement pied dans ce nouvel ordre mondial de la haine. Sa seule arme face au règne du cynisme était d'en rajouter sur le volet de l'affect, dans le soutien moral aux Serbes qu'elle fréquentait.

J'ai pensé qu'il serait utile pour elle et pour le site qu'elle passe au stade de l'écriture. Cela la libèrerait d'un poids, et puis, en ce qui concerne *Résistance*, cela en ferait aussi le lieu du témoignage humain, de la dimension affective, pas seulement du débat rationnel. Je la rencontrai à Convention le

13 novembre 1999, peu après mon retour de Belgrade. Je publiai certains de ses textes sur le site, mais son travail dans notre équipe devint surtout effectif en février. Elle voulait développer une rubrique historique pour mieux faire comprendre aux gens les racines du drame balkanique. Elle prit contact à cet effet (comme elle l'avait déjà tenté en décembre, mais cette fois avec plus de succès) avec les éditions *L'Age d'Homme* pour le cas où nous aurions besoin de citer divers passages d'ouvrages qu'ils publiaient – nous étions, à l'époque, très scrupuleux sur le respect des droits d'auteurs.

L'Age d'Homme éditait la plupart des auteurs favorables à la Serbie, y compris des gens très à droite. Je me méfiais un peu de cet éditeur qui, dans mon esprit (mais peut-être me trompais-je), s'apparentait à la galaxie un peu trouble du « Comité non à la guerre ».

Le Comité « non à la guerre », avait été fondé au printemps 1999 par Laurent Ozon, directeur de la revue d'idées écologiste *Le Recours aux forêts*, (que l'on situait plutôt dans la mouvance du responsable du Front national Bruno Mégret) le rédacteur en chef de la revue *Éléments*, Charles Champetier, et des anciens membres de l'équipe de *Charlie-Hebdo*, de *La Grosse Bertha* (fondée par une partie de l'équipe actuelle de *Charlie Hebdo*). Ce comité avait lancé un texte réclamant l'arrêt des bombardements sur la Yougoslavie qui avait obtenu la signature du chanteur Renaud, l'Abbé Pierre, Alexandre Soljenitsyne, Max Gallo, Paul-Marie Coûteaux, le général Gallois, etc. Les signataires de gauche avaient retiré leur paraphe quand ils avaient découvert le lien avec l'extrême-droite. Ozon avait une affection particulière pour le front commun gauche-droite (ce que les médias dominants appelaient abusivement le « rouge-brunisme »), et, justement au mois de février, tenta de reprendre sur le site Internet[73] de son comité un courriel collectif de l'Écrivain engagé sous le titre « *Nous publions (avec son accord) ce courrier de [l'Écrivain engagé] (Courrier adressé le 12 septembre 1999 aux animateurs du Collectif Non à la Guerre) et qui concerne la publication du N° 8 de [la revue l'Écrivain engagé].* » J'avais fait observer à l'Écrivain, par mail, qu'il était dangereux pour lui de mêler son nom à l'extrême-droite. Au début désemparé par cette affaire car il n'avait apparemment pas été consulté ni même averti[74], l'Écrivain demanda sur mes conseils à Ozon le retrait de ce texte et l'obtint.

Il existait plusieurs raisons que je n'expliciterai pas toutes ici à mon refus de m'allier avec la droite. L'une tenait à mon imaginaire du moment : Boris m'avait réconcilié avec les valeurs de gauche de 1936, ce n'était pas pour noyer cela dans une quelconque union sacrée. Et puis, j'étais encore très bourdieusien, comme mon article « Le capital des Serbes » en novembre l'avait montré. Le structuralisme génétique char-

73. Un site qui avait d'ailleurs le même défaut que la presse dominante mais inversé : il faisait du sensationnalisme avec la guerre en exhibant sur sa page d'accueil un cadavre de bébé serbe victime des bombardements.

74. Il m'écrivit-il le 26 février 2000 un mail dans lequel il expliquait qu'il s'agissait d'une lettre-circulaire envoyée par sa compagne et qu'il ne voyait pas comment empêcher le site du Comité non à la guerre de l'utiliser. Ce sentiment d'impuissance assez répandu chez les intellectuels de sa génération devant les medias électroniques reflétait le mythe d'un Internet « insaisissable », incontrôlable.

pentait mon esprit, et je ne désespérais pas d'arracher l'influent Bourdieu[75] lui-même à la modération de l'Appel pour une paix juste et durable... Je savais que s'allier avec la droite conservatrice était le meilleur moyen de casser toute dynamique en faveur de la République fédérale de Yougoslavie.

Virginie Figuier pensait cependant que nous ne risquions rien à tenter d'établir un dialogue avec *L'Age d'Homme*. Elle fut toutefois reçue au téléphone assez froidement par l'attachée de presse de cette maison d'édition et le seul avantage concret de cette première approche fut que nous fûmes mis en rapport avec un activiste de qualité que nous appellerons Rodoljub.

Nous le rencontrâmes le mardi 17 février 2000 dans le quartier des Grands boulevards à Paris. Il était flanqué d'un informaticien et nous parlâmes de nos projets respectifs. Rodoljub, qui avait à peu près mon âge, était un personnage attachant, volubile et plein d'humour. À travers lui j'ai appris à mieux connaître les jeunes Français d'origine serbe. Né dans un milieu ouvrier, comme la plupart des fils de Yougoslaves, il avait développé un tempérament émotif, ambitieux et hyperactif dans un contexte familial difficile, tant sur le plan économique qu'affectif. Alors qu'il était étudiant à l'université, il avait pris de plein fouet l'expression du nationalisme croate, l'éclatement de la Yougoslavie, et les calomnies des médias français à l'encontre des Serbes. Tout cela bien sûr je ne le compris que progressivement, notamment en 2001 à l'occasion d'une enquête sur son association à laquelle il participa activement. À la différence de Boris, Rodoljub ne

75. Un numéro entier du *Magazine littéraire* consacré à sa pensée titrait « Pierre Bourdieu L'intellectuel dominant ? » en octobre 1998 (n° 369).

croyait plus en l'idéal yougoslaviste. Il défendait le multiethnisme, mais dans le cadre de la seule Serbie dont, selon lui, l'identité avait été injustement refoulée par la politique de Tito. Aussi, bien qu'il ait évolué dans la mouvance du parti socialiste en France pendant un temps, était-il désormais plus indulgent avec le Front national qu'avec la gauche française (qui pilotait la politique de guerre et d'embargo). Rodoljub faisait typiquement partie de ces déçus du système politique français, qu'il me paraissait encore possible de réconcilier avec les valeurs républicaines pour peu que le mouvement lepeniste cesse d'être leur unique soutien.

Rodoljub lançait une association, dont l'ambition était de servir d'interface entre une communauté yougoslave qu'il décrivait comme émiettée, et repliée sur elle-même, et les milieux lettrés français (médias, classe politique, universités). Leur groupe voulait faire entendre leur point de vue sur les Balkans, faire du lobbying à ce sujet, et bénéficiait pour ce faire de *L'Âge d'Homme*, et de *Balkans-Infos*.

J'étais très désireux de maintenir un dialogue constructif avec son organisation parce que *Résistance* avait besoin de recrues. D'ailleurs sa structure espérait aussi construire prochainement un site sur Internet. Nous pouvions échanger des informations, des savoir-faire, des services. Lui voyait un intérêt à rester en contact avec moi du fait de ma position professionnelle, mais aussi parce que j'étais coordinateur d'un site à vocation internationale, et que j'étais en correspondance avec des gens utiles comme l'Écrivain engagé.

*

*   *

Virginie prit aussi contact avec un journaliste communiste belge que nous appellerons Le Missionnaire. Il avait déjà écrit deux livres de critique des médias dont le premier, disait-on, faisait autorité même dans les écoles de journalisme. Le second parlait de la Bosnie. Virginie lui écrivit pour lui demander poliment l'autorisation de reproduire ses textes dans nos pages *web*. Le journaliste lui proposa qu'on se rencontre au Salon du Livre de Paris, le samedi 18 mars 2000. Rendez-vous fut donc pris.

D'ordinaire je n'étais pas enclin à fréquenter ce genre de foire commerciale. Et j'éprouvais toujours quelque réticence à jouer les VRP du site *Résistance*, mais j'étais pris dans une dynamique. Quelques jours plus tôt j'avais lu un article abject du *Canard enchaîné* sur le Kosovo qui avait ravivé mon ardeur militante.

Resituons le contexte : l'UCK albano-kosovare, non contente d'avoir pris le pouvoir à Pristina, souhaitait régenter les enclaves non-albanaises qu'elle accusait d'héberger des criminels de guerre, afin d'y imposer sa terreur (ce qu'elle considérait sans doute comme sa juste vengeance). Elle mettait aussi en œuvre un projet de Grande Albanie, d'une part en s'implantant en Macédoine, d'autre part (avec la bénédiction des États-Unis) en entretenant une guerrilla dans trois communes à majorité albanaise de Serbie situées hors de la province administrative du Kosovo et Métochie : les communes dénommées Presevo, Bujanovac, et Medveda (d'où le nom de la guérilla : UCPBM)[76].

---

76. Créée le 26 janvier 2000. Le *New York Times* lui consacra un article dès le 2 février 2000. http://www.freerepublic.com/forum/a38be800c7b22.htm

En ce qui concerne les enclaves non-albanaises, la plus importante était la partie nord de la bourgade de Kosovska-Mitrovica qui était séparée des quartiers albanais par la rivière Ibar. À l'initiative des gendarmes français – qui furent, avec les Russes, un des rares contingents de la force de protection de l'ONU à remplir leur rôle –, une force d'interposition s'était installée sur le pont, barrant l'accès aux quartiers non-albanais du nord (ou pour être plus précis aux quartiers où ne demeurait qu'une présence résiduelle d'Albanais). Les extrémistes pro-UCK exerçaient une pression constante sur les gendarmes français, qu'ils assaillaient de jets de pierres et d'insultes.

Le 13 février 2000, deux soldats français furent blessés, par des snipers albanais, des arrestations s'ensuivirent. Des milliers d'extrémistes albanais de la région et de Pristina se précipitèrent en direction du pont pour envahir Mitrovica le 21 février, et il fallut renforcer le contingent français avec des Canadiens et des Australiens. Les États-Unis prirent tout de suite le parti des nationalistes pro-UCK[77]. L'ambassadeur des États-Unis à l'ONU Richard Holbrooke affirma immédiatement : « Le problème ici (au Kosovo) vient de Belgrade », accusant le ministère de l'intérieur yougoslave de manipuler les Serbes de Kosovska-Mitrovica (*Reuters* 21 février 2000). L'administrateur

77. Joignant le geste à la parole le 3e bataillon de la 82e division aéroportée, 504e régiment d'infanterie parachutiste américain dépêché à Mitrovica-Nord le 24 février, allait se charger de violenter abondamment les domiciles des civils serbes dans le cadre d'une mission de recherche de dépôts d'armes (qui était surtout une opération d'intimidation, comme ils en déployèrent dans d'autres enclaves serbes) selon *Reuters* du 24 février – le Marine Corps Times a fourni un article détaillé sur les perquisitions au Kosovo sur http://www.freerepublic.com/forum/ a38b413d62837.htm.

de l'ONU au Kosovo Bernard Kouchner fit de même. Selon un télex confidentiel-défense adressé à la Direction du renseignement militaire éventé dans la presse[78], et signé par le général Louis Le Mière, nouveau numéro 2 de la KFOR aux ordres du général allemand Klaus Reinhardt : « *La réunion journalière Unmik/Kfor a donné lieu à une reconstitution des événements de la journée à Mitrovica. Défendant une thèse qui lui est chère, le SRSG (M. Kouchner) a absolument voulu trouver des indices de l'action des Serbes dans ces événements.* »

Il n'était pas étonnant que le journal *Le Monde*, sous la plume de Christophe Chatelot, dénonce l'existence de l'enclave serbe comme le « *symbole du risque de partition du Kosovo* » (*Le Monde* du 15 février 2000), ce qui revenait à demander que les extrémistes de l'UCK puissent y commettre les mêmes viols et meurtres qu'ils l'avaient fait à Pristina en juin 1999. Mais je fus sous le choc, le 1er mars 2000 à la lecture de l'article du *Canard Enchaîné* signé par la journaliste Brigitte Rossigneux qui défendait la position de Kouchner en ces termes : « *Les crimes de Kouchner ? selon ces militaires critiques, il y aurait des réactions anti-serbes. Ce qui a l'heur de déplaire (...) aux chefs en poste au Kosovo, auprès desquels les Kosovars (sic) n'ont pas précisément la cote. Quand ils ne sont pas traités, par des officiers français, de "bougnoules" ou de "loqueteux". Le 13 février, deux de ses soldats ayant été blessés, le*

---

78. *Le Canard Enchaîné* du 1er mars 2000. Selon *Libération* du 28 mars 2000 (http://www.unmikonline.org/press/wire/im3003pm.html) l'auteur de la « fuite » (ainsi que d'une fuite similaire au magazine *Le Point*) aurait été un colonel de gendarmerie, qui sortait avec une interprète albanaise. Celui-ci a toujours démenti l'accusation et a bénéficié d'une relaxe devant la cour d'appel de Paris du fait d'un vice de procédure dans l'inculpation (*Le Monde* 4 mars 2001).

contingent français de la KFOR procède à une quarantaine d'arrestations dans la ville de Mitrovica. Ces Albanais sont conduits dans un gymnase non chauffé attenant au QG. (...) "On a mission de faire retomber les tensions et on les attise, s'emporte un jeune officier trop sentimental. On n'est pas à Belfast". Ni en Algérie, au bon vieux temps... »

Le parallèle avec l'Algérie était ajouté par la journaliste. En un sens il n'était pas nouveau, puisqu'un colonel très soutenu par les médias, qui s'était opposé au général Henri Poncet, commandant de la division multinationale de l'OTAN à Mitrovica jusqu'au 20 janvier 2000, taxait celui-ci d'être prompt à rafler des gens à Mitrovica « comme à Alger »[79]. Mais je fus très touché parce qu'on assistait là à un retournement complet de la tradition anti-militariste de ce journal. En effet : attaquer les gendarmes français au nom de l'anti-militarisme c'était ouvrir la voie à un militarisme bien plus brutal qui ravageait le Kosovo depuis juin : celui de l'UCK et de leur protecteur américain. C'était appeler à ce qu'ils se ruent sur la population non albanaise de l'enclave de Mitrovica-nord.

Le Canard enchaîné avec sa référence à l'Algérie mettait à nu l'imaginaire anti-colonial de la gauche qui la rapprochait depuis 1998 des nationalistes albanais, mais aussi son emploi à contre-temps puisque cet imaginaire était mis désormais au service d'un nouveau colonialisme : celui de l'OTAN dans les Balkans. J'avais acheté le journal dans une gare parisienne. Je fus à la fois si révolté et si inspiré que je pondis en une heure sur mon ordinateur portable l'article qui, de tous ceux que je

79. *Libération* 28 mars 2000 op. cit.

publiai sur le site *Résistance*, allait faire le plus réagir : « La gauche pacifiste et les Serbes ». Dans cet article je rappelais tous les éléments qui auraient dû réconcilier la gauche avec la Serbie (le soutien des Serbes aux idées progressistes de la lutte anti-Habsbourg au XIXe siècle à leur participation à la Yougoslavie non-alignée de Tito[80], en passant par leur persécution par les nazis et leur solidarité avec les Juifs pendant la

80. Tous mes amis politiques allaient tenir cette ligne dans les années qui allaient suivre : montrer la cohérence entre le yougoslavisme des Serbes et l'anti-colonialisme. Mais il faut reconnaître que les Serbes eux-mêmes n'acceptaient pas nécessairement l'idée d'une alliance avec le Tiers-Monde. En mars 2000, l'Institut de Politique internationale et d'économie (d'après ce que m'en rapporta Diana Johnstone qui y assista) organisa une conférence de trois jours à laquelle participèrent aussi bien des ultra-conservateurs américains, des mystiques russes, que des représentants de l'International action center et du Zimbabwe. Dans les derniers discours, le professeur Stambuk membre de la Gauche yougoslave (JUL le parti de l'épouse de S. Milosevic) suggéra l'organisation d'une sorte de « résistance internationale à l'OTAN » en collaboration avec le Tiers-Monde. Le gouvernement de Milosevic au printemps 2000 essaya de jouer la carte des non-alignés. Le 6 mars 2000 Saddam Hussein recevait le président du Parlement serbe Dragan Tomic à Bagdad. Le Lieutenant-General Khin Nyun, membre de la junte birmane était en visite à Belgrade en juillet 2000 (ce qui n'était pas sans rapport avec la visite de leur allié chinois quelques mois plus tôt) et le ministre des affaires étrangères à Rangoun annonçait la réintégration prochaine de la République Fédérale de Yougoslavie dans ce Mouvement des non-alignés (MNA). Le ministre des affaires étrangères yougoslave, Zivadin Jovanovic, a signé à la Havane un accord de coopération économique en invoquant l'esprit du MNA le 27 août 2000. Nelson Mandela qui était président du MNA depuis son douzième sommet en 1998 avait durement critiqué l'intervention de l'OTAN contre la Serbie. Le ministère serbe de l'information selon Serbiainfo.com travaillait quant à lui à la création d'un réseau d'agences

Seconde Guerre mondiale[81]) et tous les voiles idéologiques qui empêchaient désormais de les voir.

---

de presse non alignées avec ses homologues du Tiers-Monde. Mais cette politique ne prenait guère dans l'opinion publique – l'opposition ayant beau jeu de déclarer que désormais, surtout sous l'effet de l'embargo aérien, Belgrade était à tout point de vue plus proche de Bagdad que de Berlin. Un travail interne au peuple serbe de critique du titisme accusé d'avoir fossoyé leurs intérêts nationaux dans la Yougoslavie communiste décentralisée, contribua à nourrir une méfiance à l'égard du Tiers-Monde, méfiance que renforçait l'activisme des islamistes en Bosnie. Cela se traduisit du reste très tôt par un rapprochement avec Israël. Selon *Jane's Information Group* une délégation israélienne s'était rendue à Belgrade dès 1992 pour y vendre des armes et la collaboration pour la modernisation des armements se poursuivit jusqu'en 1999 (http://www.janes.com/defence/news/kosovo/jfr990401_02_n.shtml) malgré le ralliement du lobby sioniste aux Croates et aux Bosnomusulmans à la suite d'une opération de relations publiques que décrit Jacques Merlino dans son célèbre livre sur la guerre de Yougoslavie. Et c'est l'association Avocats sans frontière, laquelle allait plus tard se distinguer par ses procès contre des militants pro-palestiniens, qui obtient la condamnation du journal social-libéral *Le Monde* par la 11e chambre correctionnelle de la cour d'appel de Paris pour diffamation raciale, le 29 mars 2001 (affaire *Avocats sans frontière c/ Journal Le Monde*, Philippe Réfabert, et Jean-Marie Colombani). La coopération israëlo-serbe s'accrut ensuite sous le gouvernement de Kostunica (visite du ministre des affaires étrangères Vuk Draskovic en octobre 2006, signature d'accords commerciaux en novembre). Elle se fondait sur le souvenir des massacres nazis qui frappèrent avec une cruauté comparable Serbes et Juifs dans les années 40, ainsi que le secours des premiers accordés aux seconds, dont disait-on, même Madeleine Albright, enfant, juive de Bohème avait bénéficié. Les sympathies serbo-sionistes ne facilitèrent pas le rapprochement avec la gauche de la gauche européenne.

81. Des sympathisants de la Croatie comme Louise Lambrichs ont tenté de diffuser l'image d'une Serbie « en 1942, premier pays d'Europe judenrein, avec l'aide très active de ses propres fonctionnaires » (*Le Monde*

Je diffusai ce texte très largement le 5 mars (aux abonnés de mon site mais aussi à *l'Humanité*, à l'*Acrimed*, à Serge Halimi qui restèrent silencieux). Il me valut des réponses non seulement de l'Écrivain engagé mais aussi de gens qui m'étaient restés jusque-là inaccessibles, à commencer par Diana Johnstone, qui m'écrivit au sujet de cet article le 10 mars 2000, et Françoise Rhizome, qui daigna enfin entrer dans un long débat avec moi (alors qu'elle avait ignoré tous mes messages jusque-là).

Mon papier allait même être publié par *Balkans Info,* sans que j'en sois prévenu, dans son numéro d'avril 2000[82].

*

* *

Le 18 mars 2000, je fus au Salon du livre, Porte de Versailles, avec Virginie Figuier et Rodoljub (qui avait obtenu

---

16 mars 2005). On peut sur ce point simplement renvoyer à la bonne réplique de Fabrice Garniron dans *Balkans Infos* sous le titre « Serbie-Croatie : crimes et dénis » (http://www.b-i-infos.com/art_fabrice_Garniron_serbie-croatie_crimes%20et%20denis.php) La famille de la secrétaire d'État de Clinton qui pilota les négociations de Rambouillet pour pousser à la guerre contre Belgrade, Madeleine Albright, juive tchécoslovaque, elle-même vécut trois ans à Belgrade jusqu'en 1939.

82. Rodoljub et beaucoup de Serbes de Paris appréciaient beaucoup *Balkans Infos*. J'avais personnellement beaucoup de respect pour son responsable l'octogénaire Louis Dalmas, ancien collaborateur de Jean-Paul Sartre, mais je désapprouvais leur philosophie d'« union nationale » qui allait des communistes aux monarchistes. J'allais néanmoins bien plus tard, le 8 février 2001 assister au spectateur par curiosité, au comité de rédaction où siégeaient Kosta Kristic, Vladimir Volkoff, Maritza Mattei, Komnen Becirovic, Gilles Troude.

une entrée libre pour moi parce qu'il tenait le stand de *Balkans-Infos* aux côtés de l'épouse du journaliste Louis Dalmas). Tandis que nous déambulions dans les allées du salon kitsch, entre le stand de *Balkans-Infos* et celui de *L'Age d'Homme*, Rodljub me narra ses exploits. Place du Panthéon, quelques jours (ou peut-être quelques mois) plus tôt, il avait croisé Daniel Cohn-Bendit et son frère. « Vous avez fait beaucoup de mal au peuple serbe, avait-il lancé à l'écologiste éthéré, vous devriez avoir honte ! ». Un peu plus tard il avait occupé le terrain d'une conférence de l'écrivain albanais Ismail Kadaré, ne cessant de le harceler de questions gênantes, le poussant dans les derniers retranchements de ses impostures intellectuelles.[83]

Rodoljub attendait aussi de pied ferme Bernard-Henri Lévy. Officiellement il voulait juste lui parler mais j'appris seulement après coup qu'il avait dans son sac une bombe de crême chantilly pour piéger l'écrivain à la manière de l'entarteur belge. Ceci aurait pu me valoir quelques ennuis professionnels si on m'avait accusé de complicité.

---

83. Kadaré était devenu à l'époque pour nous une sorte de repoussoir absolu : il distillait la haine antiserbe dans un Journal de Guerre qu'il avait rédigé à Saint-Germain-des-Près (*Il a fallu ce deuil pour que nous nous retrouvions, Journal de guerre*, Paris, Fayard, 2000). Il s'y faisait le chantre de l'UCK qu'il qualifiait de « seule force à jouir d'une crédibilité morale », vilipendait les pacifistes albanais et occidentaux, comparait le « fauve serbe » à des « hordes mongoles », accusait Milosevic de toutes sortes de génocides, et encourageait à toujours plus de brutalité à l'encontre des Serbes à propos desquels il allait même jusqu'à nier qu'il eussent été victimes de massacres nazis pendant la seconde guerre mondiale… Kadaré mentait sur toute la ligne et avivait la soif de sang chez les jeunes Albanais. Je fis le compte-rendu de son livre sur notre site.

Malheureusement pour Rodoljub et heureusement pour moi, BHL se décommanda au tout dernier moment.

C'est aussi à ce Salon du livre que je vis pour la première fois Le Missionnaire qui avait rendez-vous avec Virginie, mais il nous traita l'un et l'autre avec un mépris qui nous estomaqua – ne pensant qu'à nous refiler un stock de cassettes vidéos pour que nous les vendions pour lui avant son retour à Bruxelles. Nous avait-il confondus avec d'autres personnes ?

Peu de temps après, Rodljub nous convia, le 24 mars 2000, à la commémoration du premier anniversaire des bombardements sur la Serbie.

En ce temps-là, le maire de IXe, était un vieux gaulliste : Gabriel Kaspereit (décédé en 2006). La conférence était organisée par *L'Age d'homme*. L'association de Rodoljub donnait juste un coup de main. Lui-même me jura que ce serait une réunion pluraliste et non pas un meeting FN. L'amphithéatre fut bondé (peut être 500 personnes), mais il n'y eut là que des intervenants à droite de la droite (Alain de Benoist, Christophe Buisson, un évêque serbe). Je n'y restai que quelques minutes, fortement dépité, et reprochai à Rodoljub par mail le soir-même d'avoir quelque peu biaisé sa présentation de cette conférence. Rodoljub répondit le lendemain. Des lignes assez émouvantes : « *Je pense que nous sommes à la fois cons, fauchés, débordés par la vague d'emmerdes qui nous tombe régulièrement dessus depuis 1991, que nous manquons (en ce qui me concerne en particulier) d'expérience, que nous sommes désespérés, que nous sommes mal conseillés, mal entourés et surtout qu'il sera toujours facile de nous accuser de quelque chose* ». Il était sans doute sincère. Il faisait ce qu'il pouvait. Et il mettait le doigt sur le problème récurrent qu'on croisait depuis près d'un an : la difficulté de trouver des alliés « présentables » dans un combat aussi minoritaire[84]. La gauche, elle, n'avait organisé aucune commémoration, ce qui révélait, une fois de plus sa désertion idéologique face à l'expansionnisme occidental en Europe centrale et orientale.

*

* *

En Serbie les tensions ne cessaient d'augmenter. Outre les pogroms antislaves et anti-tziganes au Kosovo, les États-Unis soutenaient le gouvernement sécessionniste monténégrin et menaçaient Belgrade d'une nouvelle intervention militaire en cas de manœuvre de l'armée yougoslave dans cette République. En mars Boris m'avait écrit : « *Le secrétaire de l'Amicale serbo-grecque de Belgrade m'a annoncé que tous les Grecs ont ordre d'évacuer la capitale yougoslave avant le 1er avril par peur d'un coup d'État, d'une nouvelle invasion militaire ou d'une guerre civile, deux officiers de réserve dans l'immeuble de ma copine Maja viennent d'être amenés par la police militaire. La mobilisation se développe, la violence d'État aussi* ».

Une note d'ambiance comme il en tombait toutes les semaines sur nos ordinateurs.

---

84. Mon refus de toute alliance avec la droite de la droite allait être critiquée plus tard, dans les rangs des anti-OTAN, notamment quand j'insistai pour qu'on retire de la liste des signataires de l'Appel de Bruxelles Charles Champetier, directeur de la revue *Eléments* et membre du GRECE. On voyait dans ma position à ce sujet une posture de *distinction* un peu intellectualiste et parisianiste. Pourtant c'est une ligne dont je n'ai pas dévié.

*

*   *

Le 4 avril, je reçus un carton, dans ma boîte aux lettres parisienne :

« À l'occasion de la sortie en librairie le 13 avril 2000 de son dernier livre, L'Écrivain engagé vous convie à un verre (ou deux) le mercredi 19 avril 2000 à partir de 19 heures. »

Mon contact avec l'Écrivain avait été des plus distants au cours des mois qui avaient précédé. Seulement quelques mails. On le disait sur sa réserve, vieilli. Pas prêt du tout à s'investir dans un combat politique quelconque. Pourtant son dernier bouquin que je me procurai séance tenante était un sévère réquisitoire contre le pouvoir de la presse.

Mon entourage me poussait à accepter l'invitation. Florence bien sûr. Virginie et Boris aussi. Et puis la copine de Thierry Faugouin, qui était décédé de sa tumeur en février. Elle m'appelait de temps en temps pour adoucir son deuil. Elle avait ce côté catho de gauche que j'avais bien connu dans la bourgeoisie provinciale échouée à Sciences Po, cette culture de la prudence qui interdit d'avoir une pensée plus haute que l'autre. En même temps, comme Marina, quelque chose l'attirait dans l'imaginaire révolutionnaire. Peut-être parce que sa mère enseignait l'espagnol dans un lycée de province. Elle me dit au téléphone : « *Tu as bien de la chance d'être un intime de l'Écrivain. Si je le pouvais, je t'accompagnerais. Il a connu des guérilleros dans sa jeunesse. Si ça se trouve il te présentera à Fidel Castro.* »

C'était un peu stupide comme réflexion, mais ça m'offrait un bout de rêve, un brin de surréalisme bourgeois dans un monde où tout était devenu bien trop sérieux et trop pesant. C'est donc cette idée de pacotille qui me motiva le plus pour endosser un costume noir et me rendre chez l'Écrivain à la date dite.

Combien serions-nous dans son appartement : quinze, vingt-cinq, deux cents ? Y trouverait-on BHL ? On pouvait tout imaginer.

Je retourne ces questions au pied de l'ascenseur de l'immeuble de l'Écrivain dans le quartier latin. Déjà des gens se massent derrière moi. Je reconnais dans le tas un vieux journaliste du *Mensuel de Gauche*, qui avait tenu dans les années 1980 des chroniques d'actualité dans un journal télévisé. Il est accompagné de deux dames en manteaux de fourrure. Pas un regard, pas un sourire. Nez en l'air, hautain satisfait. On ne salue pas les quidams quand on se rend chez l'Écrivain. L'ascenseur ne contient que trois personnes. Je laisse passer. J'arrive cinq minutes plus tard. Je pousse la porte. Tandis que la maîtresse de maison me débarrasse, j'aperçois déjà l'Écrivain. Il tient une coupe de champagne. Je ne l'avais jamais vu auparavant qu'à la TV. J'ai l'impression d'être rentré moi-même dans le petit écran. Il n'est plus temps de reculer. D'un pas décidé je m'avance pour lui serrer la main. « Frédéric Delorca », dis-je.

Il eut un ton enjoué « *Enchanté, monsieur Delorca* », puis, sans me donner le temps de fourbir une réplique, du geste expert de l'homme qui a fait cela toute sa vie, il se tourne vers le journaliste du *Mensuel de Gauche* qui vient de me dédaigner au pied de l'ascenseur et lance « *Frédéric Delorca connaît beaucoup de choses sur la Yougoslavie !* »

Je n'ai jamais su comment prendre cet aphorisme étrange. Ça avait l'air de rendre hommage au travail quotidien que je fournissais pour notre site sur l'actualité balkanique. Moi j'avais toujours oscillé entre le sentiment de ne rien connaître de cette culture et celui d'en avoir extorqué ce que peu de gens auraient pu en saisir : la confiance d'un ami, un sens politique de la résistance, des tas de sentiments vécus intensément au dessus d'un abîme. Tout un savoir auquel l'académisme dominant a le grand tort de dénier une valeur culturelle.

Il était sûr, de toute façon, que les hôtes de l'Écrivain se moquaient éperdument de ce que je savais ou de ce que j'ignorais à propos de la Serbie. Le journaliste du *Mensuel de gauche*, esquisse un geste poli, de pure convention, puis il se détourne de moi dès que l'Écrivain s'est glissé dans un autre groupe d'invités.

D'un regard je peux désormais embrasser le grand salon de l'Écrivain. Une foule en tenue de soirée se masse autour du champagne et des petits fours. On reconnaît sans peine un ancien ministre des affaires étrangères de Mitterrand, un politicien romancier, un patron de magazine, un cinéaste. Galerie de portraits d'une certaine gauche en perte de vitesse dans la France de Jospin-Chirac. Celle d'« avant l'inventaire ». Un régal pour politologue. Je me dis que si tous ces gens-là avaient sur le Kosovo la même position que l'Écrivain engagé et trouvaient le courage de la dire devant les médias, le débat démocratique dans ce pays retrouverait peut-être un semblant d'intelligence et de pluralisme.

La maîtresse de maison, Sophie (pseudonyme), une grande fille de trente ans, me sert un verre. L'Écrivain cible les filles jeunes. « *C'est vous qui nous envoyez des mails de temps en temps ?* me demande-t-elle. *Arthur [le prénom de l'Écrivain] m'a beaucoup parlé de votre site* ». J'ai l'impression d'être une sorte de « monsieur Internet » ce soir. Il est vrai que je suis sans doute aussi un des plus jeunes convives de l'assistance, si ce n'est même le benjamin. J'ai envie de poser une question ou deux. Mais ce n'est pas le lieu. Elle a déjà glissé vers la coupe de quelqu'un d'autre.

Le hasard m'a fait me retrouver dans un coin de la pièce aux côtés d'un quadragénaire aux cheveux ras qui a du mal lui aussi à se frayer un chemin au milieu des notoriétés. C'est un anonyme comme moi. Il enseigne l'histoire dans un lycée de banlieue. L'Écrivain l'a invité simplement parce que pendant les bombardements il lui avait écrit – tout comme je l'avais fait – un courrier de soutien. Les guerres sont décidément de formidables tremplins de promotion sociale. On y gagne le droit de partager le champagne avec les stars. Mon interlocuteur n'a pas l'air dupe de ce clinquant. Il regarde sceptique la comédie sociale déployée devant ses yeux. On parle des médias et des intellectuels.

En d'autres circonstances, je serais resté avec lui sur ce bas côté de l'estrade. Mais c'était devenu impossible désormais.

Le voyeurisme désabusé sur le jeu des grands de ce monde est la posture typique des recalés de la vie, ceux que leurs échecs ont condamnés à ce rôle. On peut l'accepter pour soi même, mais pas pour les messages qu'on a à faire passer. Et j'estimais, moi, en avoir un beau : mon message c'était le site *Résistance*, les tonnes de mensonges quotidiens dont son existence témoignait, la vie de Boris, de Marina, de Virginie, de populations entières, des flots de larmes[85], d'injustice dont il fallait porter les signes autant que l'on pouvait. J'avais composé des cartes de visite sur lesquelles je faisais figurer mon pseudo et l'adresse du site *Résistance*. Il y avait dans cette assemblée un paquet de vecteurs d'opinion à qui je devais les distribuer.

Ma coupe de champagne à la main je commence à me faufiler dans l'assistance. Une quadragénaire qui propose des petits fours avec un accent très bizarre. Je l'interroge à ce sujet. Elle n'a que quelques secondes pour me dire « Mostar en Bosnie ». Était-elle serbe ou musulmane ? déjà elle présente des toasts à d'autres groupes de personnes. Mon regard est attiré par un grand bonhomme vers la porte. C'est Jean-Pierre Chevènement, le ministre de l'intérieur du gouvernement Jospin[86]. Une petite cour l'entoure, comme s'il entrait dans un meeting de son parti. Il ne manque que les projecteurs. Un type chauve aux yeux un peu bridés se dirige vers lui. C'était celui qu'on appellera le Patron du Magazine. Le Magazine était un hebdomadaire à très grand tirage. Tout le monde en France connaissait son visage. Longue poignée de mains. Le patron interroge le ministre sur une bavure policière. Anguille agile je glisse encore jusqu'à un coin de table où devisent des gens du

---

85. J'étais à cette époque plus sensible à un certain pathos de l'injustice. J'ai « raffiné » un peu ce sentiment en le chargeant de rationalité dans les années qui ont suivi.
86. Jean-Pierre Chevènement pour exprimer son désaccord avec l'intervention contre la Serbie avait distribué le 1er avril 1999 à ses collègues du gouvernement un texte du philosophe Hans Magnus Enzensberger fustigeant les « fantasmes d'une morale omnipotente ». Mais il n'avait pas démissionné comme il l'avait fait pendant la première guerre du Golfe.

cinéma et du théâtre dont un avait tourné le film sur l'Écrivain engagé en Chine. Je n'ai hélas rien à leur dire.

L'Écrivain engagé est à nouveau sur mon chemin. Il en profite pour me présenter un intéressant prof de Paris VIII à l'accent grec (je crois). Je lui donne ma première carte de visite. Je me sens un peu comme une boule de flipper lancée dans un circuit aléatoire. J'en suis à ma deuxième flûte de champagne. Ça rend l'exercice amusant. Le Patron du Magazine passe dans mon angle de vision. Je l'interpelle : « *Utilisez-vous Internet, Monsieur V ?* » « *Non non, jamais !* » fit-il en rigolant « *Mais mes collaborateurs le font pour moi* ».

« *Vous avez tort,* dis-je *dans un élan d'audace qui m'étonne encore, voici un site d'information, je vous en conseille la lecture* ». Et je lui tends ma carte. Un Homme chauve yougoslave qui se tient à côté de moi, appuie mon propos avec une emphase toute méditerranéenne. « *Vous avez cent fois raison, cher monsieur ! Mon fils aussi organise un site sur la Yougoslavie !* ». Je me lance alors dans un thème que Virginie et moi avons rôdé auprès de Rodoljub : « *Il faut coordonner les initiatives anti-OTAN sur Internet, faire un portail de sites alternatifs !* » C'est du chinois pour les quinquagénaires qui m'entourent, mais je n'en suis même pas conscient. L'Homme chauve me donne sa carte de visite, puis il se lance dans le sujet favori des Serbes de Paris : « *Si on donne l'indépendance au Kosovo, la Macédoine explosera, ce sera une nouvelle guerre dans la région. Il faut limiter le droit à l'auto-détermination* ». Les yeux du Patron de Magazine clignotent comme un sapin de Noël : « *Ma position est distincte de la vôtre, nous dit-il. Selon moi, ce qu'il fallait faire, c'est respecter le droit à l'autodétermination des peuples : accorder l'indépendance aux Albanais du Kosovo et réunifier la Republika Srpska (la partie serbe de la Bosnie) avec la Serbie.* » « *Cette logique ne peut qu'al-*

ler dans le sens des nettoyages ethniques, dis-je. *C'en sera fini des minorités et de la richesse culturelle des Balkans* ». L'Homme chauve approuve. Le Patron du Magazine fait grise mine. Il a l'air étonné d'être ainsi contredit. Il s'éclipse d'un coup. J'ai dû être trop franc. La diplomatie mondaine m'échappe. Je me suis fait un nouvel ami : l'Homme chauve. Il ne me lâche plus. Entre deux coupes de champagne il se perd en divagations : « *Vous savez que les Américains ont empoisonné les puits kosovars ?* »

Je glisse à nouveau parmi les robes Christian Dior et les costumes noirs. Don Quichotte parmi les moulins, je croise maintenant un « éditeur multimédia » d'origine serbe, puis le journaliste de l'AFP qui avait suivi le reporter du *Boston Globe* – une de mes sources favorites à l'époque des bombardements, à Pristina et à Trepca. C'est la fine fleur du journalisme indépendant. Échange enthousiaste de cartes de visite.

L'assistance s'est clairsemée. À mesure que le temps passe, je finis par me retrouver parmi le dernier carré des fidèles dans la pièce du fond. L'Écrivain s'est assis sur sofa aux côtés du journaliste qui le premier a démystifié l'affaire du massacre de Racak. On m'invite à prendre place sur un fauteuil voisin ainsi que cinq ou six convives parmi lesquels l'Homme chauve et des dames. Nous sommes surtout censés écouter. « *Moi, vous savez*, dit le journaliste, *j'ai toujours aimé la vérité par delà toutes les propagandes. Et c'est dans cet esprit que j'ai travaillé sur Racak. Déjà en khâgne à Henri IV j'étais comme ça. Dans une copie j'avais dit que les massacres de Katyn avaient été commis par les Russes et non les Allemands. Mon prof communiste de l'époque n'avait pas apprécié.* » L'allusion à la khâgne a des relents narcissiques, mais ce n'est encore rien à côté de ce qui arrive. Un spécialiste médiatique de la guerre vient de faire son entrée. Celui-là même qui le 24 mars 1999 dans mon écran TV glosait sur le « péril slave ». La présence de cet amoureux des bombes dans ce cénacle « dissident » devrait surprendre un peu, mais cela fait partie des alliances du Tout-Paris dont je parlais plus haut. Il vient s'asseoir sur le sofa et nous offre désormais avec son collègue un festival de cuistrerie suffisante et de clichés gratuits. « *Le suicide de la nation serbe* », « *le brio des élites albanaises* », « *la combativité des Tchétchènes* ». Chacun y va de son anecdote insignifiante, de son jugement définitif : « Le stratège Milosevic sanctifié par Dayton aurait dû immédiatement négocier avec Rugova plutôt que de se rapprocher des Russes » dit le spécialiste des bombes. L'histoire est réduite à des questions de personnes, comme on nous l'apprend à Sciences Po. On ignore les peuples, leurs vies, et ce qu'ils pensent.

L'Écrivain engagé écoute calmement, sobrement, modestement. Ça lui donne un air sympathique.

Un mouvement s'est passé derrière mon dos. Des gens encore debout se sont écartés. L'Écrivain se lève. Il va à la rencontre de quelqu'un qui se tient à la porte. Nous l'imitons. L'homme qui vient de faire son entrée est un des principaux ministres du gouvernement Jospin. Il serre des mains. Avant même que j'aie eu le temps de réfléchir ma main est dans la sienne. Je suis interloqué. J'ai devant moi l'homme qui un an plus tôt expliquait que les Serbes étaient « un peuple halluciné ». Un personnage que je tiens pour un des premiers responsables des bombes tombées, de l'embargo, et du torpillage quotidien de ce qu'il reste de la Yougoslavie. Je suis au bord de la nausée.

Quand le ministre a fini de saluer tout le monde, l'Écrivain engagé l'emmène dans le couloir pour lui parler en catimini. Parfum d'intrigue. Certains déjà profitent de l'occasion pour s'éclipser. Le moment me semble venu de faire de même. J'ai suffisamment distribué de cartes de visites et vu de célébrités. Je salue la maîtresse de maison et me retrouve sur le pallier. L'Écrivain engagé et le ministre y sont toujours. Ils semblent attendre l'ascenseur. J'essaie de passer sans qu'on remarque, mais l'Écrivain m'interpelle : « *Non. Vous, restez-là !* ». « *Je prends l'escalier* » dis-je en leur faisant comprendre que je leur laissais l'ascenseur. Mais l'Écrivain, contre toute attente, insista : « *Non, non, restez-là* ». Et il me faisait signe de retourner dans son appartement Je m'exécutai donc. J'étais retenu en otage !

Je me suis donc retrouvé otage parmi les derniers convives. Curieux de ce qui m'attendait. Manifestement je n'avais pas exactement le même statut que le prof d'histoire. L'Écrivain avait-il en tête depuis le début de me retenir après cette soirée ou l'idée lui est-elle venue devant mon numéro de distributeur de cartes parmi les hôtes du salon ? Nous n'étions plus que deux ou trois dans le grand appartement déserté. L'Écrivain revint du couloir.

« *J'ai un travail pour vous* » me dit-il de cet air passablement inexpressif qui le caractérise souvent.

On s'assoit sur un canapé. « *Il faut que vous écriviez un livre*, commence l'Écrivain sans détour. *Un livre contre les médias, comme ce que vous faites sur votre site. Alignez une quinzaine d'articles du Monde, de Libération, du Nouvel Obs' et, en regard, publiez les dépêches ou les articles de journaux anglo-saxons qui ont démenti leurs informations. Quelque chose de simple et percutant,* me dit l'Écrivain, *c'est maintenant qu'il faut le faire. Les journalistes en ont une peur bleue. Pas du journalisme hargneux comme le fait Le Missionnaire* (et je fus surpris qu'il le connaisse). *Non, juste des juxtapositions de faits qui démontent en deux minutes l'arrogance des grands médias* ».

C'était intéressant. « *Justement certains de mes amis voulaient faire l'équivalent avec des citations d'intellectuels, dis-je : une citation d'un philosophe pro-OTAN, un fait qui la dément* ». Je ne sais plus d'où je tirais cette réminiscence.

« *Non non !* reprit l'Écrivain, *ces intellectuels ne vivent que par les médias. Il faut donc frapper au cœur, frapper les médias, pas les intellectuels ! Et il faut que ce soit un livre qui circule dans les écoles de journalistes. Trouvez un graphiste, un documentaliste, à 3 ou 4 vous montez un avant-projet, vous évaluez un budget et nous proposerons cela au financement du Magazine. Pour l'heure le Patron du Magazine n'est pas très chaud, mais s'il voit le projet il acceptera probablement.*

– *Vous serez le préfacier ?* demandai-je enthousiaste.

– *Non,* me répondit-il toujours d'une mine très sobre, *je pense qu'il vaut mieux que mon nom n'apparaisse pas, vous seriez catalogué.* ». Puis il me raccompagna sur le pallier en proposant qu'on se recontacte par e-mail dans quelques jours.

*

* *

Il venait de m'arriver la meilleure chose dont je puisse rêver pour les idées que je défendais, et peut-être même pour mon avenir personnel. Une sorte de parrainage de l'Écrivain engagé pour transposer dans un livre de papier ce que j'exposais sur Internet. C'était d'une telle importance pour moi que le sentiment de responsabilité et le souci de bien faire l'emportaient désormais sur toute autre considération, y compris sur la joie. Je m'interdisais d'être joyeux. Je restais même prudent, gardant à l'esprit tout ce qui pourrait faire échouer cette entreprise. Il fallait à tout prix éviter les faux pas.

Par l'intermédiaire de mon co-équipier du site philosophique (la « CDIP »), je trouvai un spécialiste de la documentation, et une infographiste. En quelques jours nous récoltâmes des perles de la grande presse que j'avais relevées sur Internet, on en fit des fac-similés. Travail de découpage, la maquette était prête.

*

* *

Le 27 avril, je reçus un courrier électronique inattendu du Missionnaire : *« J'ai rencontré Arthur (L'Écrivain engagé) hier et nous avons parlé de ce projet de brochure sur Le Monde, Libé, le Nouvel Obs. J'ai accepté avec plaisir d'y participer, mais j'aimerais d'abord savoir comment vous voyez ça. J'en ai aussi parlé hier à un ami commun, Montenegrovic (pseudonyme) de Bruxelles, qui aiderait volontiers. »*

Mes relations s'étaient un peu améliorées avec Le Missionnaire depuis le Salon du livre. Il avait réagi à certains de mes écrits sur Internet. L'idée de le voir déjeuner avec l'Écrivain me paraissait tout aussi incongrue, car Le Missionnaire et L'Écrivain n'étaient pas du tout sur la même ligne. En plus ce Montenegrovic que citait Le Missionnaire était un garçon très à droite.[87] Je l'avais croisé quelquefois, notamment à la conférence de la mairie du IXe. Le Missionnaire le savait-il ? Toute cette cuisine en coulisse sentait le double-jeu. Je fus donc très heureux de pouvoir répondre poliment que j'avais déjà trouvé des collaborateurs efficaces et que la maquette était prête.

*

* *

Les paillettes des stars rejaillissent toujours un peu sur vous quand vous les fréquentez. C'est lié à notre côté « primate hiérarchique ». Quiconque est bien vu par le « mâle alpha » est instinctivement respecté par sa communauté. Aussi mon nouveau travail pour le compte de l'Écrivain engagé redora-t-il en un clin d'œil mon blason aux yeux de mon entourage. Mes proches se disaient fiers de moi, même Florence qui me pardonnait de m'être éloigné d'elle pendant l'hiver.

Cela fit aussi monter ma cote au *box-office* de la résistance anti-OTAN, bien plus efficacement que mes quatorze mois de labeur acharné sur Internet pour le site *Résistance*. C'est à ce moment-là notamment que Rodoljub m'invita à déjeuner chez lui dans son studio de l'Est parisien. Je me disais que, peut-être, si nous développions une dynamique autour de l'Écrivain engagé, lui et les Serbes de son association se détourneraient définitivement de l'extrême droite et retrouveraient

87. Il faisait partie des usagers du forum de *Libération* avec qui je fus en contact en juin 1999 (je pris un verre avec lui et Virginie Figuier à Convention le 11 décembre 1999. À l'époque il recopiait mes news alternatives sur son propre site en Belgique (il était informaticien). Monarchiste, il allait rompre avec Le Missionnaire quelque temps plus tard.

leur place au sein du débat républicain institutionnel ou de ce qu'il devrait être.

*

*   *

Le 4 mai, je reçus un mail d'invitation à dîner de la Reporter du Magazine. Elle avait le vent en poupe dans le mouvement anti-guerre. Elle avait été correspondante à Belgrade pendant les bombardements et venait de publier un article assez dur sur le Kosovo dans une revue intellectuelle.

Le repas, d'un certain point de vue assez drôle (mais d'un comique pathétique), eut lieu le lundi 8 mai 2000. J'en ai écrit un compte rendu « verbatim » le soir-même, mais j'en réserve le détail aux historiens. Tout ce que je dirai pour résumer l'affaire, c'est qu'à l'occasion de ce repas, où l'on ne parla guère que du journal *Le Monde*, de la Shoah, de Strauss-Kahn, et de sujets futiles qui obnubilaient le microcosme médiatique, mais guère du malheur des Serbes, le projet de livre que m'avait commandé L'Écrivain engagé fut abandonné. L'un des invités en effet annonça que Serge Halimi[88] venait de publier un livre sur la guerre du Kosovo – ce à quoi le Patron du Magazine ajouta que de toute façon le Kosovo n'intéressait plus

---

88. J'avais en 1999 cherché à nouer le contact avec Serge Halimi que *L'Événement du Jeudi* du 29 avril 1999 avait introduit dans sa liste manichéenne des « complices français » de Milosevic avec Pierre Bourdieu et Jean-Pierre Chevènement. Florence s'était rendue pour moi à la conférence de l'ACRIMED le 22 juin 1999 à Paris et lui avait remis une version papier de mes pages d'infos alternatives sur la Yougoslavie. Il m'adressa un petit mot de remerciement m'indiquant qu'elles lui seraient utiles. Par la suite il n'a plus répondu à mes e-mails.

personne et que tout le monde en France avait donné raison à l'Écrivain. Je suppose que les Serbes eussent adoré l'apprendre. Ils trouvaient tous que l'idée de livre n'était pas mauvaise. Le Patron du Magazine considéra que c'était un « *travail de m…* » car cela consistait à aller rechercher « les conneries qu'ont dites les autres », et l'Écrivain engagé approuva en disant que c'était la raison pour laquelle il avait pensé qu'un « universitaire comme Delorca » pourrait le faire (il ne savait même pas quel était au juste mon métier). J'étais si désireux en ce temps-là de me battre pour Boris, pour Marina, pour cette idée que je me faisais de la vérité et de la justice que, stoïque, je ne relevai même pas l'insulte. L'Écrivain engagé avait beau tenter de m'imputer l'échec du projet (« vous n'avez pas fait assez simple, votre maquette n'est pas assez parlante »), j'étais resté d'un bout à l'autre de la soirée ouvert et courtois, prêt à m'adapter aux exigences de nos distingués commanditaires. Il n'empêche : ce soir-là je dus dire adieu au projet de brochure, en même temps qu'à toute chance de rémunérer ma graphiste et mon documentaliste – ceux-ci me demandaient 10 000 F, l'Écrivain m'en donna 3 500 en disant que, vu sa paye à l'université, il ne pouvait faire plus… Ce que bien sûr personne à Paris n'aurait jamais cru.

Ce mail signa la fin de notre collaboration. De cet épisode, outre ce qu'il m'a appris du fonctionnement des cercles parisiens, j'ai malgré tout retiré un élément positif : la rencontre par l'intermédiaire de l'Écrivain engagé début mai 2000[89] de Marc-Aurèle, un chercheur méridional qui avait cinq ou six

89. L'Écrivain engagé me transmit le 1er mai 2005 un message que Marc-Aurèle avait envoyé à Laurent Joffrin, Je lui écrivis le même jour. Il me répondit le 3.

ans de plus que moi. Il vivait dans le Sud-Est de la France. J'eus avec lui de nombreux échanges, qui aidèrent à ma réflexion. Beaucoup de gens nous associaient comme des sortes de libres-penseurs anti-médias très actifs sur le Net (mais Marc-Aurèle ne tint pas de site, et ne publia que quelques articles).

À partir de ce moment-là, à la radio, à la TV, l'Écrivain engagé allait désormais refuser de parler du Kosovo, malgré les demandes insistantes de nombre de ses contradicteurs.

Je suppose qu'il avait perdu assez de temps avec les causes dangereuses…

*

*   *

« C'est bien ton site Résistance, très bien. C'est exactement ce qu'il faut faire. Pas de la critique idéologique. Du factuel. Comme Chomsky, c'est ce que j'ai toujours aimé chez Chomsky, tu comprends. Déjà à la fin de la guerre du Vietnam quand je faisais mes études aux États-Unis, lui il ne croyait pas au communisme et à toutes ces choses-là. Il voyait les faits, c'est tout. Et puis il n'était pas dupe des prétextes qu'on se cherchait pour faire cette guerre. Quand on noie les rizières pour faire crever de faim un peuple, il n'y a aucun prétexte pour justifier ça. Et la Yougoslavie c'est pareil. Les États-Unis viennent de construire au Kosovo la plus grande base militaire jamais bâtie hors de leurs frontières depuis les années 60 : Camp Bondsteel. Ils n'ont demandé l'autorisation à personne pour ça. Ni à l'ONU, ni aux Albanais ni aux Serbes. Après ils nous expliquent que l'OTAN n'a pas d'intérêt stratégique dans la région et que c'est une guerre humanitaire. C'est une belle carabistouille, oui. »

Le Scientifique (ainsi l'appellerons nous) m'exposa tout cela au téléphone deux jours après mon dîner chez la Reporter du Magazine. C'était la première fois qu'il m'appelait. Sans doute le faisait-il comme ça, par pure curiosité. Il voulait voir ce qui se tramait en France. Savoir si les anti-OTAN préparaient une contre-attaque, sous la bannière de l'Écrivain engagé ou de n'importe qui d'autre.

Il avait accepté, le 13 septembre 1999, que je l'abonne aux nouvelles hebdomadaires du site *Résistance*. J'en avais été très flatté car il avait une petite notoriété dans le milieu philosophique à cause de ses textes sur la philosophie et les sciences.[90]

D'ailleurs il me le répétait, à l'autre bout du fil. « *Il faut être positiviste au sens de Carnap et Russell, en politique comme en philosophie. Les gens ne savent plus raisonner. Ils pensent que le réel est quelque chose que l'on construit, et qu'on peut tout dire et n'importe quoi. C'est le grand renouveau de l'obscurantisme. Voilà à quoi aboutit le postmodernisme. Mais qu'il y ait eu 4 000 morts au Kosovo à cause d'une guerre civile, et pas 150 000 à cause d'un génocide ça fait une différence. Il faut réapprendre aux gens à poser les choses rationnellement. Qu'ils comprennent que si on autorise les USA à faire des guerres préventives, à bombarder tel ou tel gouvernement au nom de l'autonomie de telle ou telle minorité, demain ils pourront bombarder la Belgique pour y régler les conflits intercommunau-*

90. Comme pour beaucoup d'autres personnes dans ce livre je ne puis citer le titre exact de ses publications, ce qui le rendrait trop aisément reconnaissable.

taires ! Et puis pourquoi laisser l'OTAN décider de ce qui est juste ? avec ce genre de logique criminelle demain les Indiens, les Chinois pourront aussi revendiquer le droit de se lancer dans des attaques préventives de n'importe quel pays ! »

Il avait ce côté professoral. Il suffisait de l'écouter. J'avais beaucoup de mal à trouver quelque chose de pertinent à dire. La veille j'avais passé une nuit blanche chez Virginie à boire de la *rakija* serbe, écouter la musique d'*Underground* (un film que je n'avais jamais vu) et déblatérer contre l'Écrivain engagé. Je tenais à peine sur mes pattes. J'étais assis dans la cage d'escalier de chez Florence, tentant de m'isoler comme je pouvais avec mon combinet sans fil. La ligne était mauvaise. Je disais juste « oui, oui » sans chercher à contredire ou à nuancer. Et cela semblait suffire.

Le Scientifique avait un accent belge très prononcé que bizarrement je n'avais pas remarqué le jour où je l'avais entendu sur *France Culture* en 1998. Cela me faisait oublier mes complexes sur mon léger accent occitan. D'ailleurs, lui, les complexes, il ne les collectionnait pas. Il reprochait à la philosophie française de souvent se complaire dans le jargon et le non-sens. À l'entendre on pouvait brûler des bibliothèques entières, en philo et en sciences humaines. Ça me consolait de n'avoir pas le temps de lire, et de n'avoir par fait Normale Sup.

*

*   *

Il est possible que, dans un sens, à partir du mois de mai Le Scientifique soit venu combler le vide laissé par Bourdieu et l'Écrivain engagé. Peut-être un besoin de re-père au sens lacanien du terme.

Je manquais de boussole. Quelqu'un qui m'aide à voir la cohérence globale du nouveau monde que je créais autour de mon engagement. Boris, lui, ne le pouvait pas.

Le Scientifique avait participé à la rédaction d'une pétition d'intellectuels bruxellois qui avait vocation à s'étendre à toute l'Europe. Ça s'appelait « L'Appel de Bruxelles ». Un texte contre la politique de l'OTAN dans les Balkans, plus dur que les appels signés en France en 1999. Offensif. Tout entier tourné contre l'hégémonisme de l'OTAN. Un vieux prêtre marxiste tiers-mondiste belge de renom, François Houtart, lui avait apporté son soutien et son aura, ralliant à lui un bon nombre de signatures de grands juristes.

Le Scientifique avait obtenu la signature de Chomsky, de Bourdieu, et m'avait demandé de le faire circuler à Paris.

Du coup, j'en étais venu aussi, en avril, à recevoir des e-mails[91], et même des coups de fil de l'« inventeur » de l'Appel de Bruxelles auquel Le Scientifique avait communiqué mes références. Vladimir (c'était son véritable prénom – sa mère avait tenu, comme beaucoup de communistes, à lui donner celui de Lénine).

Vladimir était, comme Le Scientifique, particulièrement loquace, et tout aussi remonté contre la politique occidentale dans les Balkans. Il était péruvien, comme la copine de Boris. Il n'avait jamais mis les pieds en Europe du Sud-Est, mais il

91. Il m'écrivit pour la première fois sur les conseils du Scientifique le jeudi 13 avril 2000.

professait un amour ancien pour le souvenir de Tito. « Dans les années 50, quand j'avais dix-douze ans, on passait à Lima des films yougoslaves. Je les adorais tous » me dit-il un jour au téléphone.

Le Scientifique était chomskyen, Vladimir, lui, était communiste. Et pas à la manière de Florence ni du PCF : un communiste de combat, champion de l'agitprop, en permanence sur la brèche, prêt pour le Grand Soir, à tout moment.

Je ne partageais pas du tout cette culture, Vladimir le savait. Mais pour lui cela comptait peu. On ne préparait pas une révolution. On était en 40, dans une logique de Résistance. Vladimir voulait rassembler sur l'Appel toutes les tendances de gauche, et même au delà s'il fallait. « La stratégie du front uni ».

*

*   *

À y regarder de près, cet univers radical belge, auquel appartenait aussi Le Missionnaire, avait quelque chose de très sympathique. Chacun y cultivait sa spécificité, maoïste « rénové », communiste orthodoxe, chomskyen. On pouvait même n'être rien du tout comme moi. D'un côté, les étiquettes comptaient comme des survivances du passé dont chacun sentait prolonger la tradition. Ainsi chacun se vivait-il à lui tout seul comme une survivance, une actualisation des grands courants idéologiques du passé se demandant « qu'est-ce que Mao, Lénine ou Russell diraient à ma place aujourd'hui et feraient contre l'OTAN ? ». C'était d'ailleurs sans doute plus vrai de ceux qui étaient marxistes que de gens comme Le Scientifique. Mais, d'un autre côté, ces héritages n'étaient pas de réelles sources de clivage. Ils importaient moins que le présent que tous percevaient comme une source inépuisable de dangers pour l'espèce humaine.

Ce n'était pas un radeau sur l'océan, ni un bunker. Plutôt un groupe d'avant-garde. Des gens qui voulaient penser loin.

Comme me le dit une fois très sérieusement Vladimir au téléphone dans une veine hegelienne qui me parut complètement anachronique : « *Frédéric, c'est toi qui dois coordonner l'Appel de Bruxelles en France, et cet Appel va devenir un grand mouvement de masse. Il faut que tu assumes ça. L'Histoire te met dans la position d'assumer une fonction fondatrice. Il faut que tu l'acceptes.* » Évidemment il pensait la même chose de lui-même.

Les guerres bouleversent les donnes sociales et enfantent des prophètes. Nul doute que si l'OTAN avait déclenché en 2000 une seconde vague de bombardements contre la Serbie, ou si les stratèges américains avaient organisé une invasion terrestre par le Montenegro, la dimension charismatique de Vladimir se serait encore démultipliée et il serait devenu un brillant leader d'opinion.

Dans cet univers d'Éclaireurs, et de grands Défricheurs de possibilités historiques, une part importante de l'énergie était consacrée à clarifier ses idées et consolider sa propre logique contre toute « contamination » par la « propagande » dominante, ce qu'on faisait en discutant beaucoup entre soi et en sélectionnant dans les articles d'actualité les plus alarmants, ceux qui allaient le plus évidemment à l'encontre des idées reçues. Par exemple, quand on parlait de la Bosnie, on ne s'intéressait pas aux efforts de réintroduction de Serbes dans la partie croate et de musulmans dans la partie serbe, qui était inscrite à l'agenda des dirigeants, mais à telle rumeur selon laquelle des membres d'Al Qaida séjournaient à Sarajevo, telle agression d'un Croate contre un Serbe, tout ce qui pouvait augurer d'un échec du protectorat occidental et d'un embrasement général de la zone. C'était un pari sur le long terme qui s'avérait souvent lucide – huit ans plus tard on allait pouvoir vérifier que la création d'une Bosnie unifiée et multiethnique était aussi peu à l'ordre du jour réel des populations qu'en 2000 –, mais qui parfois tendait à faire de cette culture radicale le miroir inversé du totalitarisme lénifiant des grands médias occidentaux. J'allais rencontrer ce goût de la noirceur que cultivent certains militants radicaux – et qui souvent reflète une psychologie trop sensible, et une fragilité sociale – tout au long de mon parcours, dans divers domaines, et devoir apprendre à le nuancer...[92]

Au téléphone toujours, Vladimir me raconta : « *Je n'ai jamais oublié cette phrase qui est je crois dans un discours de Fidel Castro : "On nous a fait épouser le mensonge, on nous a obligés à passer notre vie avec lui, et aujourd'hui à cause de ça on dirait que le monde s'effondre quand on entend la vérité.*[93]*" Je crois que c'est ce que tu as vécu pendant les bombardements de*

---

92. C'est surtout autour du Proche-Orient et de la Palestine que j'ai trouvé le plus de noirceur dans le regard radical : le discours se fait souvent cataclysmique à la moindre intervention militaire israélienne contre les camps de réfugiés. Peut-être parce que ceux qui s'intéressent à Israël, qu'ils soient pour ou contre ce pays, ne se sont pas toujours bien affranchis d'un vieux fond religieux millénariste.

93. *Nos casaron con la mentira y nos obligaron a vivir con ella y tal parece que el mundo se hunde cuando oímos la verdad* » – Frei Betto, *Fidel y la religión*, Oficina de publicaciones del Consejo de Estado, La Habana, 1985.

1999. Et tu dois aujourd'hui en tirer toutes les conclusions, sur le plan de la pensée et de l'action. »

Pour moi c'était en tout cas un exercice intellectuel, existentiel, des plus tentants. Mener à leur terme les ruptures. Une nouvelle naissance, une nouvelle connaissance.

*

* *

En Serbie la machine à créer des guerres civiles fonctionnait à plein rendement. Les millions de dollars déversés par l'Occident sur l'opposition serbe pendant l'hiver avaient notamment contribué à la naissance d'un mouvement de jeunesse, *Otpor*, dont Boris connaissait personnellement les leaders. Ce mouvement de jeunes, très radical, subventioné par le *National Endowment for Democracy*, dont des copies conformes allaient naître sur commande quelques années plus tard en Georgie, en Ukraine, partout où il fallait abattre des gouvernements « ennemis », tenait le discours de la haine, appelant à la « purification de la Serbie », à sa « décontamination culturelle » et poussant des milliers de gens à descendre dans les rues chaque jour. La Serbie devenait le *far west*. Le 13 mai le gouverneur de Voïvodine était assassiné. En face les socialistes (et pas seulement Milosevic) dans un état d'esprit de forteresse assiégée durcissaient le régime, et faisaient fermer les médias, arrêtaient certains activistes, mettaient l'armée en alerte face à la menace de sécession du Montenegro.

Les radicaux belges suivaient de très près ce que j'en disais, et m'adressaient par mail, de temps à autre, quelques remarques. « *Ne dis pas que Milosevic ferme des médias indépendants,* m'écrivait Le Missionnaire. *Dis plutôt qu'il ferme les médias subventionnés par le Pentagone et par la Fondation Soros* ». Dans son second coup de fil, Le Scientifique y alla aussi de son couplet sur la rigueur des mots : « *En 1975, Chomsky disait que critiquer le régime vietnamien dans les pages du New York Times, c'est comme si quelqu'un avait dénigré la Résistance française dans la presse nazie. Quels que soient les crimes commis par Ho Chi Minh ou par la Résistance française, il n'était pas correct de les dénoncer dans le cadre d'un système encore plus criminel qui récupère ces critiques pour se renforcer. Je crois que ça vaut aussi pour Milosevic et pour Castro.* »

Tout cela était dans leur logique de combat. « Ils » (le Pentagone, les chancelleries occidentales) sont prêts à écraser toute opposition à leur hégémonie, ne leur donnons pas d'armes.

Toutefois mes contacts directs avec les opposants serbes à Belgrade m'interdisaient de souscrire complètement à ce schématisme. Marina Milacic, la webmester de notre site venait d'adhérer à *Otpor.* Tous les soirs dans les rues elle allait crier sa haine de Milosevic. La police chargeait parfois. Elle prenait des risques physiques. Un soir les flics sont allés poursuivre les manifestants jusque dans les cafés, dans le quartier de chez Boris. Peut-être même dans le café bleuté où nous avions pris notre premier verre. Une fille de dix sept ans, Marta Manojlovic, avait été sévèrement battue par la police devant l'hôtel de ville de Belgrade et était devenue un symbole de la répression. La radio B92 affichait son portrait sur son site Internet[94]. Je ne pouvais jamais m'empêcher de

94. Danas 25 mai 2000 http://www.ex-yupress.com/danas/danas29.html #marta.

penser que le lendemain ce serait peut-être le tour de Marina. Certaines nuits elle m'écrivait : « *La grande manifestation est ce soir à 19 h. ils arrêtent des gens et ferment des stations de radio indépendantes dans tout le pays (...) Je crois que du sang et des larmes nous attendent, ou un désespoir total* »[95] (mail du 17 mai 2005). Elle recherchait mon soutien : « *En Occident, tu signes des appels avec des communistes, mais si tu étais ici tu serais avec moi dans les rues.* »

Mon premier mouvement avait été de blâmer l'inconscience de son engagement. Je lui disais qu'elle faisait le jeu de Washington, qu'en combattant ce qu'elle prenait pour les vestiges d'une « dictature communiste » elle ouvrirait la voie à une autre dictature plus subtile et plus pernicieuse, celle des banques et des supermarchés. Mais mon discours était inaudible par cette bougeoisie belgradoise à qui l'opposition ne cessait de répéter : « L'embargo nous rapproche plus de Bagdad que de Berlin. Changeons de régime et nous serons à nouveau européen. »

Je tentai de développer le débat au sein de l'équipe du site *Résistance*. Boris m'approuvait pleinement. Il évitait toutes les manifs, quitte à passer pour un lâche auprès de sa famille. Il cultivait son rêve solitaire d'une troisième voie. Virginie, elle, prenait fait et cause pour Marina. Elle nous trouvait trop « politiques », trop intellos. « *Vous n'avez pas le droit de condamner les enfants de Marina à vivre dans un pays soumis à une dictature* » me lançait-elle en répétant mot pour mot ce

95. « *The big demonstrations are tonight at 7. They are arresting people and closing independent stations all over Serbia... I think that blood and tears are expecting us, or total desperation* ».

que la belle devait lui dire. Tout cela tournait à la guerre des sexes.

Aujourd'hui, je pense que Marina, comme beaucoup d'autres jeunes femmes d'Ukraine, de Bulgarie, de Biélorussie, fuyait surtout ce vieux fond de société traditionnelle slave machiste et brutal que le système communiste avait en quelque manière frigorifié. « La télévision traite la procureure du tribunal pénal international de lesbienne et les opposants de pédés. Est-ce que toi tu voudrais vivre dans ce système ? » me demandait-elle.

L'engagement de Marina faisait signe vers ce que le système occidental avait de plus attractif, la liberté formelle, l'individualisme, l'égalité des droits entre hommes et femmes (alors pourtant que nombre de ses valeurs, en matière de tabagisme par exemple, étaient à l'image de son pays, et à l'opposé des paradigmes de la *political correctness* occidentale), des éléments de séduction dont les radicaux occidentaux peinent souvent à comprendre la force auprès des peuples victimes de notre impérialisme. Et les dangers concrets que Marina bravait chaque jour alors que nous-mêmes, comme elle ne cessait de me le faire remarquer, ne risquions pas d'être emprisonnés pour nos idées, étaient pour moi, d'abord, une leçon d'humilité.

Tout cela m'apprit qu'au fond les rôles n'étaient pas interchangeables, et l'internationalisme n'était pas un thème facile à aborder. Chacun dans son propre espace social mène les combats qui lui paraissent prioritaires. Entre la jeunesse belgradoise et la résistance occidentale subsisterait toujours un abîme – et même entre la « diaspora » serbe, qui était souvent très favorable à Milosevic, et les Serbes de Belgrade. Le Scientifique lui-même allait développer dans un de ses livres les paradoxes et les limites de la solidarité internationale.

*

* *

Tout ce que j'obtins de Marina fut qu'elle continue à publier les articles de *Résistance* sans que son engagement pro-Otpor ne déteigne sur notre site. J'avais fortement envie de retourner à Belgrade, plutôt que de perdre mon temps en France. Je voulais éprouver physiquement la situation que vivaient Boris et Marina, ne plus disserter dans une chambre comme le faisaient souvent les radicaux. Mais c'était plus facile à dire qu'à faire.

Au plus fort des tensions entre partisans de l'OTAN et de Milosevic, Boris quant à lui prit la tangente. Il profita d'une invitation quelconque dans un congrès anarchiste en Bosnie – ça devait s'appeler *Zelenkovac* (« village vert ») – pour s'absenter pendant quinze jours.

Finalement début juin, les manifestations antigouvernementales commencèrent à s'essouffler, ce qui ramena un semblant de calme à Belgrade. Je n'avais toujours pas trouvé le moyen de m'y rendre. Les dilemmes politiques causés par les affrontements restaient entiers, mais nous pouvions, pour quelque temps encore, faire semblant de les oublier.

*

* *

Vladimir tenait à ce qu'on se voie. « Je peux même te payer le Thalys pour que tu viennes. » J'ai filé en Belgique, dès que mon travail et le site *Résistance* m'ont laissé deux minutes pour souffler, le samedi 17 juin 2000. Là encore j'ai pris en note le récit de la rencontre.

Mon ami péruvien avec ses yeux plissés, ses cheveux poivre et sel, et sa fine moustache, m'attend en gare de Bruxelles-Midi. Je le reconnais tout de suite, sans même l'avoir vu. Il a un corps massif, comme un vieux chêne. Il me semble avoir des racines plantées loin dans le sol. Aucun vent ne peut l'arracher. On commence notre causette au premier café du coin : « *C'est midi, prenons l'apéro !* ». On parle de choses et d'autres, des matchs de foot, de ses enfants et de sa vie. Il était né à Cuzco, en plein cœur du pays Inca, dans les années 1940. Ses parents étaient des bourgeois rouges. Ils l'ont envoyé à l'école du parti à l'âge de 16 ans, puis en URSS. Il y a fait ses classes d'agitateur pro-soviétique. « *Pro-soviétique hétérodoxe*, précise-t-il. *Parce qu'à Moscou* jé *passais pour un déviationniste. Je leur disais : « Moi dans les écoles jésuites de mon pays* jé *peux trouver Karl Marx dans les bibliothèques. Et ici à Moscou Heidegger et Bergson sont interdits. Ce n'est quand même pas normal. Ça ne leur plaisait pas. Aujourd'hui ça* mé *fait marrer tous les types qui étaient les plus orthodoxes dans la défense du système sont devenus des néo-libéraux farouches. Et moi je me retrouve face à eux à dire et à penser que l'URSS est la plus belle expérience que l'humanité ait tenté dans l'Histoire.* » Il parle avec assurance, comme quelqu'un qui a beaucoup réfléchi et qui assume son hérésie, seul contre tous. À côté de sa vie ma propre dissidence a quelque chose de dérisoire. On monte dans sa petite voiture rouge pour rejoindre son domicile. Il me fait observer : « *Elle ne paie pas de mine.* Jé *ne suis qu'un petit métèque qui gagne mal sa vie* ». Je le trouve attendrissant.

Au volant il continue son monologue affectueux, un brin paternaliste. « *J'ai toujours eu le sens de l'action dans le sang,* dit-il. *L'Appel de Bruxelles,* cé *n'est* qu'oune *des mille idées qui* mé *vient à l'esprit tous les jours. Regarde quand Jospin est venu ici à l'université* dé Brouxelles *pour être nommé docteur* honoris causa, *j'ai vu les syndicats étudiants,* jé *leur ai dit : pourquoi vous ne le chahutez pas un peu comme ont fait les étudiants palestiniens de Jérusalem quand il a critiqué l'action du Hezbollah*[96]. *Allez-y avec une pancarte et écrivez "Jospin-la-guerre", "Jospin-belluscus-causa". C'est comme quand Médecins sans frontière a reçu le Prix Nobel de la Paix. Le Prix Nobel, tu te rends compte, juste l'année où ils excluent de leurs rangs leur section grecque sous prétexte qu'elle a soigné des blessés serbes et pas seulement des Albanais. Les membres de Médecins sans frontière-Grèce auraient dû se rendre à la cérémonie, avec des blouses blanches tachées de sang.* »

Il a le sens de l'image. Il me fait penser à Hervé-Christian. Vladimir était un Hervé-Christian pratique, un Hervé-Christian qui ne se serait pas perdu dans les limbes du bouddhisme.

96. Le 26 février 2000, à la faculté de droit de Bir Zeit, où le Hamas avait remporté les dernières élections universitaires, le premier ministre français avait été accueilli par les slogans « Le sang libanais ne sera jamais la route vers l'Élysée », « Arrêtez l'agression israélienne contre le Sud-Liban », « Barak terroriste, Jospin complice », « De Bir Zeit à Beyrouth, un seul peuple uni » et avait essuyé des jets de pierres. Lionel Jospin avait quelques jours plus tôt qualifié de « terroristes » les attaques du Hezbollah contre Israël. Jacques Chirac avait alors appelé Lionel Jospin à plus d'impartialité, et Michèle Alliot-Marie, une proche du président, avait condamné son « dérapage inconcevable » (*Le Nouvel Observateur* 5 décembre 2006). L'armée israëlienne occupait encore le Sud-Liban. Les résistants du Hezbollah n'allaient obtenir son retrait que deux mois et demi plus tard, en mai 2000, après plus de dix ans de guérilla.

« *Mais mes idées ne germent pas, dit-il en garant sa voiture. C'est la* druckérisation *de la société. J'ai besoin d'intellectuels comme Le Scientifique ou Frédéric Delorca* ». Il me flatte en me traitant d'intellectuel, et il commence à me redire ce qu'il m'a déjà exposé au téléphone. Qu'on doit créer une association de l'Appel de Bruxelles dans tous les pays du monde, comme les comités de l'Appel de Stockholm dans les années 1950. Et puis on fera un tribunal des crimes de guerre de l'OTAN en Yougoslavie. Vladimir a contacté Javier Perez de Cuellar, l'ex-secrétaire général des Nations-Unies, qui est péruvien comme lui et qui accepte d'y siéger. L'Écrivain engagé accepte aussi. Vladimir lui en a parlé en mai, ils ont même déjeuné ensemble – mais c'était avant mon dîner chez la Reporter du Magazine, quand il attendait encore un profit quelconque de sa contre-attaque sur le Kosovo. « L'idéal, ajoute Vladimir, *cé* serait que Nelson Mandela accepte de le présider, tu as vu ce qu'il a déclaré au *Guardian* ? que l'agression de l'OTAN contre la Serbie sans l'aval de l'ONU introduisait *lé* chaos dans les *rélations* internationales et même que Clinton a profité du fait que le secrétaire général des Nations Unies soit un Noir pour mépriser cette organisation[97] ».

---

97. Le 13 avril 2000 au Trinity college de Dublin, Nelson Mandela avait critiqué la volonté de la Grande-Bretagne et des États-Unis de se poser en gendarmes du monde sans l'aval de l'ONU et leurs actions militaires en Yougoslavie et en Irak (Reuters). Dans une interview au *Guardian* le 5 avril 2000 il avait déclaré *« Les États-Unis ne faisaient pas ça quand le secrétaire général de l'ONU était blanc. Ils le font maintenant, ignorant l'ONU de Kofi Annan. Et il y a beaucoup de gens qui chuchotent que c'est parce que le secrétaire général est noir. Cette perception est inquiétante »*.

Les tribunaux « alternatifs » sont extrêmement à la mode. L'International action center vient d'en organiser un à New York le 10 juin, et les Belges en feront un autre aussi à propos de l'Irak quelques années plus tard.

Vladimir est pressé. Il sait que je dois repartir en fin d'après-midi. Sur le trottoir devant chez lui, il enchaîne sur sa vie privée : il est divorcé, il voit rarement ses gosses, sa femme lui a piqué ses économies, mais il ne déprime jamais. « Ce n'est pas dans mon tempérament ». Il est bien loin d'imaginer dans quel état personnellement j'étais… « *Et toi ? parlons de toi. Tu as des origines républicaines espagnoles c'est ça ? Ma mère tricotait des pulls pour les Républicains espagnols réfugiés dans les années 40, tu sais ? ton père était de quelle tendance ? anarchiste ? communiste ?* »

Je mets toujours mes ascendances républicaines en avant quand je parle à des militants. Plutôt que mon statut professionel. Dans l'esprit de Vladimir, je suis un anarchiste. Il dit souvent « *Les anarchistes comme Le Scientifique et toi* », alors pourtant que Le Scientifique lui non plus ne revendique pas trop ce genre d'étiquette. Vladimir vient d'adhérer au Parti communiste belge : « *Le PCB c'est une coquille vide, dit-il en rigolant, ils faisaient 20 % des voix en 1945, 1 % aujourd'hui. Les cellules ne se réunissent plus. C'est un aimable club de bridge. Mais ils ont de l'argent. Leur parc immobilier. Beaucoup de militants me disent d'adhérer au Parti dont Le Missionnaire fait partie (des maoïstes). Mais non le PC c'est bien mieux. Il y a tout à y faire !* »

Il pousse la porte de chez lui. Il doit être 13 h 30. On doit descendre un escalier. Il vit dans un sous-sol, une cave aménagée qu'il paie 2 000 francs français par mois – qui était le prix d'une chambre de bonne à Paris. Il fait des petits boulots de traduction. « *J'ai une copine, je vais te la présenter* » *me dit-il en ouvrant sa porte.* « *Elle s'appelle Croquette* ». Croquette est un joli lapin blanc enfermé dans une cage sur le rebord de la cuisine : « *Tout* lé *mobilier que tu vois là, ajoute mon ami en montrant le séjour, c'est de la récupération. Et viens voir le jardin. Il appartient à une association sioniste qui a ses bureaux un peu plus loin. J'assure l'entretien, ils m'en cèdent la jouissance.* »

Il est en fait très fier d'avoir pu reconstituer ce cadre de vie modeste malgré les dettes et le divorce. « Viens, on va installer la table. Le Scientifique m'a dit qu'il passerait déjeuner avec nous ». On sort les chaises dans le jardinet, Vladimir déballe des brochettes de l'épicier du coin pour ses « hôtes de marque ». Le soleil cogne sur Bruxelles. J'enlève mon pull, on ouvre des bières. Une sorte de douceur bienveillante enveloppe cette matinée. Par moments je me prends à éprouver un bien-être véritable dont j'avais presque oublié les saveurs depuis plus d'un an.

Le Scientifique a débarqué à 14 h. J'avais le trac. Je l'admirais profondément. Mais ce fut la même insouciance. Le Scientifique était en tongues et en short. En plus il était plus jeune que je ne pensais. Cinquante ans peut-être, avec un gros minois. Il m'avait ramené un texte de Chomsky sur Cuba : « *Pour faire suite à ce qu'on disait au téléphone* » précisa-t-il. On parla de l'Appel de Bruxelles, de la mollesse du *Mensuel de gauche* dans l'affaire yougoslave, de la dépolitisation des intellectuels. Aimable conversation au soleil, dans une douce torpeur, avec de bonnes bières belges.

Ça n'a pas duré très longtemps. En fait Le Scientifique passait en coup de vent. Et je me suis retrouvé à déjeuner tout seul avec Vladimir qui raconta sa rencontre avec « el comandante » Fidel Castro, dans une rue de Moscou.

« C'était en 1963. Tout a commencé par une histoire de filles : tu sais comment nous sommes, nous autres, les Latinos… Avec un ami péruvien de l'école des cadres communistes de Moscou, nous avions obtenu l'adresse de filles russes que nous avions rencontrées à Lima. Elles devaient assister à un spectacle de ballets au palais des Congrès dans le quartier du Kremlin. Je ne sais pas si tu aimes les ballets Frédéric, moi j'adore ça comme art de l'expression du corps. Donc nous sommes allés les voir. Et, tu sais, les filles slaves sont très romantiques. Nous, en bon machos, nous leur avons fait croire que nous étions venus spécialement du Pérou pour elles et ça a marché. On avait tout prévu, même les studios dans lesquels on passerait la nuit avec elles. On s'est retrouvés dans les rues du Kremlin avec les filles, quand soudain on a croisé une silhouette immense qui fumait un cigare. C'était Fidel, qui marchait avec un capitaine de l'armée cubaine. Du coup, nous avons oublié les nanas – qui elles aussi étaient émerveillées, Castro était une espèce de super-John Travolta pour les filles soviétiques de l'époque – et nous avons parlé pendant une demi-heure avec Fidel. Il n'arrêtait pas de me poser des questions, il voulait tout savoir sur le Pérou. »

Dans la foulée, j'eus droit à toute l'histoire de « Fidel ». *« Castro était, à l'origine, tout le contraire d'un révolutionnaire. Jeune avocat au moment où Batista a commis son coup d'État, Castro a écrit une lettre au président de la cour suprême pour demander la destitution du dictateur. Ça lui a valu de se retrouver en prison. ». Il se disait peut-être que moi-même qui n'étais pas marxiste, je viendrais au communisme comme Castro y était venu – à force d'indignation morale devant le sort des démunis. Vladimir me détailla le reste avec un talent de conteur hispanique : la prise d'une caserne avec une poignée d'hommes, le nouveau séjour en prison, la façon dont sa condamnation à mort fut commuée en peine d'exil au Mexique grâce à l'intervention du cardinal de la Havane, et la rencontre entre Castro et Che Guevara au Mexique. Et puis pour faire bonne mesure Vladimir me narra aussi l'itinéraire du Che. « Quand j'étais en Amazonie au Pérou, me dit-il,* jé *suis tombé sur une léproserie. J'ai rencontré les infirmières qui dirigeaient ce centre perdu dans la jungle. Elles m'ont dit qu'il n'y a jamais eu* dé *médecin dans la léproserie. La directrice a ajouté "Le dernier médecin que nous ayons eu ici, c'était il y a bien longtemps, il s'appelait Ernesto Che Guevara." Le Che avait été médecin dans ce centre pendant neuf mois, avant de s'engager dans la lutte révolutionnaire au Mexique.* »

Ça faisait drôle d'avoir devant soi un homme qui n'avait pas calé son idéal de vie sur les émissions de TV ni sur une carrière bureaucratique mais sur le modèle de ces deux idéalistes. Je me sentais de plus en plus minuscule. Et encore plus petit quand on en est venu à parler de la situation du Pérou et des guérillas.

« *Moi,* jé *déteste la violence, me dit Vladimir, et pourtant j'ai eu à me battre, mais c'était toujours contre mon gré.* » *Il ouvre alors sa chemise et me montre des marques de coups de couteau.* « *Ça se sont des types d'extrême droite qui me l'ont fait. Tu comprendras sans doute pourquoi ici en Europe je me fais discret, et pourquoi je m'abrite derrière des intellectuels connus. Vous êtes plus protégés que les activistes du Tiers-Monde. Vous ne pouvez pas comprendre à quel point tout est plus facile pour vous* ».

J'ai gardé à l'esprit cette phrase, et aussi ce moment, où, vers la fin de l'après-midi, pour conclure ce séjour sur le quai de la gare il me donna une franche accolade en me priant d'accepter de devenir officiellement le « correspondant de l'Appel de Bruxelles pour la France ». Entre Marina, Boris et lui, j'avais comme le sentiment de prendre des claques toutes les semaines. Les destins de ces gens, les difficultés de leurs vies étaient tellement éloignés de mon petit confort monotone. Il leur donnait une telle profondeur humaine. Quelque chose de bouleversant. Je devais m'interdire d'y penser trop pour trouver la force d'avancer.

Chapitre Six
Une tour brûle

I

J'aurai passé le reste du mois de juin 2000 à recueillir des signatures pour l'Appel de Bruxelles[98] et à tenter, en vain, de le faire publier dans la presse française : *L'Humanité, Le Monde, Libé*. Beaucoup d'énergie gâchée. Boris m'a donné un coup de main. Il l'a fait paraître dans la presse serbe[99]. On aura eu aussi une publication dans la presse italienne[100].

---

98. J'ai notamment obtenu le 3 juin 2000 celle du philosophe Alain Badiou à qui j'avais écrit après son bel article anti-OTAN publié dans *Le Monde* du 24 mars. Symboliquement cela me réconciliait avec le quartier latin. Des signatures moins célèbres continuaient d'affluer.

99. Notamment dans le magazine *Nin* à Belgrade le 3 août 2000. Boris s'est plaint à plusieurs reprises de ce que ses efforts n'aient guère été reconnus – certaines des signatures qu'il avait recueillies n'ayant même pas été portées dans les listes actualisées de l'Appel. Il ne fut pas le seul dans ce cas. Cela tenait en partie au fait que l'initiative reposait sur peu de personnes aux agendas saturés. Les mêmes déceptions se rencontraient sur le volet du site *Résistance*. Des tas de gens me promirent leur collaboration, un correspondant serbe originaire de Jagodina me mit en contact avec une traductrice russe prête à créer une section dans cette langue pour le site qui en avait déjà une en anglais, une en français et une en espagnol. Mais la différence entre les promesses, le champ des possibles qu'elles ouvraient, et les réalisations, restait immense.

100. *Liberazione* 20 juin 2000.

J'ai traîné sur les forums virtuels, et dans des conférences bien réelles à Paris, comme celle du Missionnaire[101], à la recherche d'alliés pour fonder notre mouvement pacifiste. L'occasion de rencontrer des gens intéressants, souvent d'origine étrangère, des gens de trente à soixante ans, qui traînaient souvent une expérience d'exilé, de résistant, grecs, iraniens, colombiens héritiers de l'histoire agitée du vingtième siècle. Une image du monde contestataire très sensiblement différente, aussi, des quelques étudiants gauchistes immatures que j'avais connus à vingt ans.

Le 1er juillet, je suis à Belgrade, de nouveau, enfin, pour un week-end. L'embargo aérien est provisoirement suspendu. Marina m'attend à l'aéroport. Son premier geste est d'épingler un badge d'*Otpor* sur mon blouson, au risque qu'un flic m'arrête tout de suite. Sa façon à elle de me faire payer notre désaccord politique. C'est une blague de gamine. Une blague dangereuse, comme toute son existence. Le reste du séjour, je l'ai raconté dans un de mes comptes-rendus publiés sur le site *Résistance*. Il sera peut-être exhumé un jour.

*

* *

Après ce passage en Serbie, il fallait faire des choix. Plus rien n'allait dans mon milieu professionnel. Je ne parvenais plus du tout à concilier mon travail avec l'activisme politique. Ma

---

101. Notamment celle de juin 2000 dans les sous-sols du Journal *Le Monde*. J'y rencontrai notamment l'enseignante grecque Helena (pseudonyme), que j'interviewai pour *Résistance* pendant l'été.

compagne Florence me conseillait de préparer une reconversion et d'y consacrer le temps nécessaire.

Je savais qu'elle avait raison. D'ailleurs elle avait toujours eu raison. C'est ce qui avait fait d'elle au début de notre relation le pivot de ce monde *raisonnable* auquel ma profession m'avait voué, et qu'une partie de moi aimait, quoi que j'en dise. Elle le serait à nouveau, je le savais désormais. Mais je voulais juste qu'on me donne une dernière chance, une toute dernière. La dernière cigarette du condamné à mort. Avant que les mâchoires de la société française ne se referment sur ma vie.

Milosevic venait d'accepter l'organisation d'élections présidentielles et législatives au niveau fédéral. Il pensait qu'il pouvait encore gagner.

Tout ce que l'Europe comptait d'opposants sincères à l'Alliance atlantique, d'activistes radicaux, regardait à nouveau en direction de la Serbie. Le Missionnaire avait déjà son billet d'avion. Il organisait une semaine de « solidarité avec le peuple yougoslave » à Belgrade et à Novi Sad.

Je voulais y retourner aussi. Mais pas dans le bus du parti du Missionnaire. Seul, par mes propres moyens. Revoir Boris, Marina, mais surtout sortir de Belgrade, rencontrer le peuple dans les campagnes. Les ouvriers de Kragujevac, les paysans de la campagne yougoslave. Je voulais comprendre ces gens. Leur regard sur les Albanais, sur Tito, sur le communisme. Ce qu'ils attendaient ou redoutaient de la mondialisation libérale, de Microsoft.

Tant pis si je ne parlais pas leur langue. Je me débrouillerais bien. J'étais prêt à tout. Je jouais mon va-tout.

J'écrivis à Marina et à Boris, selon la procédure habituelle, pour leur demander de m'envoyer une lettre d'invitation officielle. Ils me promirent de le faire, mais ni l'un ni l'autre n'agit, pour des raisons qui n'ont jamais été claires. Je crois que Boris était parti, une fois de plus, dans un autre ghetto anarchiste en Slovénie : *Metelkovo Mesto*. Je dus donc solliciter, comme au mois de mai, Rodoljub. Il devait lui-même se rendre en Serbie du 1er au 30 août 2000 et, pour ce faire, voir le consul le 20 juillet. Je lui proposai que nous fassions des démarches communes afin d'obtenir nos visas ensemble. Rodoljub ayant ses entrées à l'ambassade, cela pouvait m'éviter de faire la queue au guichet. Mais en l'absence de lettre d'invitation tout demeurait bloqué. Le 25, à trois jours de son départ il m'invita à séjourner dans sa maison de campagne familiale, près de Grocka, à 30 km à l'est de Belgrade. Il me proposa également que nous passions un ou deux jours ensemble au Kosovo à Kosovska Mitrovica-Nord pour y rencontrer des ONG et des gens de la rue.

Mitrovica. Une ville en état de guerre permanent. Le défi absolu. Si j'étais capable de comprendre quelque chose à la vie de ces gens, partager quelque chose avec eux, et le faire partager au reste du monde par un ou deux articles que je publierais sur Internet, peut-être pourrais-je dire que ma vie aurait servi à quelque chose. Peut-être aurais-je enfin mis une distance respectable entre moi et la lâcheté, entre moi et cette bêtise collective qui sans cesse me renvoyait à cette nuit terrible où toutes les vaches sont grises, le destin de monsieur tout-le-monde.

*

* *

Rodoljub partit pour la Serbie le 29 juillet, mais non sans me communiquer les coordonnées d'un diplomate, M. Jerkovic, représentant yougoslave à l'UNESCO, un communiste pur et dur, ancien cadre du ministère de l'information yougoslave, « *un homme de Milosevic mais qui au fond n'est pas mauvais* » (précisa Rodoljub) et qui connaissait déjà mon nom. Peu après le 15 août une invitation me parvint enfin de Boris. Il était sans doute trop tard pour Mitrovica, mais pas pour les villages serbes qui devaient vivre au rythme de la campagne électorale. Je contactai M. Jerkovic le vendredi 18 au matin. Il me conseilla d'appeler le consul yougoslave à Paris, M. Kosinac, ce que je fis dans l'après-midi.

Au bout du fil le diplomate prend une voix pleine de compassion : « *Désolé monsieur Delorca. Mais le gouvernement yougoslave n'accorde plus de visas à cause de la campagne électorale.*

– *Depuis combien de temps ?*

– *La décision a été prise le 12 août.* »

Il y avait de quoi en vouloir à la terre entière, et surtout à Boris qui, dans les derniers jours, aurait pu être plus efficace. Pourquoi avait-il traîné les pieds ? La crainte de voir l'état d'urgence prononcé en Serbie et que j'y reste bloqué ? une méfiance à l'égard de mes projets d'immersion dans le monde rural yougo ? ou son côté irresponsable et lunaire qui ne sait pas trouver son chemin dans les méandres bureaucratiques ? C'était comme avec Marina : impossible de savoir vraiment à distance ce qu'il se passe.

J'ai confié mon désarroi par e-mail à une communiste yougoslave, Vesna (pseudonyme), qui m'aidait à collecter des signatures pour l'Appel de Bruxelles. C'était une quinquagénaire que j'avais aperçue dans la conférence du Missionnaire en juin. Une ex-interprète de Tanjug, l'agence de presse yougoslave. Une dame un peu étrange qui refusait de prendre un café avec moi, alors qu'elle vivait à Paris. On avait fait ensemble du bon travail virtuel. Elle nous avait ramené quelques signatures italiennes (moins célèbres, si je me souviens bien, que celles qu'obtint Diana Johnstone qui, après nos demandes insistantes, ramena dans son panier la signature des stars de l'International action center et de Tony Benn[102]). Certains communistes du Parti italien de la Refondation (PRC) qui la connaissaient – parce qu'elle avait des attaches à Rome – disaient d'elle qu'elle était un peu cinglée, mais il semblait que sa folie s'accordait relativement bien avec la mienne[103].

À peine avais-je envoyé mon email, et sans que je ne demande rien de précis, Vesna actionna l'ambassade de Yougoslavie, avec l'aide de l'Homme chauve que j'avais croisé chez l'Écrivain – c'était décidément un monde minuscule.

---

102. Tony Benn exerçait une fascination apparemment fondée sur toutes les honnêtes gens des îles britanniques. Je me souviens d'un texte de la journaliste, Julie Burchill, qui avait écrit dans le *Guardian* du 10 avril 1999 parmi ses « Forty reasons why the Serbs are not the new Nazis and the Kosovars are not the new Jews » (40 raisons pour lesquelles les Serbes ne sont pas les nouveaux nazis et les Kosovars ne sont pas les nouveaux Juifs) : « *Tony Benn doesn't back no Nazis ! Come outside and say that !* » (Tony Benn ne soutient jamais des nazis ! sortez dans les rue pour le dire !)

103. Outre qu'elle nous aida beaucoup dans les diffusions de la pétition, elle me fit rencontrer une Valaque de banlieue de mon âge, et un journaliste quadragénaire que l'on pourrait appeler Le Fils d'un avocat connu avec qui j'eus quelques conversations instructives (maoïste, il avait bien connu Kouchner dans sa jeunesse, et les Serbes de Pale pendant la guerre de Bosnie).

Le consul me rappela : « Puisque vous êtes un ami de la République fédérale de Yougoslavie, me dit-il, on pourrait vous délivrer un visa, exceptionnellement, sur autorisation expresse du ministre de l'intérieur de Serbie. Il vous suffit de faire un fax, exposant le motif de votre projet de voyage ».

Ça m'a arrêté net. On ne m'aurait pas donné de visa pour un simple motif touristique. Et je ne me voyais pas écrire sous mon vrai nom que je voulais jouer les reporters pour le site *Résistance*. C'eût été le meilleur moyen d'attirer l'attention des polices française et serbe sur notre petite équipe. Et puis, de toute façon, l'idée de devoir quoi que ce soit aux autorités de Belgrade, ou à tout autre gouvernement du reste, me déplaisait profondément. J'ai donc renoncé à mon visa, et à mon rêve journalistique.

*

* *

En fait, je n'aurais jamais cru que Vesna pouvait avoir de l'influence sur les diplomates yougoslaves. Je l'avais plutôt vue comme une léniniste orthodoxe en rupture avec un Milosevic en grande partie rallié à l'économie de marché. Je découvrais du coup que des activistes occidentaux avaient plus de rapports avec des pouvoirs institutionnels serbes ou français qu'on ne pouvait le supposer.

Tout ça me donnait l'impression très désagréable de ne pas vraiment connaître les gens avec qui je travaillais.

Hervé-Christian quand je le vis vers le 20 août abonda dans ce sens :

« On ne sait jamais trop où on met les pieds dans ce genre de situation. Tu as bien fait de renoncer au voyage. Qui sait ce qui

t'aurait attendu à Mitrovica, à quels trafics d'influence ou autres affaires obscures tu te serais trouvé mêlé. Il n'y a rien à attendre du réel. Le mensonge et la manipulation sont partout. Le voile de Maya, comme disent les bouddhistes. Il faut sublimer sa pulsion de révolte sur le terrain des idées, ou dans le domaine artistique. Je te l'ai toujours dit. Des types comme Le Missionnaire peuvent faire des reportages à Belgrade, parce qu'ils ont derrière eux une structure militante qui les protège. D'une certaine façon, ils ont accepté la logique institutionnelle de cette structure et les accords qu'elle passe avec le pouvoir de Milosevic pour obtenir les visas et le reste, tout comme les journalistes occidentaux acceptent la logique institutionnelle de la boîte qui les emploie et se protègent derrière les avantages statutaires que leur accordent les gouvernants. Mais un type qui veut voir les choses par lui-même, un Don Quichotte comme toi, ne peut absolument rien faire. Il devient la proie facile de tous ces groupes bien installés, et même leur marionnette. »

Ces propos ne firent qu'accroître ma frustration. Une fois de plus la toile d'araignée du conservatisme général était tendue tout autour de nous. Je n'étais arrivé à rien. J'étais resté à quai, en panne de visa, en panne de courage, incapable de prendre de véritables risques. À la lumière de mon échec final, les derniers mois passés n'avaient pas plus de valeur qu'une escapade d'adolescent. L'histoire minable d'un type qui s'offre des émotions pour pimenter son quotidien, mais qui finalement ne parvient à rien changer, ni dans sa propre vie, ni dans celle des autres. L'Histoire humaine suivait son cours sans moi et riait de mes velléités.

*

*   *

Cette impression ne dura guère. Elle se révélait à la réflexion assez bourgeoise et égoïste. Somme toute on ne milite pas pour vivre une expérience de perfectionnement individuel, ni pour se lancer des défis. On essaie d'être utile à la place où on est, en toute humilité. Voilà en tout cas ce que je me suis dit. Et il restait beaucoup à faire là où j'étais, en France, à rédiger mes synthèses de dépêches et tenter de diffuser notre Appel de Bruxelles.

C'était en définitive du bon sens. Pourtant, même sous cet angle « collectif », tout devint plus compliqué à partir de septembre. Ceux qui, comme Vesna et Vladimir, avaient jusqu'en août conservé une distance critique à l'égard de Milosevic se rapprochaient de plus en plus clairement du gouvernement de Belgrade. Ils adressaient des insinuations soupçonneuses à des gens qui, comme moi, défendaient leur indépendance d'esprit et maintenaient des liens avec des adversaires du régime.

Je pensais, personnellement, sous l'influence de Boris, qu'il fallait à tout prix sauvegarder l'idéal yougoslaviste multi-ethnique titiste. Cela ne me paraissait pas possible avec Milosevic. J'espérais que les Yougoslaves trouveraient une issue de gauche pour sauver leur République fédérale, avec Ivan Stambolic par exemple, avant son enlèvement, ou alors, à la rigueur, avec un leader de droite « patriote » plus acceptable aux yeux des Occidentaux que Milosevic (mais surtout pas Zoran Djindjic). Mais j'étais sans doute naïf. Entre la crispation autoritaire de Milosevic et la liquidation de la République fédérale de Yougoslavie, exigée par l'OTAN et qui intervint en 2002, il n'y avait plus de troisième voie. En tout cas, sur le plan déontologique, à la différence des grands médias occidentaux, je m'interdisais dans mes nouvelles alternatives, toute ingérence dans la politique intérieure yougoslave. Nous ne devions rien suggérer aux peuples des Balkans. Le Scientifique pensait la même chose.

Je ne fus pas le seul à faire les frais de la méfiance des personnes qui défendaient à toute force la survie politique de Milosevic. Comme les débats ne se passaient plus au comptoir des cafés, mais dans les mails, sur Internet, tout le monde pouvait avoir accès aux discussions de tout le monde et y mettre son nez par dessus les océans. Et l'on se rendait bien compte, d'un continent à l'autre, que les discussions entre activistes en venaient partout à présenter les mêmes caractéristiques (peut-être d'ailleurs leur diffusion sur Internet les poussait-elle à se ressembler).

Il y eut notamment cette polémique autour de Chomsky début septembre dont Boris m'envoya une copie (et qui fut publiée sur le site *Résistance* sous le titre inventé par Boris « Le Rambouillet des intellectuels »). Cela commença le 22 août par le message d'un certain Jerry Netuddki qui reprochait au vieux sage de Boston de ne pas soutenir l'opposition pro-occidentale en Serbie[104]. Comme toujours dans le monde anglo-saxon, les termes du débat étaient posés en nombre de morts :

Cher professeur,

1) Des élections ont lieu en Yougoslavie le mois prochain. Dans un pays où l'on est viré de son travail pour avoir voté pour l'opposition, où les gens son arrêtés, kidnappés, battus, jetés en prison et assassinés par la police, où les élections sont régulière-

104. La lettre reste du Internet sur http://archives.econ.utah.edu/archives/a-list/2000/msg00675.htm.

ment volées, où l'entière superstructure du pays est appropriée par cent familles, quel chemin, quel moyen, conduit à la démocratie ?

*2) Si vous étiez un citoyen yougoslave, qu'est-ce que *vous* feriez pour conduire le pays à la démocratie et à la prospérité ?*

3) Critiquer l'OTAN pour 7 000 morts collatérales est une réaction louable. Toutefois, l'épidémie de grippe l'hiver suivant a provoqué davantage de décès encore, dus à la pénurie de médicaments provoquée par le régime de Belgrade, sans même parler de la malnutrition et du froid. Quand les gens commencent à tomber comme des mouches en hiver, ne devrait-on pas choisir d'opter pour le moindre mal ?[105]

Le 29 août 2000 Chomsky répondit en ces termes sur *Znet* :

Il ne fait aucun doute que les conditions adéquates pour des élections libres en Serbie n'existent pas, bien que, d'un point de vue comparatif, leur issue n'ont rien d'aberrant.

Il est largement admis par les spécialistes, par exemple, que Milosevic aurait été vaincu aux précédentes élections si elles n'avaient pas été boycottées par les Kosovars albanais (qui préféraient qu'il gagne, tout comme ils le préféreraient sans doute aussi

---

105. *Dear Professor,/ There are elections in Yugoslavia next month. In a country where one is fired from work for voting for the opposition, people are arrested, kidnapped, beaten, jailed and murdered by the police, the elections are routinely stolen and the entire financial superstructure of the country appropriated by 100 privileged families, what path or means leads to democracy ? 2.) If you were a citizen of Yugoslavia, what would *you* do to get the country to democracy and prosperity and how would you keep it at it ? 3.) Criticizing NATO for 7000 collateral deaths is a laudable reaction. However, during the winter flu season alone there were more extra deaths due to the medicine shortage caused by the Belgrade regime, not to mention undernourishment, freezing, etc, etc. When people start falling like flies in winter, shouldn't one try to go for the lesser evil ?*

maintenant). Et beaucoup sentent que, même dans les conditions présentes, une opposition unie et crédible aurait toutes ses chances.

Que ferais-je si je vivais en Yougoslavie ? Je n'aime pas donner des conseils aux autres qui se trouvent dans des conditions extrêmement dures.[106] *Mais je suppose que, puisque vous me le demandez, le meilleur espoir pour plus de liberté et de démocratie serait de construire une opposition unifiée et crédible. Cela n'a pas été fait, et l'échec ne peut être imputé uniquement à l'élite dirigeante, comme vous le savez, je présume. / Je crains de ne pas comprendre la troisième question. Premièrement les faits ne sont pas exacts. Le régime de Milosevic a commis beaucoup de crimes, mais on ne peut attribuer les conditions de vie terribles entièrement à ses crimes. Les bombardements de l'OTAN ont visé la société civile, pas les militaires serbes, dans un effort conscient pour provoquer des destructions sévères. Ils y sont parvenus et les conditions de vie difficiles résultent largement de ça. Mais même en apportant cette correction, je ne comprends pas votre demande. Qu'entendez-vous par le « moindre mal » ? Il semble que vous considériez que le régime est le pire des maux. Mais qu'est-ce que le moindre mal alor ? les bombardements de l'OTAN ? Est-ce vous en recommandez une autre dose ? Si tel est le cas je doute que vous trouviez preneur du côté de Belgrade, Novi Sad, Pancevo… Je suis certain que ce n'est pas ce que vous voulez dire, mais franchement, je ne comprends quel « moindre mal » vous avez à l'esprit*[107].

Noam Chomsky

---

106. La prudence de Chomsky ici rejoint celle du Scientifique et celle à laquelle nous avaient initiés les jeunes opposants serbes.

107. *There is no doubt that proper conditions for free elections do not exist in Serbia, though by comparative standards, it's record is not that atrocious. /It*

Le débat se poursuivit entre les deux pendant quelques jours (il fut publié sur certains forums d'Internet et circula par email). À cette occasion le créateur du site *Emperor's New Clothes*, Jared Israel lança une polémique virulente à l'encontre de Noam Chomsky et du site *Znet* qu'il accusait de ne pas soutenir assez fermement le président Milosevic[108].

Il envoya une lettre électronique ouverte à Chomsky le 4 septembre 2000 :

Cher Noam,

Votre diabolisation des « Serbes » est incroyable. Je croyais que vous étiez juste « trop-peu trop-tard », à concéder aux États-Unis

---

is widely believed by specialists, for example, that Milosevic would have been defeated in the last elections if they had not been boycotted by Kosovar Albanians (who preferred that he win, just as they probably prefer that now). And many feel that even under present conditions, a credible and unified opposition would stand a good chance./What would I do if I lived in Yugoslavia ? I don't like to give advice to others who face extremely difficult conditions, but I guess, since you ask, that the best hope for more freedom and democracy is to construct a credible and unified opposition./That has not been done, and the failure cannot just be blamed on the ruling elite, as I'm sure you know./I'm afraid I do not understand your third question. First, the facts are not accurate. The Milosevic regime has committed many crimes, but one cannot attribute the terrible conditions completely to its crimes. The NATO bombing targeted the civilian society, not the Serb military, in a conscious effort to cause it very severe destruction. So it did, and the resulting conditions trace in significant measure to that. But even with that correction, I do not understand your query. What do you mean by « going for the lesser evil » ? I take it that you see the regime as the major evil. What then is the lesser evil ? NATO bombing ? Are you recommending another dose of that ? If so, I doubt that you'll find many takers in Belgrade, Novi Sad, Pancevo,… I am sure that is not what you mean, but I frankly don't understand what « lesser evil » you have in mind.

108. Jared Israel, disait-on, sentait désormais peser sur ses épaules un devoir historique. Son site fonctionnait à plein temps. Nul ne savait où il

une culpabilité et aux Yougoslaves une innocence un pas derrière les faits admis par les médias – mais il se révèle maintenant que vous avez une longueur d'avance (dans l'accusation), même par rapport au Tribunal pénal international.

Votre « manque de temps » pour parler aux manifestations anti-guerre Boston auxquelles je vous ai invité il y a 16 mois revêt une signification bien différente à la lumière de vos déclarations pendant et depuis les bombardements.

La tragédie c'est que votre influence sur les jeunes gens aurait pu vous encourager à créer un mouvement de protestation, plutôt que de semer la guerre froide au milieu de l'élan anti-guerre en vous faisant le perroquet de l'OTAN sous couvert de le critiquer avec votre non-sens du « l'OTAN est même pire que les Serbes »

Jared [109]

---

puisait les ressources financières pour en faire une version multilingue, ni combien d'employés il comptait. On disait alors qu'il avait élargi son audience jusqu'à la Chine, la Chine, El Dorado imaginaire pour les marxistes radicaux qui y voyaient, déjà à cette époque, l'ultime alternative à l'hégémonie des États-Unis.

109. *Dear Noam,/Your continuing demonization of « the Serbs » is appaling. I thought you were too-little-too-late, conceding US guilt and Yugoslav innocence one step behind media-admitted facts – but now, it appears, you trail further, falling behind even the ICTY. /Your « lack of time » to speak at the Boston antiwar dmeonstrations to which I invited you 16 months ago takes on a different significance in light of the statements you have issued during and since the bombing./The tragedy is that with your influence on young people you could have encouraged the creation of a protest movement, instead of throwing cold war on the antiwar impulse by parroting NATO in the guise of criticizing NATO with your « NATO is even worse than the Serbs » nonsense. /Jared.*

Ce mail semblait avoir été partiellement motivé par un courriel de Boris le même jour qui avait communiqué à Israël une partie des propos de Chomsky dans l'espoir de modérer ses élans enthousiastes en faveur de Milosevic.

Jared précisa le lendemain à Tony Abdo (qui travaillait avec Boris sur la section anglaise *Résistance* et soutenait son point de vue) :

Je pense qu'il est temps que ces attaques soient discutées publiquement. La position de Chomsky – selon laquelle Milosevic est un criminel – après tout ne figurait pas dans des mails privés. Il a fait des attaques similaires dans des publications officielles. Ce sont des accusations très graves. N'est-il pas raisonnable d'exiger de Chomsky soit de les étayer soit de s'excuser pour le mal qu'il a fait ?[110]

La réponse de Chomsky à Israel fut apaisante :

Cher Jared,

Je pense que vous êtes conscient du fait qu'au cours des dix dernières années, le régime de Milosevic a commis de nombreux crimes.

La position que vous citez est sur un forum, où j'ai rejeté les accusations faites par un interlocuteur contre le régime de

---

110. *Think it's about time these attacks were discussed publicly. Chomsky's statement – that Milosevich is a criminal – was not made in private email, after all. He's made similar charges in influential publications. They are serious accusations. Isn't it reasonable to demand Chomsky substantiate them or apologize for the harm he's done ?*

Milosevic. Dans ce conteste il n'est nul besoin d'ajouter un essai pour documenter les déclarations que j'ai faites.

Noam [111]

Jared se montra insistant :

Cher Noam,

Dans un message daté du 5 septembre 2000 3:22:12 PM Eastern Daylight Time, vous avez écrit :

« Je pense que vous êtes conscient du fait qu'au cours des dix dernières années, le régime de Milosevic a commis de nombreux crimes. »

« Du fait que » ? Qui a dit que c'était un fait ?

Vous construisez une phrase qui affirme comme une vérité donnée la chose que précisément je dénonce comme un mensonge dans mon propre message. Très malin.

Noam, je lis vos trucs depuis très longtemps et je ne suis pas dupe. Je suis « conscient du fait » que vous avez accusé à plusieurs reprises Milosevic ET « les Serbes » d'actions criminelles, c'est-à-dire, d'atrocités contre des civils. Vos phrases sont construites de façon routinière pour affirmer la vérité de vos accusations, malgré l'absence de preuve. Vos écrits ont « en fait » eu un effet négatif sur la gauche, telle qu'elle est, en refroidissant les passions

111. *Dear Jared,/I think you are aware of the fact that in the past 10 years the Milosevic regime has committed many crimes./The statement you quote is from a forum, where I rejected the charges made by a questioner against the Milosevic regime. In that context there is no need whatsoever to add an essay documenting every factual statement that is made.*

antiguerre et en entravant la création d'un mouvement antiguerre sérieux.

On ne peut pas échapper à la charge de la preuve par des formulations astucieuses ou des glissades.

Je le répète : quels crimes Milosevic a-t-il commis au Kosovo, en Bosnie, en Croatie ? Une date ou des dates, un endroit ou des endroits. Prouvez la crédibilité de vos sources. Je pense que vous ne savez que vous faire le perroquet des médias de masse.

Jared [112]

Chomsky termina par une pirouette méprisante le 6 septembre :

Cher Jared,

Toutes mes excuses. Je n'avais pas réalisé que le régime de Milosevic était le seul au monde à ne pas avoir commis beaucoup de crimes.

---

112. *Dear Noam,/In a message dated 09/05/2000 3:22:12 PM Eastern Daylight Time, you wrote:/< I think you are aware of the fact that in the past 10 years the Milosevic regime has committed many crimes. >/ « The fact that » ? Who said it was a fact ? You construct a sentence that asserts as given the truth of the very thing which in my note I said was a lie. Clever./Noam, I have been reading your stuff for a long time and I am not a dope. I am « aware of the fact » that you have repeatedly charged Milosevich AND « The Serbs » with criminal actions, e.g., atrocities against civilians. Your sentences are routinely constructed so as to assert the truth of your charges, despite no proof. Your writing has « in fact » had a negative effect on the left, such as it is, cooling antiwar passions and hindering the creation of a serious antiwar movement./The burden of proof cannot be escaped by tricky wording or sloppiness. /I repeat, what crimes has Milosevich committed in Kosovo, Bosnia, Croatia ? Date or dates, place or places. Details. Prove the credibility of your sources. I think you just parrot what's written in the mass media./Jared.*

Si vous croyez que je vais passer du temps à discuter de ce sujet avec vous, vous vous trompez. Il y a des choses plus sérieuses à faire.

Noam[113]

Jared insista pour poursuivre le débat, en vain.

Boris et Tony Abdo s'étaient efforcés d'ajouter à cet échange leurs propres arguments qui penchaient du côté de Chomsky. Chomsky écrivit à Boris le 8 septembre :

Cher Boris

Si tu veux mon avis, tu perds ton temps à écrire à Israel. Sans doute ne puis je pas te reprocher d'être trop poli (même si c'est vrai) car je le suis aussi. Ces gens sont pires que « d'un faible secours.» Cela remonte à longtemps. Et complètement au-delà de toute discussion rationnelle.

Noam[114]

J'ai été frappé par ce dialogue, car il m'a révélé un Chomsky très en dessous de sa réputation. Un Chomsky qui se laisse aller aux procès d'intentions, à l'autoaveuglement. Diana Johnstone me révéla quelques années plus tard qu'il s'était déjà montré aussi dogmatique au début de la guerre de Bosnie. Il ratait là, en tout cas, une occasion d'essayer de préciser une bonne fois

113. *Dear Jared,/Apologies. I didn't realize you thought that Milosevic's regime was alone in the world in not having committed many crimes./ If you think I'm going to take time to discuss this topic with you, think again. There are serious things to do.*

114. *Dear Boris,/ If you'd like my advice, you're wasting your time writing to Israel. I suppose I can't criticize you for being too polite (though it's true) because I am too. These people are worse than « not helpful. » That goes back a long time. And completely beyond any rational discussion/Noam.*

pour toutes, de quels massacres et quelles turpides le régime yougoslave devait être jugé responsable, et de quels soupçons il convenait de le laver, tâche difficile sans doute, mais qu'il aurait peut-être dû tenter pour élever le débat.

D'autant que la phrase d'Israel accusant Chomsky d'avoir saboté le mouvement antiguerre par son flou artistique n'était pas complètement infondée. Si Chomsky (ou a fortiori Bourdieu et quelques autres) avait eu sur la Yougoslavie une pensée plus claire, plus décapante, cédant moins aux bons sentiments ou à l'arrogance morale, n'aurait-il pas contribué plus efficacement à la construction du mouvement antiguerre ? N'aurait-on pas ensuite été, nous tous, mieux armés pour faire barrage aux délires interventionnistes du gouvernement de George W. Bush au Proche-Orient dans les années qui suivirent ?

L'échange était en tout cas très révélateur de l'ambiance tendue qui régnait à l'extrême gauche. Beaucoup dans ce milieu considérant qu'il n'y avait rien à attendre de Chomsky qui, en tant que professeur au Massachussets Institute of Technology, n'était pour eux qu'une pièce de l'appareil militaro-industriel américain, malgré tous ses efforts pour se dégager du conformisme.

*

* *

La raison profonde de ce malaise à gauche venait du fait que l'opposition serbe avait enfin trouvé un candidat crédible en la personne de Vojislav Kostunica, un honnête juriste qui habitait dans le quartier de chez Boris. Tous les sondages l'indiquaient : Kostunica pouvait gagner.

*
* *

Malgré l'atmosphère électrique, nous parvînmes à réunir le premier « Comité français de l'Appel de Bruxelles » à la Fête de l'Humanité, à La Courneuve, le samedi 16 septembre. En fait ce fut plus burlesque qu'autre chose. Vladimir était de passage à Paris. On ne savait trop où se retrouverait le petit groupe. Il avait proposé la Fête de l'Huma où une de ses copines, que nous appellerons La Militante Pantinoise,[115] devait tenir un stand. Je m'y étais opposé car je ne voulais pas donner à ce collectif des couleurs par trop communistes. Mais nous n'avions pas de local alternatif à proposer. En revanche j'avais eu toute latitude pour inviter qui je voulais parmi les gens qui m'avaient laissé leurs cartes de visite dans les diverses conférences et sur les forums anti-guerre. J'avais trouvé ainsi une douzaine de personnes, de tous âges, et de toutes origines, majoritairement des déçus de la gauche gouvernementale, et qui avaient des réseaux dans des associations en France, à l'étranger.

Le jour dit de ce congrès fondateur à peu près rien ne se passa comme prévu. Les participants se ratèrent plusieurs fois, se perdirent dans les stands de merguez et de frites. Le

---

115. Elle avait un ou deux ans de plus que moi, je crois. Je l'avais rencontrée le 22 juin 2000 à Convention, par l'intermédiaire de Vladimir. Membre de l'aile gauche du Parti communiste et du Comité Halte à l'OTAN organisé par le journaliste de l'Humanité Pierre Lévy, elle était à Belgrade au mois de février 2000 à l'invitation de l'Union des écrivains yougoslaves, aux côtés d'autres communistes. Elle participait également à d'autres projets anti-impérialistes, notamment contre l'embargo en Irak.

travail de La Militante n'avait pas été efficace : elle avait tout simplement oublié de réserver un local sur le campus de la fête. On perdit de très longs quarts d'heures à négocier avec le stand de la section PCF de Vitry l'usufruit d'une table « pour une demi-heure seulement », avant le bal musette. On eut ainsi droit à trente minutes, trente minutes seulement à entendre Vladimir vanter en des termes lyriques les succès de notre collectif et la puissance du mouvement populaire qu'il était censé déclencher.

Ce grand jour m'a rappelé le temps où, à l'école primaire, je fondais des associations fantômes de « protection de la nature » qui n'étaient que prétexte à réunir mes camarades de classe au fond de la cour de récré et leur offrir des cartes d'adhérent découpées dans du papier à dessin et coloriées au feutre. Une fois de plus l'Appel de Bruxelles payait le prix de l'absence de soutien dans les associations, les syndicats, les partis politiques.[116]

*

* *

Les premiers résultats assez confus de l'élection présidentielle serbe tombèrent le 24 septembre. Kostunica se donnait

---

116. Pour cette réunion beaucoup de gens que j'avais invités – Louis Dalmas, Pierre Lévy, Helena (pseudonyme), une enseignante grecque rencontrée dans une réunion du Missionnaire, Marc-Aurèle – furent excusés. En revanche y assistèrent le mathématicien Yannis Varouchas, Rodoljub et un sien ami serbe que j'avais interviewé pendant l'été, La Militante Pantinoise, Vesna, Gilles Troude, et Komnen Becirovic tous des gens de gauche à l'exception de ce dernier. J'allais moi-même un peu plus tard, le 27 octobre 2000 très exactement, organiser une réunion de

à lui-même 54 % des voix. Le Parti socialiste accordait au contraire 44 % à Milosevic contre 41 à son adversaire.

Les Occidentaux accusèrent le président sortant de truquer le scrutin, et alternèrent promesses et menaces comme ils l'avaient toujours fait pendant toute la campagne. Le Missionnaire, de son côté, nous écrivait depuis Belgrade pour nous exhorter à ne rien croire de ce que nos télévisions diraient sur ces événements. Puis, comme les résultats ne pouvaient se clarifier, la tension dans la rue monta. Des manifs quotidiennes auxquelles naturellement Marina participait de nouveau activement. Chaos dans les esprits. Incertitude totale. Le scénario classique. D'autres pays allaient connaître ça dans les lustres qui suivirent.

*

*   *

Il a fallu finalement accepter de voir ça sur nos écrans de télévision, le jeudi 5 octobre 2000 à 20 heures La foule belgradoise qui envahit le Parlement, puis l'immeuble de la télévision, celui que les avions de l'OTAN avaient bombardé quinze mois plus tôt, là où Boris avait vu les cadavres. Ils y mettent le feu. Quelques heures plus tard la dépêche de *Reuters* tombe : *Milosevic reconnaît sa défaite.*

« Comité français de l'Appel de Bruxelles » où nous allions être aussi un peu plus près d'une dizaine, mais pas exactement les mêmes, à Paris, à la Maison de la Grèce (le contact nous fut donné par Helena – il était alors pour des électrons libres comme nous horriblement difficile de trouver des salles de réunion dans la capitale), une expérience de plus qui allait me confirmer que je n'étais guère fait pour ce genre de chose. Cette réunion allait être la dernière.

On a beaucoup écrit sur cette « révolution serbe ». La grande presse elle-même a reconnu quelques semaines plus tard que, non seulement les dollars américains avaient très abondamment plu sur la campagne électorale, mais qu'en plus le coup de force « spontané » du 5 octobre avait été soigneusement planifié : location de bus, de bulldozers, d'hommes de main en tout genre, achat de complicités dans la police, dans l'armée. La façon qu'a l'OTAN de donner un coup de pouce à la « volonté populaire ».

On ne saura jamais si Milosevic avait ou non gagné les élections dans les urnes. Les téléspectateurs occidentaux – du moins ceux qui ont de la mémoire – auront en tout cas une image : celle d'une foule serbe qui incendie elle-même la tour que l'OTAN avait bombardée un an plus tôt en violation des conventions de Genève. Un peu comme si, au fond, les Yougos validaient eux-mêmes les « bavures » de nos bombardiers, comme s'ils communiaient avec eux, avec leur politique meurtrière, dans ce grand feu de joie nocturne.

Et c'est, par la même occasion, nous autres, qu'on jetait dans les flammes, nous les adversaires de la guerre, même ceux qui, comme Boris et moi, ne soutenions pas du tout le gouvernement de Slobo. Telle n'était pas l'intention, même inconsciente, des gens dans la rue cette nuit-là. Mais tel était l'effet produit aux yeux des spectateurs du monde entier gavés d'amalgames et de manichéisme depuis plusieurs années.

*

* *

Le lendemain j'étais seul chez Florence en province. Elle devait être à la fac. Ce n'était pas plus mal. J'avais besoin de solitude. Je n'ai répondu à personne au téléphone. Je pensais aux épicuriens de Rome, aux cathares de Monségur, aux anarchistes taoïstes de l'Empire du Milieu. À toutes les sectes de toutes les époques qui ont défendu des visions du monde alternatives et qui ont été vaincues. Tous ces fantômes de l'Histoire et d'autres plus anonymes, encore plus oubliés, dont l'enseignement et le message sont partis en fumée peu après leur défaite. Peut-être les anti-OTANs de 99 allaient-ils les rejoindre. Il y eut ce jour-là un festival de messages décalés sur mon ordinateur. Marina criait victoire et attendait mes félicitations. « *Hello, c'est un bazar terrible ici, mais je suis heureuse et je n'arrive pas à croire que nous l'avons fait !!! Mes yeux sont encore rouges de gaz lacrymogènes et de fumée et j'ai mal partout. J'ai été morte de peur hier au milieu de ce chaos, et puis le soir tout était fini, c'était incroyable, un million de personnes dans la rue qui chantaient, dansaient… Je suis épuisée ! J'ai envie de hurler – Je suis libre !!! Les murs de treize années de dictature, de culture kitch, de répression, de pauvreté sont brisés. Ça ne peut tout simplement pas être pire que ça ne l'était avant ! C'est un matin incroyablement ensoleillé. Meilleurs souvenirs révolutionnaires de M.* »[117]

---

117. « *Hi, it is very messy here, but I feel happy and still can't believe that we dit it !!! my eyes are stil red of tear gas and smoke, everything hurts me, I felt terrified yesterday in that chaos, but in the evening when everything was over, it was incredible, million people on the streets laughing, dancing… I am completely exhausted ! I want to scream – I am free !!! Walls of 13 years of dictatorship, kitch culture, repression, poverty are broken. It simply can't be worse than it was before ! It was incredible sunny morning here. Revolutionnary greetings from M.* »

Quelques minutes plus tard Vladimir m'écrivait : « Ce n'est pas fini, le combat continue, au Venezuela, au Congo ou en Palestine. » Et puis Le Scientifique : « On ne peut pas en vouloir à un peuple de capituler. C'est comme le Nicaragua après la défaite des sandinistes. Des années d'embargo c'est difficile à supporter. On n'a pas à juger. Un rempart cède. Un autre se dressera ». L'analogie très contestable avec l'Amérique latine ressurgissait une fois de plus, au moment où je ne l'attendais guère. Et puis, Le Scientifique, tout comme Vladimir, parlait tel un joueur d'échec qui viendrait de perdre une tour. Il essayait de se hisser au même niveau de froideur tactique et de généralisation des enjeux que les conseillers de la Maison Blanche. Le Souverain Bien pour l'Humanité pensé dans une théorie des jeux.

Le plus étrange des messages était celui de Boris qui me parvint dans la nuit. Pendant que la radio serbe brûlait, il avait passé la soirée chez un vieux syndicaliste belgradois, Milo « Che » Petrovic en compagnie de Trivo Indjic[118]. Françoise Rhizome, la collaboratrice du *Mensuel de gauche* les y avait rejoint à 20 heures Elle était de passage en Serbie au retour de Prague[119]. Ils avaient eu une longue discussion dans un style gauchiste dont tous deux étaient familiers pour apprécier leurs divergences et points d'accord sur les mouvements sociaux (*« grassroot movements »*), la place des partis,

---

118. Sociologue, dissident célèbre dans les années 60, il allait être nommé ambassadeur de Serbie-Monténégro en Espagne deux ans plus tard. Il avait signé à l'invitation de Boris l'Appel de Bruxelles.

119. L'assemblée annuelle du FMI s'était tenue le 27 septembre à Prague où s'étaient réunis les altermondialistes, comme précédemment à Seattle.

des syndicats, de groupes comme ATTAC[120] en leur sein, la résistance anti-impérialiste. Il m'avait défendu, ainsi que le site *Résistance*, et l'Appel de Bruxelles[121]. Elle lui avait fait savoir combien elle était hostile au Missionnaire, et aux « obscurs cercles communistes » belges. Même Chomsky et Le Scientifique lui paraissaient trop « pro-Milosevic ». Il avait réussi à la convaincre que ni moi ni les promoteurs de l'Appel de Bruxelles n'étions aussi « staliniens » qu'elle le pensait depuis mon article « La Gauche pacifiste et les Serbes » [122] et que la « ligne » de *Résistance* n'était pas si mauvaise qu'elle l'aurait cru – de sorte qu'elle acceptait de m'accorder une interview pour le site –. *« Donc je pense que nous pouvons faire ce que nous avons dit : collaborer avec tous les gens qui adhèrent au projet de Résistance : recherche de l'objectivité, indépendance, actions transidéologiques contre le militarisme et la globalisation. Je pense que c'est bien. Bonne nuit mon cher ami. Ton ami dévoué, »*[123], concluait-il.

---

120. Association pour la Taxation des Transactions financières pour l'Aide aux Citoyennes et citoyens, fondée en 1998, un des fers de lance du mouvement altermondialiste en France à ce moment-là.

121. Même si son texte ne le laissait pas entendre, l'Appel de Bruxelles avait aux yeux des trotskistes une coloration stalinienne, suspecte de pro-milosevisme…

122. F. Rhizome avait de nombreux amis albanais et sous leur influence, ainsi que sous l'influence idéologique que j'ai déjà décrite, refusait notre analyse de la situation balkanique.

123. *So, I guess, we can do what we have agreed upon: collaborate with all people who are sticking to our project of the Resistance. Claim to objectivity, independence and transideological actions against militarism and globalization. Good night my dear friend. Your devoted friend.*

Ce mail montrait que tout le monde, décidément, préparait déjà de nouvelles stratégies, cherchait à reconvertir sur des terrains nouveaux ce que la guerre du Kosovo lui avait appris. Françoise Rhizome à l'époque des bombardements avait traité la petite satrapie de Slobodan Milosevic comme un danger pour l'avenir des peuples équivalent à l'hégémonisme de l'OTAN. Elle avait fait siennes sans réserve la plupart des accusations que le procureur du Tribunal pénal international faisait peser sur les dirigeants serbes en vertu de l'équivalence que les trotskistes français traçaient alors entre le président yougoslave et Staline. Nous nous étions opposés sur ces points, parfois en des termes assez âpres par forums Internet interposés. Et déjà il fallait tourner la page. Oublier les reproches réciproques, œuvrer main dans la main à la construction du mouvement altermondialiste naissant[124].

Il y avait dans cette hâte de tous, au lendemain-même de la victoire occidentale, à « rebondir » sur un autre combat, d'une stratégie l'autre, quelque chose d'un peu inquiétant pour moi. Comme une fuite étrange.

Cette nuit-là j'éprouvai une grande lassitude en éteignant mon ordinateur.

---

124. Certes j'avais moi-même en 99 cherché à me rapprocher de cette mouvance sous la bannière de la pétition de Bourdieu-Vidal-Naquet. Mais c'est parce qu'à ce moment-là l'offre politique anti-guerre était très limitée. Après l'apparition de l'Appel de Bruxelles, et l'approfondissement des débats à gauche, ce genre de collaboration devenait très problématique.

Ces champions de l'engagement me faisaient penser à des coureurs de fond, Achille aux pieds légers qui n'arrêtent jamais leur course.

En ce qui me concerne, après ce que je venais de vivre, j'avais besoin de faire une pause[125].

---

125. À vrai dire je n'ai pas vraiment « fait de pause » puisque j'ai continué de collecter des signatures, travailler pour l'Appel de Bruxelles, tenu à jour les nouvelles du website *Résistance*, pendant encore quelques mois après la chute de Milosevic. C'est davantage la démobilisation générale autour de la Yougoslavie et l'abandon de *Résistance* par Marina qui ont enterré mon ardeur militante sur le front balkanique que l'image d'une tour qui brûle à la télévision. Cependant cette tour était incontestablement un présage, le signe que les combats importants pour l'équilibre du monde se joueraient désormais ailleurs.

Deuxième partie

De Belgrade à Bagdad (2001-2004)

Chapitre Un
L'après-Milosevic et la guerre d'Afghanistan

Fin 2000 les démocrates américains durent céder la place au Républicain George W. Bush à la Maison blanche. George W Bush, bien qu'il ait obtenu 550 000 voix de moins que son concurrent démocrate, le vice-président sortant Al Gore, le 7 novembre 2000, fut proclamé 43e président des États-Unis d'Amérique au terme d'un décompte laborieux des voix dans l'État de Floride – gouverné par son frère – qui lui apporta la majorité des grands électeurs.

Dans l'intervalle de la résolution des interminables litiges autour du scrutin floridien, certains militants anti-impérialistes ironisèrent en disant que s'il existait une réelle symétrie (et une réelle justice dans ce monde), la Chine et la Russie devraient pouvoir envoyer des observateurs dans les bureaux de vote américains, voire organiser des mouvements de foule et louer des bulldozers comme les États-Unis l'avaient fait en Serbie.

J'avoue que je n'ai pas eu d'antipathie *a priori* pour l'administration Bush. D'une part parce que nous étions convaincus (et je le suis toujours), dans les milieux résistants, que les grands axes de la politique extérieure états-unienne ne dépendaient pas de l'alternance entre le Parti démocrate et le Parti républicain. D'autre part, parce qu'on pouvait créditer le Parti républicain (comme beaucoup de partis conservateurs européens) d'une sensibilité à la Realpolitik qui n'en faisait pas a priori un Parti va-t-en-guerre susceptible de s'auto-aveugler dans une « croisade pour les droits de l'homme » comme l'avaient fait les démocrates. D'ailleurs, le Parti républicain avait annoncé son intention de retirer les troupes états-uniennes des Balkans. Le 21 août 2000 le conseiller de défense de Bush Richard Armitage déclarait à *Reuters* : *« Il semble que nous soyons piégés en Bosnie et au Kosovo indéfiniment »*[126], *« Bush en tant que président va travailler dur pour trouver des solutions politiques qui permettent un retrait en bon ordre et au bon moment de pays comme le Kosovo ou la Bosnie. »*[127] Ce dont je m'étais fait l'écho dans mes nouvelles alternatives sur Internet.

Cela correspondait à la sensibilité de son électorat qui n'aimait pas payer des impôts pour aller protéger des populations inconnues. Il y avait certes chez eux, des interventionnistes forcenés comme le sénateur Bob Dole qui soutenait l'autonomisme albanais en Yougoslavie depuis 1986[128], mais ce courant n'était pas nécessairement majoritaire.

---

126. *We seem to be caught up in Bosnia and Kosovo indefinitely.*

127. *Bush will work hard as president for political solutions that allow an orderly and timely withdrawal from places like Kosovo and Bosnia*

128. En 1986, bien avant l'essor politique de Milosevic, le sénateur du Kansas leader des Républicains Robert Dole, dont l'assistante Mira Baratta était une petite fille d'oustachi croate, sponsorisa avec le député de New York d'origine albanaise Joseph DioGuardi un projet de résolution

L'argument d'Armitage n'était d'ailleurs pas seulement électoraliste. La dépêche de *Reuters* précisait aussi que pour le candidat républicain l'éparpillement des forces américaines à l'étranger minait le moral et l'efficacité de l'appareil militaire des États-Unis. Andrew Cockburn dans son très bon livre sur Rumsfeld[129], rappelle que Richard Armitage était un fervent disciple de la *Revolution in Military Affairs* du chef du Bureau de l'Évaluation du Pentagone Andrew Marshall, un concept qui misait sur les nouvelles technologies de surveillance et de communication, et qui permettrait de porter la guerre aux quatre coins du monde, à distance, comme dans un jeu vidéo, ce qui avait été expérimenté – sans grand succès – pendant les 78 jours de bombardement de la Serbie. Du point de vue de cette doctrine, le maintien de troupes à l'étranger était inutile. Armitage devait manquer le poste de secrétaire à la Défense adjoint en appui de l'ex sénateur républicain de l'Indiana Dan Coats pressenti pour devenir secrétaire à la Défense. Coats ayant été finalement recalé en raison de sa position hostile au bouclier anti-missile, Armitage après l'élection de Bush allait obtenir le poste de secrétaire d'État

exprimant le souci des États-Unis devant l'arrestation de responsables albanais en Yougoslavie. En 1990, ce serait lui, selon le journaliste William Dorich, qui introduisit dans la loi de finances de 1990 la condition qu'il y ait des élections par République en Yougoslavie, sous peine de suspension des prêts. Des accusations de financement de ses campagnes électorales par la mafia albanaise ont été portées contre lui (http://www.siri-us.com/backgrounders/Archives_Kosovo/KLA-Dole-Kos-Res.150_6-86.html).

129. Andrew Cockburn, *Rumsfeld. His Rise, Fall, and Catastrophic Legacy*, New York, Scribner 2007.

adjoint auprès de Colin Powell tandis que Donald Rumsfeld devenait le tout-puissant secrétaire à la Défense, et Paul Wolfowitz son adjoint. Mais ce jeu de chaises musicales ne laissait pas présager à l'époque que l'administration républicaine ne tiendrait pas sa promesse de retirer ses troupes.

L'après Milosevic en Serbie

Le 7 octobre 2000, alors que Milosevic venait de reconnaître sa défaite Le Missionnaire nous avait envoyé un mail collectif de Belgrade :

La tentative de l'opposition de débaucher certains parlementaires monténégrins pour former une majorité gouvernementale de rechange a échoué. Sous réserve de confirmation, le prochain gouvernement yougoslave devrait donc être formé du SPS, le parti de Milosevic, son allié traditionnel YUL et les députés monténegrins du SNP de Momir Bulatovic. Se retrouverait-on alors dans une situation de double pouvoir ? Non, car celui du président est moins important que celui du gouvernement yougoslave, et moins important encore que celui du gouvernement serbe qui dispose de la majorité des budgets.

Dans le cadre de la nouvelle constitution adoptée par Milosevic, il misait encore sur les prérogatives du Parlement, où les socialistes étaient majoritaires. Mais c'était compter sans le pouvoir d'ingérence impressionnant des gouvernements occidentaux. Le même jour où Le Missionnaire nous écrivait, je recevais un communiqué du SPS indiquant que le siège du Parti avait été pris d'assaut à Kragujevac et que sa secrétaire Slavica Djukic-Dejanovic était enchaînée à une chaise et maltraitée pendant dix heures pour qu'elle annonce à la TV locale sa démission du SPS. Comme elle refusait, elle fut livrée à la foule qui la battit. À Nis le conseiller municipal socialiste Dragisa Vucic était battu à mort par ses collègues sur son lieu de travail. Le siège du SPS à Belgrade fut saccagé et incendié. Le même sort fut réservé à de nombreux sièges du parti en province. Dans les hôpitaux, les usines, les banques, les ministères, les responsables proches du SPS étaient licenciés. Les Occidentaux, quant à eux, maintenaient la pression : Hubert Védrine ministre des affaires étrangères français (la France présidait l'UE) rencontrait Vojislav Kostunica dès le 8 octobre et faisait lever l'embargo pétrolier. Le 11 octobre 2000, Pedrag Bulatovic, ex-allié monténégrin de Milosevic pressenti pour devenir premier-ministre (car la constitution imposant la présence d'un monténégrin à la tête du gouvernement yougoslave), s'engageait à former un gouvernement « acceptable par la communauté internationale ». Ce qui signifiait clairement que la souveraineté yougoslave était bel et bien morte.

Comme résultat de la campagne de terreur, et de la disparition de toute perspective politique face aux pressions européennes, le Parti socialiste de Serbie allait tomber à 13,76 % des suffrages, contre une majorité confortable de 64,08 % à l'opposition unie (la coalition DOS) aux élections législatives du 17 décembre 2000.

Devant l'alignement de la Serbie sur les attentes de l'OTAN et du FMI, le courant des radicaux belges fut lui-même en perte de vitesse.

Le Missionnaire, victime d'un grave problème de santé, qu'il imputait à l'uranium appauvri enterré dans le sol yougoslave, prit un congé de maladie fin octobre 2000, et annula la grande réunion des médias alternatifs qu'il comptait organiser à Bruxelles les 9 et 10 décembre (Yannis Varouchas et moi devions nous y rendre).

L'Appel de Bruxelles, l'initiative de Vladimir, s'enlisait dans les divisions. Vesna, qui avait été très active dans la collecte des signatures, refusa de le diffuser à la réunion de Serge Halimi le 12 novembre 2000 en tirant prétexte du fait que j'y avais ajouté une petite présentation non avalisée collégialement (des milliers d'exemplaires imprimés pour rien, quand on sait comme il était difficile de trouver des photocopieurs gratuits) – je n'en fus informé qu'après coup. Encore une de ces mille petites sources d'agacements qui gâchaient l'énergie militante et montraient que les détails prenaient le pas sur l'essentiel de part et d'autre.

Du reste beaucoup d'autres signataires avaient cessé de croire à cette initiative qui avait perdu de son sens depuis la chute de Milosevic. Seuls les Bruxellois espéraient encore qu'on pourrait mobiliser l'opinion sur un texte dénonçant la politique occidentale en Yougoslavie à l'heure même où les élites yougoslaves se ralliaient massivement au discours de l'OTAN. Vladimir comptait sur la fondation Franz Weber et Komnen Becirovic (donc la droite serbe, qu'il me poussa aussi à contacter pour son compte) afin de financer une conférence prévue pour le 23 mars 2001. Cela ne me plaisait guère. Chomsky ayant refusé de se rendre à cette réunion, cette conférence fut reportée *sine die*. Comble de l'humiliation ce noble Appel allait être éclipsé par un « Appel de Bruxelles pour une justice financière internationale »[130] en mai 2001, qui, lui, allait paraître dans toute la grande presse.

Symptôme aussi du ralentissement des ardeurs, Yannis Varouchas ne parvint pas à mettre sur pied l'International Criminal Court Watch (observatoire du Tribunal pénal international) qu'il envisageait de créer sur Internet. Tout le monde voyait bien que le TPIY serait l'arme de l'élimination des derniers hauts fonctionnaires et militaires hostiles au pouvoir pro-occidental en Serbie. Dès la chute de Milosevic, dans une tribune du journal *Le Monde* du 15 au 15 octobre 2000 (p. 15) intitulée « Serbie : devoir de vigilance », des intellectuels du lobby pro-musulman bosniaque et pro-albanais (l'Association Sarajevo et le Comité Kosovo) mettaient en demeure Belgrade de coopérer avec le TPIY. Rappelant que la Serbie était, selon eux, responsable « d'une politique d'agression et de purification ethnique », ces publicistes demandaient à l'Occident d'exiger de Belgrade la reconnaissance de l'intégrité de la Bosnie, le respect d'une résolution 1 244 du Conseil de sécurité de l'ONU interprétée dans les perspective de l'indépendance du Kosovo, qu'elle renonce à la tutelle sur le Monténégro, et qu'elle coopère avec le TPIY. La pression se maintint durant l'année qui suivit notamment du fait que ni Radovan Karadzic ni le général bosno-serbe Mladic ne s'étaient rendus. Dans un premier temps Yannis multiplia les contacts. Le 14 octobre 2000, nous prenions un thé chez lui avec le Dr Maritza Mattei qui jouissait d'un

130. François Gobbe et Raoul-Marc Jennard, futurs contributeurs de l'Atlas alternatif, allaient faire partie de ses signataires (http://www.arenes.fr/livres/pagelivre1.php?numero_livre=25&num_page=125).

grand respect dans les milieux serbes. Le samedi 20 janvier 2001, Yannis invita à nouveau Maritza Mattei[131] et Diana Johnstone, laquelle nous présenta pour l'occasion Christopher Black que j'ai mentionné plus haut à propos d'une conférence d'octobre 1999. Mais notre ami grec ne put passer à la réalisation de son site. J'avais pu vérifier moi-même avec *Résistance* combien c'était un travail fastidieux.

Dans les années qui suivirent, les événements allaient confirmer le rôle du TPIY dans la destruction du Parti socialiste de Serbie. En mars 2001, le parquet serbe entamait une série de poursuites contre ses leaders Le 23 mars 2001, le gouvernement serbe de Belgrade arrêtait et transférait au TPIY le serbe de Bosnie Milomir Stakic accusé de génocide, alors même que la loi de coopération avec le TPIY n'était pas finalisée. La procureure Carla del Ponte y voyait « le premier signe concret de coopération » de la part des autorités de Belgrade[132]. Ce n'était qu'un banc d'essai. Les médias occidentaux rappelaient l'exigence des puissances de l'OTAN : voir Milosevic incarcéré. Au début de la journée du 31 mars 2001, des commandos de la police serbe pénétraient dans la résidence de Slobodan Milosevic. Ils furent repoussés par les tirs de la protection spéciale accordée à l'ex-président après sa démission par le gouvernement yougoslave. Au terme de tractations, dans la nuit du 31 mars au 1er avril, Milosevic acceptait finalement de se rendre.

---

131. J'ai fait une interview d'elle puis elle est décédée le 28 juin 2002, consumée par les flammes dans une église orthodoxe

132. Communiqué de presse du TPI – JL/FH/P.I.S./581o du 23.3.2001 (http://www.un.org/icty/pressreal/p581e.htm).

Le 1er avril vers 4 heures du matin, l'ex-président était transféré à la prison centrale de Belgrade et mis en garde à vue pour 30 jours. Mme del Ponte, elle, dans une interview à une radio suisse, tablait sur une extradition avant la fin de l'année parce que le gouvernement yougoslave voulait d'abord juger M. Milosevic chez lui pour faits de corruption. Dans la journée du 1er avril 2000, le ministre de la justice serbe Vladan Batic prétendait encore devant les micros de *B92* que Slobodan Milosevic ne serait pas transféré au TPIY tant qu'aucune loi de coopération avec le TPIY n'était adoptée par le Parlement. Qu'à cela ne tienne. Dès l'arrestation de Milosevic, Florence Hartman porte parole du TPIY et ex-journaliste du *Monde* avait exigé le transfert de l'ex-président sans loi préalable. Le 4 avril le président du TPIY Claude Jorda écrivait aux autorités de Belgrade dans ce sens et, la semaine suivante, dépêchait M. Hans Holthius spécialement en Serbie pour confirmer son message tandis que Del Ponte écrivait au gouvernement serbe en vue d'obtenir la garantie écrite que M. Milosevic avait reçu en main propre son acte d'inculpation auTPIY. Belgrade croyait en avoir fait suffisamment pour satisfaire le TPIY et le ministre de la justice yougoslave Momcilo Grubac, pourtant favorable au TPIY, pouvait qualifier les lettres de Carla del Ponte d'« opérations de marketing »[133]. Il est vrai que, dans le courant du mois d'avril, Belgrade avait libéré 143 nationalistes albanais et inculpé 183 militaires et policiers pour violation des droits de l'homme au Kosovo en 1998 et 1999. Les Serbes pensaient

133. Slobodan Milosevic may be behind bars, but he continues to threaten Balkan stability – Mirko Klarin comments from The Hague (TU 218, April 23-28, 2001).

qu'au pire le TPIY pourrait siéger à Belgrade, dès lors que la constitution yougoslave (comme tous les systèmes juridiques dans le monde) interdisait que le pays extrade ses propres ressortissants. Mais l'Union européenne et les USA continuaient d'exiger l'envoi de Milosevic à La Haye comme condition préalable au versement effectif de l'aide économique.

Le 4 juin *CNN* faisait encore état des blocages du Parti monténégrin membre de la coalition gouvernementale yougoslave qui déniait à la fédération yougoslave la compétence pour voter une loi de coopération avec le TPIY, préalable indispensable à un éventuel transfert des inculpés. Le 23 juin 2001, le cabinet yougoslave approuvait par 8 voix contre une – les ministres du Parti socialiste populaire du Montenegro ayant refusé de siéger – un décret d'extradition de M. Milosevic sans loi de coopération préalable.

Les agences occidentales titraient : « *Up to $1 billion in reconstruction money and rescheduling of much of the country's nearly $12 billion in foreign debt are to be discussed next week at the donors' conference in Brussels.* »[134] Le 26 juin 2001, 10 000 Belgradois manifestaient contre l'extradition de Milosevic. Les manifestations se poursuivirent les jours suivants. Le 28 juin 2001, la Cour constitutionnel le saisie par les avocats de Milosevic demandait quinze jours pour examiner la constitutionalité du décret d'extradition. Le ministre de l'intérieur yougoslave Zoran Zivkovic accusait la

134. Une aide financière à la reconstruction jusqu'à 1 milliard de dollars et un rééchelonnement de la dette extérieure du pays de près de 12 milliards de dollars seront discutés la semaine prochaine à la conférence des donateurs de Bruxelles.

cour de vouloir protéger l'homme qui l'avait nommée et annonçait que le gouvernement yougoslave outrepasserait la demande de cette institution. Zoran Djindjic poussait à l'extradition. Kostunica rappelait la nécessité de respecter l'état de droit, en vain… Dans la nuit du 28 au 29 Milosevic était « extradé » clandestinement, en violation des règles de souveraineté qui font que seul un étranger habituellement peut l'être.

Le 29 juin 2001, la BBC annonçait « *Milosevic extradition unlocks aid coffers* » (l'extradition de Milosevic débloque les coffres)

Comme me le dit un jour plaisamment Yannis, c'était la première fois qu'on sut la valeur marchande d'un ex-président.

L'infatigable Vladimir nous[135] adressa, le samedi 30 juin 2001 dans l'après-midi, un texte cosigné par Le Scientifique et Georges Berghezan :

MILOSEVIC AU TPI : NON À UN ODIEUX MARCHANDAGE

Ceux qui sont attachés à un minimum de décence dans la pratique des relations internationales ne peuvent qu'être choqués

135. Parmi les destinataires, outre Frédéric Delorca, on trouvait les correspondants habituels : Marc-Aurèle, L'Écrivain engagé, François Houtart, Diana Johnstone, Le Missionnaire, La Militante Pantinoise, Serge Halimi, Boris, et une douzaine d'autres personnes principalement belges que je ne connaissais pas, avec pour mission implicite de le diffuser autour de nous. Le choix de ces deux douzaines de signataires était assez révélateur de ce que pouvait représenter encore à cette époque-là, aux yeux de Vladimir, le « noyau dur » des vecteurs potentiels des messages qu'il entendait délivrer sur la Yougoslavie.

devant l'indigne spectacle ayant abouti à l'extradition de l'ancien président élu de la Yougoslavie Slobodan Milosevic au Tribunal Pénal International et ce dans le cadre d'un marchandage consistant à conditionner une aide économique au diktat des États-Unis exigeant cette extradition.

Pour ce faire, les grands décideurs internationaux n'ont pas hésité à obliger le gouvernement de Belgrade à violer de multiples manières sa propre légalité et à adopter une conduite digne de la plus servile des républiques bananières.

Notre rejet total de ces comportements gravement antidémocratiques n'implique aucune adhésion aux pratiques politiques de l'ancien président. Il signifie, par contre, notre refus d'une hypocrisie institutionnalisée consistant en une tentative d'occultation des responsabilités occidentales dans la désintégration de l'ancienne République fédérative socialiste de Yougoslavie et dans la tragédie qui s'ensuivit, en faisant de l'ancien président un bouc émissaire diabolisé sur mesure.

Son extradition sert aussi à banaliser le crime que nos armées ont commis en bombardant un pays après que nos diplomaties aient monté, à Rambouillet, une mascarade de négociations. Et tout cela en violant les principes les plus élémentaires du droit, les chartes fondatrices des organismes internationaux et les conventions de guerre.

Non, nous n'acceptons pas que ces gens-là, qui ont piétiné toute légalité, puissent prétendre aujourd'hui s'ériger en référence morale de la démocratie et du droit. C'est dans ce sens-là, et seulement dans ce sens-là, que nous manifestons notre totale opposition aux honteuses pressions qui on conduit à livrer Slobodan Milosevic à un tribunal dépourvu de toute légitimité.

Bruxelles, juin 2001

Boris nous fit savoir (le 1er juillet) qu'il soutenait cette initiative, bien que, hélas, à Belgrade, il fût très isolé (même au sien, des groupes qu'il animait : le Belgrade Left Libertarian Group, et Initiative for Economical Democracy).

Ce texte était très conforme à l'esprit de l'Appel de Bruxelles. Le Scientifique nous l'avait déjà adressé la veille au soir (à Marc-Aurèle, avec copie pour moi et Diana) en ajoutant que c'était une pétition « très neutre ».

Certains de mes amis serbes de France m'ont dit après coup que, à l'annonce de l'arrestation de Slobodan Milosevic, ils ont été tout retournés, même s'ils n'avaient pas approuvé le politique du président socialiste yougoslave : à cause de la manière humiliante dont tout cela s'était passé, comme si la Serbie était devenue une colonie.

À partir de l'extradition de Slobodan Milosevic, le seul enjeu à Belgrade fut la définition des modalités de coopération entre la République fédérale de Yougoslavie et le TPIY, c'est-à-dire des modalités d'extradition d'autres cadres de l'armée et de l'État, ces institutions et leur image étant désormais entre les mains des procureurs occidentaux... Toute tentative de résistance de la part des Serbes signifiait l'arrêt de l'aide économique, l'étranglement financier. La souveraineté de ce peuple qui avait si souvent témoigné de son sens de la dignité et de la résistance était virtuellement suspendue. Le procès de Milosevic, quant à lui, mis en scène par le tribunal de La Haye, allait surtout permettre à l'accusé de démontrer, au grand dam des intellectuels occidentaux, l'inanité des accusations portées contre lui. J'ai moi-même non seulement lu quelques très longs procès-verbaux d'audiences sur Internet, mais je me suis rendu à La Haye le mercredi 22 mai 2003, pour assister à une audience qui se passait dans une sorte de salle-aquarium, derrière une vitre, en présence d'une douzaine de journalistes. J'y ai découvert un Slobodan Milosevic assez médiocre, qui parlait un langage soporifique de bureaucrate, mais qui avançait des arguments très raisonnables – il avait bien étudié ses dossiers –. Face à lui, un tribunal des plus lamentables, avec des juges qui posaient rarement les bonnes questions. Le témoin du jour était un enseignant français soi-disant spécialiste des médias serbes, qui manifestement connaissait aussi bien la Yougoslavie, que je connais la géologie du Swaziland (c'est-à-dire pas du tout). Tout cela eut pu prêter à rire si ce tribunal n'avait entre les mains les clés de l'écriture de l'histoire « officielle » des guerres balkaniques des années 1990. Finalement Slobodan Milosevic allait périr dans ses geôles dans des conditions très discutées le 11 mars 2006 (la thèse de l'empoisonnement fut longtemps défendue, non sans quelques arguments troublants). A fortiori le TPIY allait se garder de faire condamner les responsables des crimes de guerre de l'OTAN, comme Westley Clark ou Javier Solana par exemple.

Certes des partisans de ce tribunal fantoche diront que le TPI a aussi poursuivi quelques criminels de guerre croates et musulmans de Bosnie – mais il l'aura fait toujours avec un temps de décalage par rapport aux poursuites contre les Serbes, et en leur infligeant des peines plus légères. Surtout il n'a jamais cherché à destructurer l'appareil politique des autres pays balkaniques comme il le fit avec la Serbie. Songez que pour l'entrée de la Croatie dans l'Union européenne l'Autriche obtint que la coopération avec le TPI ne fût plus posée comme condition de l'adhésion comme elle l'était pour la Serbie. En outre, quand, sous la pression de certaines associations, le tribunal daigna enfin inculper des leaders albano-kosovars, il prit soin d'épargner Hashim Thaci et Agim Ceku, qui étaient pourtant des chefs de guerre de l'UCK directement impliqués dans les exactions. Ce « tribunal-kangourou », comme on l'appelait, arrêta l'ancien premier ministre albanais du Kosovo, Ramush Haradinaj… et lui permit de rentrer au Kosovo aux vacances de noël 2007 (tandis que la MINUK l'autorisait à poursuivre ses activités politiques à la tête du parti Alliance pour le futur du Kosovo), pour finalement l'acquitter en 2008. Le leader nationaliste serbe Vojislav Seselj, qui lui s'était rendu volontairement à La Haye, fut loin de bénéficier d'un pareil traitement de faveur. *Le Monde* allait reconnaître le 25 décembre 2007, que le TPI n'avait pas les moyens de faire condamner les dirigeants albanais qui bénéficaient de la protection états-unienne[136] –. L'amertume du procureur du TPIY devant l'immunité des dirigeants albanais allait s'exprimer dans le livre de Carla Del Ponte, *La Chasse, moi et les criminels de guerre*[137], dans lequel elle accuse l'UCK d'avoir fait du trafic d'organes de prisonniers serbes kidnappées au Kosovo en 1999. Quel que soit le bien fondé des accusations qu'elle porte dans son livre (un livre qui d'ailleurs lui a valu des ennuis personnels), le fait que cette magistrate ait dû choisir finalement l'enquête journalistique pour dénoncer les pires

136. « *Certains évoquent « un dossier bâclé», y voyant une conséquence des soutiens américains et britanniques à Ramush Haradinaj jusque dans les couloirs du TPIY* » (« La permission de Noël d'Haradinaj illustre les revers du TPIY sur le Kosovo » Le Monde 24 décembre 2007).

137. Carla Del Ponte, *La caccia, Io e i criminali di guerra*, (La Chasse, moi et les criminels de guerre), Milan, Feltrinelli, 2008.

crimes des nationalistes albanais sur lesquels elle était restée muette dans le cadre de ses fonctions au TPIY en dit long sur la crédibilité de cette institution.

Pour revenir à l'année 2001, il faut encore ajouter que le site *Résistance*, lui aussi, fut emporté par l'alternance serbe. Boris n'avait plus d'inspiration pour y écrire, Marina plus de temps pour la maintenance technique. Le Serbe originaire de Jagodina que j'avais rencontré en juin 1999 me proposa de poster mes nouvelles alternatives sur son propre site avant de fermer lui-même ledit site sans même me prévenir.

La véritable bénéficiaire, dans la mouvance de gauche, de cette transition, fut Françoise Rhizome.

Dès le 8 octobre 2000, elle avait refusé de signer l'Appel de Bruxelles. Son désaccord provenait, sans surprise du fait que l'Appel ne condamnait pas explicitement Milosevic (toujours sa manie du ni-ni[138]) et, plus étonnamment, de la référence à l'Annexe B des Accords de Rambouillet (sur l'occupation de la Serbie par l'OTAN) dont elle niait l'importance. Elle terminait néanmoins son mail en appelant à « *faire*

138. Voir notre note n° 37 ci-dessus. Même Bourdieu, si influent chez les trotskistes au tournant des années 2000, dans son dernier cours au Collège de France auquel j'assistai, allait reconnaître que sa sociologie était très « ni-ni » et donc assez petite-bourgeoise (il employa lui-même ces termes). Le ni-nisme, refus obstiné de toute option de changement concrète au profit de troisièmes voies chimériques, va souvent de pair avec le paternalisme, fuite en avant vers le secours aux petits peuples, qui donne l'illusion d'échapper aux logiques des grande puissances, et de la puissance en général (d'où le goût de la Ligue communiste révolutionnaire pour le sécessionnisme de ces peuples, même lorsqu'il est sponsorisé par la CIA).

converger des initiatives de ce type... »[139]...mais sur la base de ses propres positions.

Le lundi 27 novembre 2000, elle présentait son dernier livre sur les Balkans au siège de l'association de la veuve de François Mitterrand *France Liberté* dans une ambiance très parisianiste (avec beaucoup de jeunes gens membres de missions humanitaires) sous une célèbre affiche du camp de Trnpolje dont Jared Israel (dont j'avais vu la vidéo 9 jours plus tôt) avait dénoncé le détournement. Un ami serbe venu avec moi ce soir-là me dit avoir pris cette affiche comme une nouvelle agression antiserbe. Le jeudi 14 décembre 2000 son ouvrage était très officiellement présenté à Belgrade en présence de son auteur dans le cadre du « Centre pour la décontamination culturelle » qui réunissait tout ce que la nouvelle Serbie comptait d'intellectuels supporters de l'OTAN. Boris me raconta dans un mail l'ambiance de cette soirée mémorable.

Le 5 janvier 2001 Rhizome organisait à Paris une réunion de coordination spécialement destinée à l'Europe de l'Est. Boris et de Sandra Ljubinkovic[140] y assistaient au nom du Belgrade Initiative Against Corporate Globalization (une création de Boris). ATTAC avec ses 26 000 adhérents pesait

---

139. Le Missionnaire, lui, avait par avance tiré toutes les conclusions de l'impossibilité de travailler avec elle. À ma question : *« [Rhizome] sera-t-elle présente à la conférence des médias alternatifs ? »* Il avait répondu le 12 octobre : *« Non. La conférence est large, mais pas au point d'inclure ceux qui ont joué la carte anti-serbe et aidé l'Otan, consciemment ou non. Je n'ai aucun problème à débattre avec elle. Mais pour une réunion de travail et de coopération, si on va trop large, on ne fera que discuter les divergences, et avec elle je ne vois pas d'accord possible. »*

140. La veille je prenais un verre avec Boris et Sandra chez Françoise.

d'un poids économique et politique certain. Françoise Rhizome avait insisté auprès d'Hubert Védrine pour obtenir le visa de Boris. Ses réseaux étaient considérables. Et elle s'entendait y compris avec les ONG interventionnistes de la Commission européenne – pendant le séjour de Boris elle se rapprocha d'une employée de « Transeuropéennes – réseau pour la culture en Europe », (un démembrement de l'Union européenne directement dirigé par la commissaire et ex-ministre radical-socialiste Catherine Lalumière) dont la mission première était de former les élites de l'Europe de l'Est (c'est-à-dire de leur inculquer la pensée Sciences-Po) : une fille qui critiquait beaucoup Bourdieu et se vantait de ses liens avec des étudiants albanais. Le sens très éclectique des alliances qu'avait Rhizome allait lui permettre de devenir la porte-parole du point de vue « altermondialiste » sur l'ensemble de l'Europe de l'Est. Marc-Aurèle, que j'avais rencontré au printemps 2000 grâce à l'Écrivain engagé, gâcha beaucoup de son crédit auprès des milieux parisiens en tentant de critiquer les thèses de Françoise Rhizome dans la mouvance du *Mensuel de gauche* qui faisait confiance à son « expertise ». Mes propres rapports personnels avec elle se détériorèrent définitivement à partir de février 2001.

J'allais la revoir une dernière fois au Forum social européen de Saint-Denis-Ivry-sur-Seine le vendredi 14 novembre 2003 où elle ne me tutoyait plus. Elle affichait en revanche des relations d'amitié ostentatoire avec un membre du parti de Zoran Djindjic à l'heure où celui-ci privatisait à tout va en Serbie. Boris et moi avions invité Diana Johnstone pour faire contrepoids, mais je ne suis pas sûr que le public ait saisi les subtilités de nos dosages.

Dans les Balkans les problèmes perduraient. Les nationalistes albanais de l'UCK ouvrirent un nouveau front en Macédoine où le gouvernement légal réagit avec la même fermeté que le gouvernement serbe dans les années 1990 (ce qui allait aussi lui valoir une inculpation devant le Tribunal pénal international en 2007, mais à un moment où l'opinion publique ne s'y intéressait plus). Les nationalistes albanais jouirent pendant plusieurs mois du regard bienveillant de la grande presse occidentale. Dans un article paru dans *Le Monde* du 18 mars 2001 intitulé « Les pays voisins s'inquiètent d'une possible déstabilisation de la petite République » Daniel Vernet s'évertuait à dénoncer la responsabilité de Milosevic – qui pourtant n'avait jamais gouverné la Macédoine. Il fallut deux mois de guerre et de massacres d'innocents pour que le quotidien vispéral en vienne à écrire noir sur blanc à propos des nationalistes albanais : « *Leurs revendications ne justifient aucunement la révolte armée qu'une minorité d'entre eux a déclenchée contre la majorité slave du pays. L'UCK macédonienne n'est pas crédible quand elle assure ne demander qu'une fédéralisation du gouvernement. Avec l'aide de l'UCK kosovare, elle veut une partition de la Macédoine* » (éditorial du 22 juin 2001). L'accord de paix d'Ohrid signé en août 2001 sous la pression occidentale permit aux Albanais même dans des régions où ils étaient minoritaires de disposer d'un accès privilégié au self government. Du reste des manifestations de rue très insistantes empêchèrent pendant des semaines le Parlement macédonien de le ratifier. Il fallut même que l'Occident use d'un odieux chantage à l'aide économique (comme il l'avait fait avec la Serbie) pour obtenir cette ratification (B 92 – novembre 2001). Des sources très précises firent même état d'un soutien militaire américain à l'UCK macédonienne[141]. Cette nouvelle crise encouragée par les Occidentaux nécessita en tout cas, comme au Kosovo et en Bosnie, l'envoi de troupes de l'OTAN qui, aux frais du contribuable européen, allaient être ensuite remplacés par des Allemands, des Britanniques et des Français sous le drapeau de l'UE, dans une logique d'occupation néocoloniale à durée indéterminée.

En Serbie, où le décollage économique se faisait attendre, l'assassinat du Premier-ministre Zoran Djinjic le 12 mars 2003 allait ouvrir la voie à une nouvelle répression des forces de gauche, au point que même le Conseil de l'Europe et l'ONU s'en inquiétèrent[142] – Boris d'ailleurs à ce moment-là partit quelques semaines « au vert » aux îles Canaries après qu'un membre de sa mouvance anarchiste ait été placé en garde-à-vue. L'accroissement des inégalités et des frustrations patriotiques permettait au Parti radical (extrême droite) de Vojislav Seselj de devenir le premier parti de Serbie, tandis que la droite pro-occidentale du parti de Djindjic et les patriotes modérés du parti de Vojislav Kostunica étaient obligés par les Occidentaux à s'entendre.

Le 17 mars 2004 des pogroms anti-serbes éclataient dans diverses localités du Kosovo, rejouant le scénario de juin 1999. À Kosovska Mitrovica notamment une marée d'Albanais

141. Notamment le journal allemand « Hamburger Abendblatt » du 28 juin 2001.

142. Richard Towle, chef du Haut commissariat des droits de l'homme de l'ONU à Belgrade dénonça la loi d'exception qui fixait le délai de garde à vue à 30 jours (B92 16 avril 2003). Au total plus de 7 000 personnes furent arrêtées (*The Nation* 17 avril 2003 http://www.thenation.com/doc/20030505/whitmore/3).

forçait les points de contrôle de la KFOR et pénétrait dans la partie non albanaise de la ville. Des affrontements éclatèrent, des pierres commencèrent à voler de part et d'autre, des coups de feu furent tirés. Soldats de l'OTAN et policiers de l'ONU firent alors usage de gaz lacrymogènes et de balles en caoutchouc. Il fallut plusieurs heures à la KFOR pour s'interposer et reprendre le contrôle du pont qui reliait les deux parties de la ville, disaient les dépêches. En fait, sur l'ensemble du Kosovo ce fut globalement la même passivité pro-albanaise des troupes de l'ONU qui fut constatée et d'ailleurs dénoncée. Amnesty International en juillet 2004 pointa notamment un cas cité dans la presse allemande : les troupes allemandes basées au sud-est du Kosovo, qui ont laissé brûler le monastère des Saints-Archanges, un édifice du XIVe siècle. « Quelque 200 manifestants ont envoyé une délégation tenant un drapeau blanc auprès des Allemands pour leur dire qu'il ne leur arriverait rien de mal et que « nous voulons seulement brûler le monastère ». Les soldats de la Kfor ont évacué six moines et leurs deux visiteurs dans des véhicules blindés. Le monastère a été brûlé. » Le second implique les forces françaises. Des témoins oculaires interrogés par Amnesty ont rapporté les événements qui ont abouti au saccage complet, par des colonnes de manifestants albanais du village serbe de Svinjare, situé à 500 m de la base de la Kfor française de Belvedere, au sud de Mitrovica. « *Le personnel français de la Kfor est arrivé avec des traducteurs et un bus et a évacué les 200 Serbes du village vers leur camp où ils ont pu assister à l'incendie de leurs maisons et au pillage de leurs biens tandis que la Kfor ne faisait rien pour repousser les assaillants.* »[143]

---

143. *Libération* 8 juillet 2004.

Le Kosovo est resté comme une sorte d'épine dans le talon de l'Europe qui n'a cessé de payer ainsi son soutien inconditionnel – sous l'influence américaine – à la faction la plus extrémiste du nationalisme albanais. Celle-ci en 2007 encore réclamait à cor et à cri l'indépendance, mais cette fois face à une Serbie mieux soutenue par la Russie qu'elle ne l'avait été en 1999, et dans un monde plus lucide sur le pouvoir de nuisance des puissances occidentales – lesquelles pourtant continuent à se comporter avec une arrogance imbécile et cynique dans les Balkans[144], avec le soutien servile de la grande presse.

La promesse faite aux nationalistes albanais de reconnaître unilatéralement leur indépendance sans l'accord des Nations-Unies menaçait désormais de faire voler en éclat toutes les frontières en Europe : à commencer par celles de la Bosnie-Herzégovine et de la Macédoine. Et l'utopie d'une « Europe sans frontière », à l'heure où même la Belgique était sur le point d'éclater, ne permettait plus d'envisager une heureuse solution à cet immense chamboulement. Des pays de l'Union européenne qui avaient été récemment touchés par des problèmes ethniques comme l'Espagne et la Roumanie ne s'y trompèrent pas et refusèrent dans un premier temps la reconnaissance unilatérale (la grande majorité des pays membre de l'ONU allaient suivre leur exemple). D'autres comme la France, la Grande-Bretagne et les Pays-Bas, croyaient sans doute pouvoir imposer une « exception kosovare » tout en

144. Voir par exemple l'envoi de 2000 policiers et juristes au Kosovo par l'Union européenne (on devrait dire l'Empire européen) en décembre 2007, sans l'accord ni de la Serbie (nominalement encore souveraine sur cette province), ni de l'ONU (titulaire du mandat de pacification).

achetant la paix auprès des autres peuples, mais pour combien de temps ? Qui pouvait exclure que, dix ans plus tard, la Chine et l'Inde ne reconnaissent pas l'indépendance de la Catalogne ou celle du Pays de Galles, et que le jeu des reconnaissances unilatérales tous azimuts ne sèmerait pas un chaos définitif dans les relations internationales ?

Mais il est clair que pendant toute la première moitié des années 2000 – avant le rebondissement de 2007-2008 – l'épicentre des débats politiques ne se situa plus dans les Balkans, ce qui permit largement de dissimuler aux yeux de l'opinion publique toutes les absurdités et les crimes entraînés par la guerre de 1999.

Reprenons donc ici notre récit chronologique.

Le 11 septembre 2001

Le mardi 11 septembre 2001 on apprit que trois avions civils s'étaient écrasés contre les tours jumelles du World Trade Center à Manhattan (New York), et le Pentagone, siège du ministère de la Défense des États-Unis, à Washington, tandis qu'un quatrième avion s'était écrasé en rase campagne à Shanksville (Pennsylvanie). L'attaque causa la mort de 2 595 personnes, dont 343 sapeurs-pompiers. Elle fut imputée à l'organisation terroriste Al Qaida (La Base) financée par le milliardaire saoudien Oussama Ben Laden (qui avait combattu les Soviétiques en Afghanistan avec le soutien des États-Unis), et inspirée par l'idéologie salafiste (un courant idéologique islamistes intégriste).

En ce qui me concerne, le 11 septembre j'étais à Paris, pris par un délicat problème d'ordre privé. Florence me téléphona dans l'après-midi pour m'annoncer que la télévision diffusait en boucle des images étranges dignes d'une fiction. L'événement, dont le bilan rapporté à la population des États-Unis, était pourtant proportionnellement moindre que celui du bombardement de la Serbie par l'OTAN, provoqua un déluge de commentaires pathétiques, dans une ambiance totalitaire digne d'Orwell. Tous les médias ne parlèrent plus que de cela. Partout la compassion avec les États-Unis devint le mot d'ordre officiel, même à la Fête de l'Humanité où, paraît-il, les communistes firent une minute de silence. Les collectes au profit des pompiers new-yorkais firent florès. Et avec ça, toute la paranoïa terrible : renforcement des équipes de vigiles dans les trains, les supermarchés, fouilles à tout bout de champ. La bêtise du système répressif américain étendue au monde entier. « *Nous sommes tous Américains* » allait titrer Jean-Marie Colombani dans l'éditorial du *Monde* du 13 septembre 2001.

Si beaucoup ont pleuré, plus d'un ont aussi sauté au plafond de joie. Je me souviendrai toujours, de ce jeune Noir qui le 12 septembre à Beaubourg, au fond de la bibliothèque, confiait à un étudiant avec des airs de résistant clandestin : « *Moi je te le dis franchement, pour moi ces attentats c'est un don de Dieu. C'est si bien fait, si juste, ça ne peut venir que de Dieu* ». Boris me dit que dans les rues de Belgrade des gens chantaient et appelaient Ben Laden « Miladin » (qui est un prénom serbe). L'équipe de football belgradoise Obilic aussi fredonna « Oussama, Oussama » devant une caméra de télévision, ce qui lui valut d'être exclue d'une compétition internationale. C'était un peu la revanche de tous les opprimés.

Noam Chomsky eut une remarque très juste dans une interview en date du 15 novembre à propos des grilles de lecture occidentales :

« Le Soudan est un cas intéressant. Des missiles de croisière ont détruit une usine de pharmacie, qui se trouvait produire à peu près 90 % des médicaments essentiels du pays, et aussi apparemment la totalité de ses médicaments pour les animaux. L'Occident est prêt à admettre que deux ou trois gardiens de l'usine ont été tués, c'est le "dommage collatéral". Mais quels furent les effets sur la population d'un pays africain pauvre ? Que se passe-t-il quand on détruit ses approvisionnements pharmaceutiques et ses médicaments pour animaux ? Le pays est sous sanctions et ne peut si facilement obtenir ces médicaments ailleurs (le gouvernement britannique par exemple a refusé de fournir au Soudan des médicaments anti-malaria après ça).

Il n'y a eu pratiquement aucune tentative d'évaluer les effets de l'attaque. L'ambassade d'Allemagne au Soudan a publié une estimation (je ne sais pas comment ils l'ont eue) ; l'ambassadeur a dit qu'il en résultait sans doute des dizaines de milliers de morts. Un spécialiste qui a enquêté sur le sujet est le coordinateur d'une importante ONG, la vieille et respectable Middle EastFoundation. Ses estimations sont aussi des dizaines de milliers. Il n'a pas pu faire une étude precise ; c'est une estimation sur la base de ce qu'il a vu.

Regarder CNN et la BBC est horrible. Quand ils parlent du 11 septembre il y a un sentiment justifié d'horreur. "Comment des êtres humains peuvent-ils descendre si bas ?" demandent-ils à juste titre. Quand ils parlent de la crise humanitaire en Afghanistan il y a par contre des phrases froides, dépassionnées, sans commentaire particulier : "malheureux", "terrible mais nécessaire" (dans The Economist*), ça fait partie d'une guerre juste. C'est un événement normal de l'histoire moderne. Il est parfaitement normal pour les puissances européennes et les États-Unis de massacrer des gens »* [145]

C'était là en effet le fond du problème : que la mort de citoyens états-uniens puisse causer tant d'émotion médiatique, quand celle des civils soudanais, serbes, palestiniens,

---

145. « *Sudan is an interesting case. A few Cruise missiles destroyed a pharmaceutical factory, one that happened to produce half the pharmaceutical supplies for the country, about 90 per cent of its critical medicines, and also apparently almost all its veterinary medicines. The West is willing to accept the fact that two or three guards were killed ; that is collateral damage. But what were the effects on the population of a poor African country ? What happens when you destroy half its pharmaceutical supplies and its veterinary medicines ? The country is under sanctions so cannot easily obtain these medicines elsewhere (the British government, for instance, refused to provide anti-malarial medicines to Sudan after thishappened)./There have been virtually no attempts to estimate the effects of the attack.The German Embassy in Sudan issued an estimate (I don't know how they obtained it) ; the Ambassador said that his guess was several tens ofthousands of deaths. One specialist who investigated the matter is theregional coordinator for a major NGO, the old and respectable Middle EastFoundation. His estimate is tens of thousands. He could not do a carefulstudy ; it is a guess based on what he has seen./Watching CNN and BBC is horrifying. When they talk of September 11 there is justified outrage and shock. "How can human beings sink to such a level ?" they ask, rightly. When they talk about the humanitarian crisis in Afghanistan it is in a few cool, dispassionate phrases, with no particular comment : "unfortunate", "heart-rending but necessary" (that's* The Economist*), part of a just war. In a way they are right. This is a normalevent in modern history. It is entirely normal for the European powers and the United States, an offshoot, just to massacre people.* » http://www.chomsky.info/interviews/20011115.htm 11 novembre 2001 Chomsky In First Person, Noam Chomsky interviewed by V. K. Ramachandran.

afghans laissait tout le monde indifférent. Le droit égal de tous les humains à la vie, à la paix, à la sécurité, à la souveraineté était foulé au pied par cette priorité accordée à la « solidarité » avec le peuple américain.

Au milieu de cette turbulence émotionnelle, mes contacts anti-impérialistes cherchèrent très tôt des explications rationnelles à cet étrange événement, et à en évaluer les conséquences prévisibles.

Boris nous écrivit à moi et au Scientifique (je ne saurais interpréter le fait qu'il nous ait choisis comme les deux seuls destinataires de ce mail) le 11 septembre à 6 h 37 de l'après midi :

À mon avis ce pourrait bien être une tentative des Israéliens de détourner l'attention de la lutte des Palestiniens et d'ouvrir la voie à une sorte de « solution finale du problème palestinien ». Ce n'est qu'une intuition sur la base d'informations que j'ai qui pourraient être dépassées. Mais cela reste une option, je crois. Il est un peu étrange, et je pèse mes mots, que cette tragédie (et c'en est une pour les vies des civils) puisse arriver aux États-Unis si facilement. Je me demande si ce n'est pas une sorte de prétexte pour quelque chose[146]

Ce à quoi Le Scientifique répondit le même jour :

Je crois que les Israëliens aimeraient bien trouver un moyen d'expulser les Palestiniens, mais je ne pense pas que l'attaque soit

---

146. *My opinion is that this could easily be an attempt of Israelis to divert the attention from palestinian struggle, and to make space for some « finalsolution of palestinian problem ». It is a mere guesswork, made upon theinformatons I have which might be outdated. But it remains an option, Ithink. It is a bit strange, to say at least, that this tragedy (and it is atragedy, speaking of civilian lifes) could happen in the US so easily. I wonder if it is not some sort of pretext for something.Regards.*

due à cela. Pourtant c'est assez étrange. Soit il y a une conspiration de l'intérieur, comme l'assassinat de Kennedy, ou alors les services de sécurité sont remarquablement inefficaces. En tout cas, ce sera une mauvaise chose à court terme : les États-Unis seront en mesure de jouer le rôle de la victime. Mais nous devons tous contreattaquer – déplorer les morts, mais souligner que la politique agressive des États-Unis est à la racine du problème.[147]

Dans la même veine, le Comité Halte à l'OTAN qui avait été actif pendant la guerre de Yougoslavie se réunit (ce fut la dernière réunion de son histoire) le mercredi 26 septembre 2001 à 17 heures, ce qui me permit de rencontrer Pierre Lévy, qui travaillait déjà à l'époque pour le journal *Bastille-République-Nation* (sorti pour la première fois en janvier 2001). J'allais surtout le connaître quelques années plus tard. Mais peu de choses en sortirent sauf la rédaction d'une déclaration.

L'opinion fut mobilisée non seulement contre les islamistes, mais encore contre tout ce qu'on assimilait à de l'anti-américanisme, notamment le mouvement « anti-mondialisation » (ainsi l'appelait-on encore en 2001). Les États adoptaient des

147. « *I think the Israelis would be quite happy to find a way to expel thepalestinains, but I dont think the attack is due to that. Although, it isquite strange ; either there is some conspiracy from inside, like probablyin the kennedy assassination, or their security services are remarkablyineffective. In any case, it will be a bad thing in the short run: the US will be able to play the role of victim. But we have to all fight back-deplore the killings but point out that the aggressive US policy is at theroot of the problem.* » Au moment de la relecture des épreuves du présent ouvrage, Le Scientifique a ajouté : « *Pour Kennedy, on peut avoir des doutes, mais je ne suis pas sûr qu'il y ait eu conspiration. En ce qui concerne le 11 septembre, je suis convaincu de l'inefficacité des services de sécurité étatsuniens.* »

mesures sécuritaires en série qui ne visaient pas exclusivement les islamistes (en France : autorisation d'accès au contenu des mails, autorisation de fouilles par des vigiles ordinaires, et même imposition d'un régime de déclaration pour les *rave parties* que le Parlement avait repoussé précédemment).

Pendant plusieurs semaines beaucoup de gens crurent sincèrement que nous basculions dans un monde de cauchemar, dans lequel il deviendrait impossible de prendre l'avion ou même le train sans risquer sa vie. Même dans mon village d'enfance, dans le Sud-Ouest des vieilles dames pensaient que Ben Laden était susceptible d'y poser des bombes.

Il est vrai que le sensationnalisme médiatique favorisait cette psychose. Ainsi lorsque l'usine chimique AZF explosa accidentellement à Toulouse en France le 21 septembre 2001, nombre de journaux favorisèrent en premier lieu l'hypothèse terroriste[148].

Il fonctionnait aussi comme un pousse-au-crime ou pousse-au-suicide auprès de certains déséquilibrés. Le 11 octobre 2001 un monomoteur s'écrasait contre le 21e étage d'un immeuble de 50 étages d'un quartier de Manhattan. Le 19 avril 2002 un avion de tourisme s'écrasait contre une tour de Turin. Chaque fois ce fut l'occasion pour les médias de poser la question : est-ce un attentat islamiste ?

Le 18 septembre 2001, deux lettres contenant de l'anthrax étaient envoyées au journal *New York Post* et à *NBC News.*

---

148. « La proximité du 11 septembre à New York a tout de suite fait songer à un attentat » reconnaissait *Libération* du 24 septembre 2001 par exemple. Certains auteurs aujourd'hui encore du reste croient en l'hypothèse d'un attentat, mais pas commandité par des islamistes.

Deux autres étaient adressées à deux sénateurs démocrates le 9 octobre. Cinq personnes moururent de l'inhalation de leur contenu. Tout de suite, la piste proche-orientale fut privilégiée par les enquêteurs : le spectre d'une guerre bactériologique menée par Al Qaida ou l'Irak complétait à merveille le choc provoqué par les attentats. Le *Guardian* du dimanche 14 octobre 2001 titrait : « L'Irak "derrière les diffusions d'anthrax" aux États-Unis » [149]. Mais dès le mercredi 28 novembre 2001, le magazine de Greenpeace-Allemagne annonçait qu'une fuite provenant d'un membre de la délégation américaine à la conférence sur les armes biologiques de l'ONU à Genève avait révélé que les germes provenaient sans doute d'un laboratoire travaillant pour l'armée américaine[150]. *Associated Press* le 19 décembre 2001 confirma la réorientation de l'enquête vers des pistes intérieures.

Le rideau de fumée médiatique autour de l'anthrax permit de faire passer le *Patriot Act*, voté par le Congrès des États-Unis et signé le président George W. Bush le 26 octobre 2001. Cette loi d'exception était adoptée pour quatre ans (mais elle fut renouvelée en 2005, et complété par un *Patriot Act II* en novembre 2003). Elle autorisait notamment la mise sur écoute de tout appareil de communication utilisé par toute personne en rapport, de près ou de loin, avec un présumé terroriste. Elle prévoyait également que toute intrusion non-autorisée dans un système informatique pouvait être assimilée à un « acte terroriste ». Le FBI, sous contrôle d'une juridiction spéciale confidentielle, était autorisé à instal-

149. Iraq « behind US anthrax outbreaks ».

150. http://www.whatreallyhappened.com/disc_anth.html

ler un logiciel de surveillance afin d'épier la circulation des messages électroniques et de conserver les traces de la navigation sur le Web de toute personne suspectée de contact avec une puissance étrangère. Il autorisait également les fournisseurs d'accès à remettre aux autorités, de leur propre initiative, des informations qui ne sont pas relatives au contenu, telle la navigation sur le Web. Ce dispositif influença aussi les législations européennes.

Malgré les doutes qui entourent encore l'affaire de l'anthrax, la précipitation des États-Unis à mettre en cause l'Irak et Al Qaida, puis le revirement de l'enquête ont nui gravement à la crédibilité des autorités états-uniennes et de leur porte-parole médiatique.

Du coup, le soupçon a rejailli sur les attentats du 11 septembre eux-mêmes.

Le principal porte-parole de la révision des thèses officielles sur ces attentats en France fut Thierry Meyssan. Secrétaire national du Parti radical de gauche, il écrivit un ouvrage autopublié par le Réseau Voltaire qu'il venait de créer[151] : *L'effroyable imposture*. Le 16 mars 2002 il fut invité par Thierry Ardisson sur France 2, ce qui lui permit de multiplier ses ventes, et de faire des pleines pages de grands journaux français et la « une » de grands médias étrangers. Je me souviens bien de sa prestation à l'émission d'Ardisson. Je l'ai

151. J'ai été assez tôt informé par email des productions de ce réseau : le premier mail que j'ai reçu d'eux est du 23 juin 2002 et je suis resté abonné à leurs communiqués pendant toute la guerre d'Irak. Certains membres de son conseil d'administration ont adhéré au blog de l'*Atlas alternatif* en 2007. Mais je n'ai jamais eu de rapports avec eux, et Meyssan n'a jamais répondu à aucun de mes mails.

trouvée à ce moment-là très courageuse, mélangeant panache et sobriété. D'autant que Meyssan disait être venu à l'anti-impérialisme, comme moi, via la guerre du Kosovo. Une communauté de sensibilité très forte unit les gens si peu nombreux qui ont su dire « non » en 1999.

Selon une statistique du Département de la Sécurité intérieure états-uniens, datée de juin 2005, plus de 3 000 ouvrages ont été publiés dans le monde pour ou contre Thierry Meyssan mais la source – *Wikipedia France* – peut prêter à caution.

J'ai longtemps écouté les arguments autour de la thèse de Meyssan. Tout n'est pas rigoureux dans ce qu'il dit, loin de là, mais tout n'est pas stupide non plus. Ce trou dans l'aile du Pentagone qui ne ressemble pas à l'impact d'un avion, cette fumée qui ne correspond pas à la combustion du kérozène, la vitesse d'effondrement des tours jumelles, la faible probabilité pour que l'armature métallique ait fondu comme le soutiennent les autorités, ce troisième bâtiment qui aurait été détruit. Tout cela est assez troublant.

Pour ma part, je garde quelque indulgence à l'égard du gouvernement américain. Il se peut que beaucoup de mensonges par action ou par omission de sa part visent surtout à dissimuler des erreurs bureaucratiques dans la gestion de la catastrophe, sans plus. Je n'aime pas me faire peur pour le plaisir, ni m'exalter pour satisfaire un besoin hormonal, ou faire de la surenchère dans la radicalité pour justifier ma haine de la société comme c'est le cas hélas de beaucoup de militants contestataires. Cela discrédite leur action. Si j'ai adhéré – souvent non sans nuance du reste – au point de vue de la plupart des Serbes yougoslavistes sur la guerre du Kosovo, c'est parce qu'il supportait l'épreuve des faits, et l'épreuve de l'antithèse, inconsistante, que lui opposait l'OTAN.

La difficulté sur le dossier du 11 septembre, c'est que, face aux thèses audacieuses des contestataires, il n'y avait pas d'antithèse très sérieuse au niveau gouvernemental américain. Celui-ci, après avoir brandi l'épouvail d'Al Qaida, s'est borné à classer la plupart des pièces et les témoignages « secret défense ». Définir un point de vue raisonnable suppose donc que l'on s'en remette à notre connaissance de l'histoire, de la politique, de l'économie, et à un certain bon sens.

Je suis d'accord avec Chomsky pour dire que beaucoup d'éléments retenus à charge par les contestataires pour accuser les sionistes ou l'extrême-droite américaine ne sont pas crédibles car ils reposent sur des faits qui peuvent relever de la plus pure coincidence. Mais certains arguments avancés notamment par Meyssan mériteraient d'être examinés de plus près et débattus sereinement. C'est le minimum qu'on puisse attendre d'une démocratie, plutôt que de les balayer avec mépris et de les ensevelir sous les insultes.

D'une manière générale, l'opacité du système politique américain nourrit beaucoup de spéculations inutiles, comme autrefois la « kremlinogie » autour du système soviétique. Beaucoup de ces considérations sont souvent excessives mais l'absence de transparence en favorise le développement. Ainsi, on a vu tout au long des deux mandats de George W. Bush fleurir une dénonciation de la dérive dictatoriale du régime états-unien. Un des derniers accusateurs en date fut Paul Craig Roberts ancien sous-secrétaire au Trésor de Reagan. Il a mis en cause la montée en puissance dans les arcanes du pouvoir de la *Federalist society*, un groupe d'extrême droite admirateur de Carl Schmitt. Il faut bien voir que ces critiques proviennent le plus souvent soit de l'aile libertarienne de la droite, soit de la gauche radicale, c'est-à-dire dans tous les cas d'admirateurs inconditionnels des Pères fondateurs, et de l'idéal de liberté individuelle que véhiculait leur Révolution en son principe (ou, du point de vue de la gauche, que raviva la Cour suprême dans les années 1960 à la suite des combats populaires, notamment le combat des droits civiques).

Or un regard européen ne peut pas voir les choses de la même manière. Le renforcement de l'Exécutif est une tendance ancienne dans toutes les démocraties occidentales. Il a compté des avocats brillants à chaque étape de l'histoire européenne et américaine (Clémenceau, Tardieu, de Gaulle en France par exemple). La tendance à crier au « coup d'État » est naturelle dans ces moments-là, et cependant une certaine complexité sociale en limite la portée.

C'est le cas aussi aux États-Unis où la très forte juridicisation des rapports sociaux ne peut pas permettre à des textes comme le *Patriot act* de donner les pleins pouvoirs à la police.

En vérité, on voit plutôt s'entrelacer des tendances autoritaires, soutenues dans la population par la paranoïa qu'inspire l'islamisme, et une prétention à la liberté individuelle, défendue par une pléthore de *lawyers*, laquelle, à son tour, entraîne d'autres types d'entraves et de réglementation (mais plutôt sur le volet de la *political correctness*, avec des normes hygiénistes et morales de plus en plus contraignantes, comme par exemple l'interdiction de fumer). C'est au milieu de cette complexité juridique que tombent les lois qui étendent les pouvoirs de l'Exécutif comme le *Patriot act*.

Dans ces conditions, il me semble que la mythologie du « coup d'État d'extrême-droite » devient l'envers exact des mythes créés par Bush autour de Ben Laden, et s'avère, en dernière analyse, aussi peu crédible.

Cela ne veut pas dire qu'il ne faut pas être vigilant. L'existence de moyens de destruction massive entre les mains du gouvernement états-unien, d'instruments technologiques de surveillance des citoyens (via Internet notamment) et l'incroyable docilité de la classe politico-médiatique (républicaine ou démocrate) sont un très grand danger pour l'ensemble de la planète, y compris pour les citoyens américains. L'hypothèse d'une confiscation de ces instruments par un petit nombre, un jour, et d'un usage complètement absurde de ces moyens, ne peut pas plus être écartée que l'hypothèse inverse selon laquelle, un jour, des groupes salafistes pourraient faire exploser des armes atomiques dans des grandes villes ou y diffuser des germes bactériologiques. Mais on ne peut faire comme si ces hypothèses, qui relèvent des très nombreux scénarios possibles de l'histoire humaine, avaient déjà connu un début de réalisation, car dire cela serait justement une façon de banaliser ces options catastrophistes. Cela conduirait à discréditer le combat pour empêcher qu'elles ne se concrétisent.

La seule chose que l'on puisse affirmer sept années après le 11 septembre, c'est que des attentats très meurtriers se sont produits ce jour-là aux États-Unis, dans des circonstances encore partiellement obscures, et que l'Exécutif de ce pays, comme d'autres Exécutifs européens, en a profité pour accentuer une tendance déjà ancienne à son renforcement, sans qu'on puisse se prononcer sur la réversibilité de cette tendance.

En revanche l'hypothèse déjà réalisée, et beaucoup moins spectaculaire, c'était cette espèce de racisme, de néo-colonialisme, et de bellicisme ordinaires dont les classes dirigeantes faisaient preuve depuis longtemps déjà, dans les Balkans, en Palestine, en Amérique latine, aux quatre coins de la planète. C'était un plus grand danger à mes yeux que les *Patriot acts* de l'administration Bush. Un danger qui allait déboucher sur une nouvelle guerre dès l'automne.

La guerre d'Afghanistan

Avec le 11 septembre, Donald Rumselfed, le secrétaire à la Défense américain, grâce au travail de sa chargée de communication Victoria « Torie » Clarke, devint un héros aux yeux du public américain, et même des chroniqueuses de mode[152]. Le gouvernement états-unien s'étant transformé en une machine de guerre assoiffée de vengeance, tous les vieux plans de conquête de pays dissidents furent sortis des cartons, à commencer par celui de l'invasion de l'Afghanistan. Le général Tommy Franks fut chargé de la besogne.

Le 13 septembre 2001, George W. Bush lançait un ultimatum au gouvernement afghan le sommant de livrer aux États-Unis Oussama Ben Laden, dont la tête était mise à prix, et qui était le nouveau « bad guy » de la propagande américaine, après Saddam Hussein, Noriega, Milosevic. Le gouvernement de Kaboul, dirigé par les « Talibans » islamistes autrefois alliés des États-Unis, ne cachait pas avoir hébergé le

152. Cf Ginia Bellafante, *New York Times* 22 janvier 2002.

quartier général d'Al Qaida, et refusa de céder aux injonctions américaines.

Le plan de conquête qui fut arrêté prévoyait l'emploi combiné des forces aériennes et de Forces spéciales, l'Alliance du Nord, un groupe d'opposition composé essentiellement de tribus tadjiks armés par la Chine – sous les ordres du commandant Massoud, assassiné le 9 septembre 2001 – devant remplacer en fait l'infanterie américaine sur le terrain (car Washington conservait le principe du « zéro mort »).

Face à la campagne militaire qui se préparait, la réaction anti-impérialiste se mit en place, visant à dénoncer non pas tant la guerre d'Afghanistan en tant que telle, que l'ensemble de la guerre contre le terrorisme qui était désormais le slogan de l'administration Bush, slogan en vertu duquel Washington se réservait le droit de frapper n'importe où dans le monde, et à n'importe quel moment.

Mais cette résistance était très difficile à organiser. Le monde occidental était hypnotisé par les images du 11 septembre, et les gens croyaient réellement être rentrés dans un cycle infernal où des terroristes barbus feraient sauter des immeubles partout et à tout instant. Le levier de propagande était si fort, que des pays comme la Russie ou la Chine qui avaient résisté à la pression impérialiste américaine jusque-là se déclarèrent dans le camp des États-Unis et proposèrent leur aide militaire.

Il est très significatif que, même en Serbie, le Parti socialiste serbe, qui affichait sur sa page d'accueil le portrait de Milosevic, publiait un communiqué exprimant sa sympathie au peuple américain et rappelait que le gouvernement de la République fédérale de Yougoslavie dans les années 1990 avait été précurseur dans la lutte contre l'islamisme. Comme tout le monde ils cherchaient à s'attirer les bonnes grâces des États-Unis. Peut-être même espéraient-ils que la nouvelle « guerre contre le terrorisme » de George W. Bush permettrait d'apporter un nouvel éclairage à l'histoire récente des Balkans et remettre en cause la « tolérance » pour ne pas dire plus que Washington avait manifestée à l'égard des groupes islamistes basés en Bosnie et au Kosovo.

Les soutiens à la guerre étaient considérables partout[153].

Le 28 octobre 2001 un groupe d'extrême-gauche organisa une pièce de théâtre à la Cartoucherie de Vincennes, rythmée par les prestations de la compagnie Jolie Môme et entrecoupée de conférences politiques. Cette formule qui soumettait le débat politique à une logique de spectacle n'était pas nécessairement très heureuse mais elle était à la mode à gauche – un spectacle semblable existait sur le Rwanda. Au milieu des seynettes, des chansons – notamment un texte du Scientifique publié dans *Le Monde* mis en musique – Halimi, Le Scientifique lui-même (pas au mieux de sa forme dans cette ambiance), le docteur Schwartzenberg (un ancien membre du lobby interventionniste en Bosnie[154]), et Le

153. Selon une enquête *BFM-Ipsos-Journal du Dimanche* publiée le 15 octobre 2001 66 % des Français approuvaient l'intervention militaire en Afghanistan (http://www.ipsos.fr/CanalIpsos/articles/255.asp). Ils étaient même majoritaires à gauche (58 %). C'était aussi le cas de 89 % des américains selon un sondage de *FOX News/Opinion Dynamics* publié le 23 octobre (http://www.foxnews.com/story/0,2933,36902,00.html).

154. Numéro Un de la liste « L'Europe commence à Sarajevo » lancée pour les élection européennes avec Bernard-Henry Lévy et Glucksman en 1994.

Missionnaire se succédèrent sur la scène pour livrer leur analyse de la situation.

La salle était pleine à craquer, des centaines de gens faisaient la queue à l'extérieur. Assis aux côtés de Marc-Aurèle par terre sur un escalier j'aperçus Yannis Varouchas et Vesna. La succession des orateurs donnait l'impression d'une grande réconciliation de l'extrême gauche pacifiste que la question serbe avait tant divisée. Cette fois, tous semblaient parler d'une même voix.

Pourtant des divisions subsistaient sur ce que nous devions penser de la guerre. Le courant trotskiste et tous ceux qu'il influençait à gauche reprenaient d'emblée une position « ni-ni » : « *Ni croisade impériale, ni terreur talibane !* » C'était en substance le message de la pétition « Non à la croisade impériale » publié dans *Le Monde* des 20 au 20 octobre 2001 puis dans *Libération* du 31 octobre 2001 [155]. Le panel des signataires allait pourtant un peu au-delà de celui de l'Appel pour une paix juste et durable dans les Balkans : on y retrouvait non seulement la direction de la Ligue communiste révolutionnaire (LCR) mais aussi le PCF au grand complet, ATTAC, le syndicat SUD, la Fondation Copernic, des universitaires bourdieusiens (Bernard Lacroix, Loïc Wacquant), d'anciennes gloires du soutien au FLN algérien comme Pierre Vidal-Naquet et Nils

155. Cette pétition allait être attaquée ensuite dans *Libération* du 5 novembre 2001 par une publiciste de l'Establishment, membre du comité de rédaction des *Temps modernes*, qui stigmatisait « ce refus – ou cette incapacité – de regarder en face la figure de l'adversaire et le danger mortel qu'il fait planer, combien faudra-t-il encore d'attentats, de bombardements et de morts pour qu'enfin se réveillent du long sommeil de la raison « pacifiste » les pétitionnaires et tous ceux qui les suivent ? »

Andersson[156] mais aussi des personnalités plus radicales comme l'économiste égyptien Samir Amin, le syndicaliste Jean-Pierre Page, et l'historienne Annie Lacroix-Riz. La militante féministe et sociologue Christine Delphy joua un rôle important, si j'ai bien compris, dans l'organisation du mouvement autour de cette pétition, sans doute parce que les pouvoirs dominants utilisaient beaucoup le thème de la libération de la femme afghane (soumise au port de la *burka* et aux violences des extrémistes) pour défendre la croisade bushiste. Les signataires se réunirent dans un Forum international contre la guerre le dimanche 2 décembre à Paris.

Le Scientifique, lui, restait méfiant : « *je suis peut-être puriste, mais je n'aime pas les ni-ni,* m'écrivait-il, *que faire contre la terreur talibane, si ce n'est la guerre ??? en la refusant, j'accepte implicitement, comme moindre mal, le maintien possible des talibans au pouvoir – la politique c'est faire des choix et avoir le courage de les assumer. Le reste, c'est jouer à la belle âme. En plus, je ne sais vraiment pas ce que pensent les Afghans ou même les Afghanes*[157]*. Ils sont peut-être mobilisés contre les EU et soutiennent les talibans.* »

---

156. Il avait participé en début d'année à l'élaboration de l'*Empire de la Guerre permanente*, ouvrage collectif anti-impérialiste publié en mars 2001 mais qui, ai-je appris, n'avait pas obtenu l'aval de l'ensemble du mouvement car certains le jugeaient trop radical.

157. La question n'avait rien d'outrancier au vu de la complexité de ce monde. Quelques années plus tard un reportage de *Paris Match* allait montrer des femmes somaliennes armées de kalachnikovs pour défendre les « Tribunaux islamiques » : « *Pendant plus de quinze ans, des milliers de femmes ont été violées par des soudards. Avec les Tribunaux islamiques, c'était la première fois qu'elles connaissaient un semblant de paix. Et elles étaient prêtes à donner leurs vies pour le défendre.* » écrivait la reporter Manon

Il pointait, une fois de plus, à juste titre, le décalage entre ces postures d'intellectuels moralisateurs et la réalité sociale d'un pays dont nous ne savions pas grand-chose – j'en appris beaucoup personnellement après la guerre sur la religiosité des Afghans en lisant bien plus tard un article du professeur Fussman dans *Raison présente*[158] : un article qui eut le méite de souligner la religiosité profonde de l'Afghanistan, même à l'époque communiste, le machisme clanique qui y régnait. Les Talibans n'avaient pas inventé la *burka* imposée aux femmes. Il fallait savoir replacer tout cela dans le contexte local.

On retrouvait une fois de plus les dilemmes que j'avais rencontrés au printemps 2000 quand Marina affrontait les matraques de la police serbe à Belgrade. On ne pouvait qu'éprouver de la sympathie pour les élites urbaines d'Afghanistan opprimées par un pouvoir brutal. Mais politiquement que fallait-il proposer ? L'interventionnisme occidental reposant sur des intérêts économiques et militaires étroits n'allait que renforcer l'extrémisme, et restaurait une mentalité néocoloniale à l'échelle mondiale. Par-delà les pétitions de principe, il fallait reconnaître qu'on voyait dans le maintien au pouvoir d'une dictature comme les talibans un « moindre mal » pour l'équilibre mondial, d'une part parce que cette dictature garantissait la paix (comme celle de

---

Quérouil (*Paris Match* 4 janvier 2007). Il n'est pas exclu qu'un soutien des femmes du peuple aux islamistes ait également existé en Afghanistan. Mais généralement les journalistes occidentaux ne pouvaient pas les rencontrer.

158. Gérard Fussman, Sur l'islam en Afghanistan, *Raison Présente*, 2002-1, n° 141, 3-15.

Saddam Hussein en Irak, ou celle des islamistes en Somalie plus tard), d'autre part, parce qu'en respectant sa souveraineté (sans pour autant lui fournir aucune aide comme l'avait fait l'administration Clinton quelques années plus tôt), ainsi que celle de tous les gouvernements du Tiers-Monde, on inciterait les peuples du Tiers-Monde à se prendre davantage en main, à renverser par eux-mêmes leurs tyrans, en définissant leurs propres voies démocratiques, sans plaquer sur eux aucun de nos modèles. Ainsi ils pourraient trouver par eux-mêmes, à terme, la voie de leur propre démocratie, alors qu'au contraire notre interventionnisme donnait des raisons aux islamistes de durcir leur régime et de persécuter leur population. Voilà le message que devait porter notre anti-interventionnisme, Le Scientifique avait raison. Pas un message « ni-ni ». Un message de respect absolu des souverainetés.

La progression rapide des troupes de l'Alliance du Nord, le renversement des Talibans en quelques jours et le démantèlement du réseau Al Qaida dans ce pays ne laissèrent guère le temps à l'intelligentsia de gauche de se procurer des informations pertinentes, ni de développer une réflexion quelconque[159]. On voyait le programme américain d'implantation en Asie centrale se réaliser, en alliance avec la Russie – et non contre elle comme on l'avait prédit. Voilà tout.

Le dimanche 7 octobre 2001, le président des États-Unis annonça le début de l'opération « Liberté immuable ».

---

159. James Petras dans un article intitulé « Les intellectuels et la guerre : de la retraite à la capitulation » en décembre 2001 parla d'un « effondrement » de l'opposition des intellectuels occidentaux à la guerre.

Des frégates et des sous-marins de l'US Navy et de la Royal Navy lancèrent une quarantaine de missiles de croisière Tomahawk sur Kandahar, Kaboul et Jalalabad. Pendant 12 jours, 25 avions de combat et 15 bombardiers B-1B, B-2 et B-52 pilonnent Kaboul (notamment la centrale électrique et les bâtiments officiels), l'aéroport et le centre militaire de Kandahar, Jalalabad ainsi que les camps d'entraînement d'Oussama Ben Laden. Depuis quelques semaines déjà les Forces Spéciales états-unienes agissaient sur le terrain afghan, liquidant certains soutiens des Talibans, dispensant des millions de dollars aux chefs de guerre locaux pour les dissuader de soutenir le gouvernement afghan et racheter leurs missiles sol-air. Les forces américaines (22 000 hommes augmentées de quelques milliers d'hommes d'une coalition internationale dont la France faisait partie), vinrent surtout en appui de l'Alliance du Nord, et des troupes du général, criminel de guerre, Dostom. La bataille de Mazar-e-Sharif fut le principal combat de cette guerre. La ville tomba le 10 novembre 2001.

L'Alliance du Nord, alliée des États-Unis, a été mise en cause pour des crimes de guerre, commis en novembre 2001, à l'encontre de prisonniers talibans et de membres d'Al-Qaïda. Le gouvernement des États-Unis est accusé de vouloir clore l'affaire pour ne pas déranger ses alliés afghans et pour préserver certains de ses membres soupçonnés d'avoir été les témoins directs voire les ordonnateurs des évènements.

Ces faits ont été révélés par le journal *Newsweek*, après la publication d'un mémorandum confidentiel de l'ONU, où il était question de fosses communes où plus de 3 000 cadavres étaient entassés. Selon le mémorandum, les éléments trouvés « suffisent à justifier une enquête criminelle officielle ». Toujours selon ce document, ce serait le chef de guerre ouzbek

Abdoul Rachid Dostom qui en serait le responsable (il est devenu depuis lors un des dignitaires du régime pro-américain d'Ahmid Karzai, et personne ne songe à l'inculper devant un tribunal international). Les prisonniers ont été enfermés dans des conteneurs sans eau ni nourriture en plein soleil, pour être transportés en semi-remorque dans la prison de Sheberghan. Avant d'y arriver, les hommes de Dostom auraient sorti les cadavres et les auraient enterrés à Dashte-Leili.

Kaboul fut prise sans réel combat le 13 novembre 2001. Richard Armitage ayant menacé le Pakistan d'être « bombardé jusqu'à revenir à l'âge de pierre », les services secrets pakistanais, qui avaient formé et encadré les talibans, leur donnèrent l'ordre de se replier dans le sud du pays, dans l'attente de jours meilleurs. La traque de Ben Laden se poursuivit. Le leader islamiste s'étant réfugié dans la montagne de Tora Bora, non loin de Jalalabad, près de la frontière pakistanaise, les Américains se mirent à le bombarder, tandis que les hommes d'un des chefs de guerre locaux Hazrat Ali allaient fournir l'infanterie au sol. Ces troupes mal équipées partirent à l'assaut de la montagne le 5 décembre. Selon diverses sources Ben Laden s'était déjà enfui depuis une semaine à travers une des nombreuses tranchées creusées par ses soldats, contre lesquelles les bombes américaines de 500 kg furent impuissantes[160].

Le gouvernement américain déclara unilatéralement que les prisonniers talibans et les moudjahidines étaient des combattants illégaux qui ne pouvaient être couverts par les

160. Philip Smucker, « How Bin Laden got away », *Christian Science Monitor*, 4 mars 2002.

conventions de Genève (lesquelles protègent pourtant tous les protagonistes des guerres et même les civils) et ouvrirent le 11 janvier 2002 un camp de concentration dans l'enclave états-unienne de Guantanamo à Cuba.

Certains intellectuels dominants en profitèrent une fois de plus pour jouer les vedettes tels Bernard-Henri Lévy qui obtint la création d'un journal à Kaboul, « Les nouvelles de Kaboul », financé par la fondation André Lévy (qui allait discrètement disparaître de la scène afghane avec son 21e numéro en novembre 2006) et se vit confier aux frais du contribuable français la mission de produire pour le gouvernement un rapport sur la reconstruction de l'Afghanistan[161]. Son apologie de la guerre américaine dans l'article du *Monde* du 21 décembre 2001, inscrit dans la droite ligne de son soutien au bombardement de la Serbie, se terminait par ces mots qui annonçaient la guerre suivante celle de l'Irak : « Si vraiment la preuve est faite que, lorsqu'on veut, on peut, s'il a réellement suffi de 100 jours pour commencer de libérer le peuple d'Afghanistan, comment ne pas songer à d'autres peuples, ailleurs, sous d'autres jougs ? »

Le véritable travail intellectuel put surtout se déployer après la victoire américaine. Un futur contributeur de l'*Atlas alternatif* avait dirigé un ouvrage collectif au Temps des Cerises, *L'Empire en guerre – Le monde après le 11 septembre*, auquel avaient contribué des plumes anti-impérialistes célèbres comme Georges Labica, Noam Chomsky, Immanuel Wallerstein, Michel Chossudovsky. Il organisa avec le Temps

---

161 http://lesrapports.ladocumentationfrancaise.fr/BRP/024000157/0000.pdf

des Cerises une conférence à La Sorbonne le mercredi 16 janvier 2002 à laquelle je me rendis. Le Missionnaire y fit un des exposés qu'il avait rôdés pendant la guerre de Yougoslavie, avec transparents à l'appui, comme les militaires. Samir Amin fit une intervention sur l'instrumentalisation de l'Islam par les États-Unis contre le nationalisme arabe, et contre les mouvements socialistes depuis le Pacte de Bagdad de 1955 (dont pourtant les États-Unis n'étaient pas partie prenante).

Mais il était difficile d'expliquer aux gens que l'arrivée des troupes occidentales à Kaboul n'était qu'un coup d'épée dans l'eau, qu'elle n'allait faire que remettre en selle les seigneurs de la guerre (comme elle l'avait fait en Somalie), le trafic d'opium et la misère, tandis que les Talibans reconstitueraient leurs forces.

Il fallait montrer que cette aide « humanitaire » aux associations de femmes afghanes dont *Arte*, *Télérama* et les bobos de tout poil se gargarisaient ne remplaçaient pas la force d'un État afghan souverain et indépendant qui aurait été seul à même de sortir son peuple de l'illettrisme et de la pauvreté. Il était tellement évident pourtant que le nouveau président imposé par les États-Unis, employé de la multinationale pétrolière Unocal, n'aurait guère de pouvoir, ni aucun souci d'aider son peuple ; que son unique rôle était de signer les contrats dont ses patrons avaient besoin – pour la construction de gazoducs notamment.

En outre, même ceux qui ne croyaient pas en la générosité des projets états-uniens à Kaboul, étaient abasourdis par la rapidité de la victoire des troupes de la « coalition ». Ils étaient convaincus qu'il ne servirait plus à rien d'organiser un mouvement anti-guerre car Washington avait les moyens de gagner où il voulait, comme il voulait. Désormais le combat pour la souveraineté des peuples et leur droit au choix de leur propre avenir passait pour passéiste, et voué à l'échec. Nous autres, les anti-impérialistes n'étions plus qu'une tribu de ringards.

La question palestinienne

Les Afghans ne furent pas les seules victimes « collatérales » du 11 septembre. Les Palestiniens le furent aussi. Dès le 3 juillet 2001 – donc bien avant le 11 septembre –, un article de *CBN News* titrait « Sharon dit qu'Arafat est le Ben Laden d'Israel »[162]. Le premier ministre israëlien Ariel Sharon, issu de la droite dure, vieux général incriminé dans les massacres des camps palestiniens de Sabra et Chatila au Liban en septembre 1982, récidiva le 13 septembre : « Tout le monde a son Ben Laden. Arafat est notre Ben Laden »[163]. Les télévisions occidentales avaient d'ailleurs passé en boucle des scènes de joie de Palestiniens après le 11 septembre[164].

---

162. Sharon: Arafat Is Israel's Bin Laden (http://www.cnsnews.com/ViewPrint.asp?Page=\ForeignBureaus\archive\200107\For20010703e.html)

163. *The Guardian* 14 septembre 2001 – http://www.guardian.co.uk/wtccrash/story/0,,551611,00.html

164. Une polémique s'est d'ailleurs développée autour de ces images, les uns accusant les médias d'avoir filmé des scènes très sporadiques en les dupliquant indéfiniment pour faire croire à une liesse unanime de tous les Palestiniens, d'autres au contraire imputant la rareté des images passées en boucle à la censure imposée par l'Autorité palestinienne aux journalistes qui filmaient des apologies d'Al Qaida (http://www.col.fr/arche/524_pourquoi.htm)

Il faut rappeler que, les négociations entre Yasser Arafat et Ehoud Barak ayant échoué, largement par la faute du second[165], Ariel Sharon avait succédé à Barak en février 2001. Humilier Arafat était son obsession. Le 3 décembre 2001 les chars israéliens avaient envahi Ramallah et allaient assiéger le palais présidentiel (la Muqataa) jusqu'au 1er mai 2002 (à l'exception d'une période entre le 11 et le 29 mars 2002).

Le vendredi 7 décembre 2001, vers 2 heures du matin, je fus écœuré par les images de la répression israëlienne diffusées pour la énième fois par le journal de 20 heures de la veille. Je me connectai sur Internet, résolu à signer quelque chose en faveur du peuple palestinien. Je tapai les mots clés « soutien au peuple palestinien » et tombai sur un site belge (décidément les meilleurs activistes étaient toujours dans ce pays – *horum omnium fortissimae sunt belgae*).

Cela n'allait pas de soi, pour moi. Tout d'abord je dois dire que dans les années 1990, sous l'influence du discours dominant, j'étais devenu très favorable à l'État d'Israël, et ce d'autant plus que celui-ci était engagé dans un processus de paix avec l'Organisation de Libération de la Palestine à la suite des Accords d'Oslo du 13 septembre 1993. Cependant, à la fin des années 1990, le processus de paix avait du plomb dans l'aile. Malgré toutes les promesses, le gouvernement israëlien avait continué sa politique de colonisation pendant toute la période. À la suite de la visite d'Ariel Sharon (qui n'était pas encore premier ministre) à l'Esplanade des Mosquées à

165. Cf Joss Dray et Denis Sieffert, *La guerre israélienne de l'information, désinformation et fasses symétries dans le conflit palestinien,* Paris, La Découverte 2002.

Jérusalem le 28 septembre 2000, une nouvelle Intifada avait été déclenchée dans les territoires occupés.

Sur le fond, j'étais encore à cette époque partisan d'une cohabitation entre deux États (Israël et la Palestine) le long des frontières de 1967, ce qui était aussi la position du *Mensuel de Gauche*, et du Quai d'Orsay. Toutefois les discussions avec Le Scientifique commençaient à ébranler cette conviction. Je voyais bien que les 3 millions de réfugiés palestiniens condamnés à vivre dans des camps depuis que leurs parents avaient été chassés de Palestine en 1948 avaient un droit intangible à retourner sur leurs terres. Or, même si une bonne partie de ces gens n'usaient pas de ce droit et se contentaient d'une indemnisation, ceux qui retourneraient en Israël constitueraient, aux côtés des Arabes qui étaient restés, une forte minorité hostile à l'existence de cet État. En outre, nous avions été (et moi le premier) accoutumés à voir en la création d'Israël la juste compensation de la Shoah endurée par les Juifs d'Europe. Mais, comme le faisait remarquer Le Scientifique, il n'y avait aucune raison pour que les Arabes qui n'avaient pas participé à l'Holocauste en paient le prix sur leur propre territoire. Et, si la création d'Israêl était un tribut de guerre accordé aux « Juifs » (notez que parler génériquement des « Juifs » de cette façon ainsi que le voulaient les sionistes, était déjà une concession communautariste dangereuse), alors il fallait qu'Israël fût constitué en Bavière ou en Saxe, sur les terres des Allemands. Je me souviens d'une conversation téléphonique avec Le Scientifique : *« Peut-être Israël n'est pas légitime,* lui avais-je dit, *mais c'est une réalité de facto. Il faut passer un compromis avec cela. Faire des concessions. On ne va pas expulser ses habitants ».* Je crois que Le Scientifique avait répondu : *« Du point de vue de la réalité c'est exact, mais du point de vue de la justice tu dois aussi considérer qu'il faut que les gens puissent donner leur avis sur la base du principe 'un homme = une voix comme Mandela l'imposa en Afrique du Sud face à l'Apartheid. Sur la base un homme = une voix, les Arabes sont majoritaires dans l'ensemble de la Palestine, et Israël comme État juif n'existera plus, car les Arabes lui préfèreront sans doute une Palestine multiconfessionnelle. Là où les Arabes font un compromis, c'est en acceptant que les habitants d'Israël venus d'Europe, des États-Unis et d'ailleurs restent sur place, même si les terres qu'ils occupent leur sont souvent volées. Ils resteront. C'est la concession faite aux réalités de facto.* ».

C'est en tout cas ce que j'ai cru comprendre à ce moment-là, et c'est en partie en fonction de cela (mais aussi d'autres lectures sur Internet) que j'allais faire évoluer ma position sur le sujet pour finalement défendre l'idée d'un État unique arabojuif laïque en Palestine en lieu et place du projet sioniste.

Le Scientifique à la relecture des épreuves du présent livre, a tenu à préciser qu'il avait peut-être insisté sur ces définitions de la justice dans un sens un peu provocateur, socratique, mais que lui-même n'avait pas d'opinion arrêtée sur le sujet. Pour lui, il fallait aussi partir du réel, des tensions entre Juifs et Arabes, et arriver d'abord à une paix, quitte à ce que cela passe par la création de deux États séparés, avant de parler de justice, parce qu'il n'y a pas de justice sans paix. Il y a donc peut-être eu un certain malentendu entre nous à ce moment-là[166].

166. Lorsque je relis mon journal politique à la date du 14 septembre 2001, je trouve, à propos d'un dîner avec Le Scientifique du 2 septembre 2001 : « *Lui et son amie m'ont définitivement convaincu de l'illégalité de l'État d'Israël en tant qu'État religieux.* » Mais il est impossible, après coup, de savoir exactement qui pensait quoi à ce moment-là sur ce thème.

En tout cas cette idée de l'État unique faisait l'objet d'une censure très forte, même à gauche. On accusait ses défenseurs d'être antisémites. Elles étaient cependant soutenues non seulement par des Palestiniens comme le brillant historien de la littérature américain Edward Saïd, mais aussi des Juifs antisionistes comme Ilan Pappé.

On retrouvait en outre chez les défenseurs de l'État unique en Palestine un militantisme intellectuel pour reconstituer l'histoire du peuple palestinien, et lutter contre les mensonges des médias dominants très semblables à celui des gens qui avaient lutté contre la politique de l'OTAN dans les Balkans. Et cet attachement à la vérité, ce refus du point de vue unilatéral du vainqueur ne pouvait que me séduire. Certes la perspective d'une cohabitation de toutes les communautés dans les limites d'un même État après un demi-siècle de guerre pouvait paraître utopique. Cependant il est aussi exact de dire que moins on s'accordait à soutenir cette idée, plus on se condamnait à voir la haine entre Arabes et Juifs sionistes augmenter au Proche-Orient. Parfois il faut savoir miser sur l'utopie pour échapper au cycle infernal de la violence. En outre, force est de constater que l'OLP toute entière proclamait son attachement à la cohabitation entre Juifs et Arabes dans la Palestine à venir, et que le Hamas (mouvement islamiste) lui aussi, disait adhérer à ce principe.

Cette atmosphère de réflexion dans les cercles anti-impérialistes contribua à me sensibiliser de plus en plus au sort des Palestiniens. Cependant, le combat pro-palestinien, pour lequel j'avais souvent éprouvé de la sympathie, me semblait très consensuel « à gauche de la gauche » (voire presque conformiste) et donc j'avais le sentiment d'avoir moins à apporter à cette cause qu'à la cause anti-OTAN dans les

Balkans. Comme la lutte anti-mondialisation, la cause palestinienne comptait déjà suffisamment de supporters, mes talents ne serviraient pas à grand-chose. Mais j'étais vraiment exaspéré par la banalisation de la souffrance des Palestiniens dans le discours occidental. Il fallait que j'agisse, même si mon implication serait moindre que sur le Kosovo.

Le site belge de solidarité avec la Palestine www.solidarite-palestine.org mentionnait une initiative en faveur du député arabe de la Knesset, Azmi Bishara, fondateur de l'Assemblée Nationale Démocratique, menacé d'incarcération en Israël[167]. Grâce aux merveilles d'Internet, en dix minutes je pus accumuler une documentation importante sur ce personnage, de source tant palestinienne qu'israélienne. La justice israélienne reprochait à ce député d'avoir fait l'apologie de la résistance du Hezbollah au Liban, qui, par sa résistance courageurse, avait obligé Tsahal à se retirer de ce pays. Bishara s'en justifiait lui-même dans une interview en déclarant que le mot « résistance » qu'il employait en arabe désignait aussi bien la lutte pacifique que la lutte armée et que lui-même en Israël avait toujours jusque-là défendu loyalement la première. Il est vrai que son militantisme antérieur donnait toutes les garanties requises quant à sa loyauté à l'égard des valeurs démocratiques progressistes et humanistes. De même ses origines chrétiennes de Nazareth le rendaient peu suspect de sympathie pour l'islamisme. En outre et surtout, son parti défendait des valeurs compatibles avec celles de la gauche de

167 En 2001, le ministre de la justice israélien Elyakim Rubinstein a accusé Bishara de « mettre l'État en danger » en raison des commentaires qu'il avait faits au cours d'une visite en Syrie, et la Knesset avait voté pour la première fois de son histoire la levée de l'immunité de l'un de ses membres, pour que Bishara puisse être poursuivi.

la gauche en Occident : la laïcité et l'espoir de créer un État judéo-arabe sans référence religieuse en Palestine (si bien que même des Juifs avaient adhéré à son parti). Le seul ennui était l'inclination qu'il manifestait pour le souvenir d'Hafez el-Assad qui, à l'époque, n'était pas un personnage à mes yeux très sympathique. Mais il exprimait son opinion sur ce thème en des termes assez mesurés et cela n'était pas de nature à remettre en cause sa propre honnêteté intellectuelle. Dans un sens ce qu'il disait de la Syrie – que les élites dans ce pays n'avaient pas de raison de « copier » le modèle politique occidental – n'était pas totalement faux. Et puis, à supposer même que mon point de vue sur le respect des droits de l'homme en Syrie – voire sur les possibilités de la démocratie au Proche-Orient – ne fût pas exactement conforme à ses propres analyses à ce sujet, cela ne m'empêchait pas de signer un texte pour la libération de ce député, pour la solidarité avec les arabes des territoires palestiniens et d'Israël, pour le soutien aux courants de gauche non-violents en perte de vitesse dans cette région, contre l'impunité dont le gouvernement Sharon semblait bénéficier sur la scène internationale.

Je pensais à propos de mes contemporains : « La prochaine fois qu'une bombe islamiste éclatera dans vos magasins ou dans vos gares, on vous demandera : qu'avez vous fait pour soulager la souffrance des Palestiniens, vous qui, aujourd'hui pleurez vos propres morts ? Vous, vous répondrez "rien" et je ne veux en aucun cas me retrouver dans la même situation que vous à ce moment-là ».

Je donnai donc ma signature.

Le lundi 10 décembre 2001 à 18 h 30, j'assistai à la première réunion du comité de soutien à ce député arabe, place des Vosges, précédée par la projection du film « Citoyen Bishara » de Simone Bitton. Une centaine de personnes étaient présentes dans une galerie généreusement prêtée par une grande artiste brune à l'accent étranger qui portait un keffieh. L'ambiance changeait sensiblement des réunions anti-OTANs sur la Serbie. Beaucoup de Juifs et d'Arabes, plutôt des intellectuels, des gens qui s'embrassent avec emphase à l'orientale. On ressentait aussi un côté terriblement parisien, très éloigné de la convivialité provinciale : les activistes à Paris étaient des gens en représentation. Ils représentaient des collectifs minuscules, et plus souvent encore ils ne représentaient qu'eux-mêmes, mais eux-mêmes « en tant qu'auteurs de livres », « en tant qu'artistes », en tant que grands personnage potentiels, qui, dès lors, arborent des mines hautaines de sénateurs. Difficile dans ce contexte de nouer des échanges, d'autant que tous semblaient se connaître. Je reconnus de loin une chercheuse en sociologie – juive antisioniste – qui avait failli diriger une de mes recherches, et qui, après m'avoir vaguement salué, ne chercha guère à discuter avc moi. Ainsi la seule personne que je connaissais dans cette soirée me tournait le dos. Dans le cadre de mes nouvelles fonctions – je venais de changer de travail –, un de mes collègues m'avait dit : « J'hésite à m'engager, j'ai peur d'aller déranger des militants professionnels qui se connaissent tous entre eux ». Je comprenais mieux sa réticence désormais.

Le film était bien fait – quoique probablement trop apologétique. Il me renforça dans l'image que j'avais de Bishara et les commentaires entendus après le film montraient que le comité voulait en faire une sorte de Mandela palestinien laïque et progressiste.

Le combat de Bishara était des plus touchants. En le suivant sur les routes de Galilée et dans ses débats télévisés on saisissait l'ampleur de la tâche de ce gamin des bidonvilles devenu philosophe marxiste (étudiant en RDA grâce à une bourse du PC israëlien) puis député démocrate radical. Il y avait de très beaux moments dans ce film. Celui où les vieux arabes israëliens expliquaient : « Les Israëliens ont tous l'électricité pas nous – même leurs poulaillers ont l'électricité, nous on demande le statut de volaille pour avoir l'électricité comme leurs poules ». Ou encore le témoignage de Bishara lui-même sur les humiliations endurées pendant les quelques années qu'il passa à l'université israélienne. Et les entretiens avec les journalistes israéliens du journal du 20 heures, passés maîtres dans l'art du musellement de la dissidence et dont les méthodes d'interview n'avaient rien à envier aux grands prêtres de la pensée unique de notre propre système médiatique.

On découvrait en Bishara un homme résolu et plein d'humour, terriblement intelligent et convaincant. On avait aussi droit à des bribes très suggestives de la vie politique en Israël-Palestine, différente de la nôtre, avec des gens très éloquents, volubiles, orientaux.

Image très émouvante pour moi : celle de toute la Knesset debout qui chantait l'hymne israëlien dont les paroles sont à la gloire de « l'État juif », de Sion, du « retour à Jérusalem », entonné par tous les députés (travaillistes et Likoud, on reconnaissait Shimon Péres, Barak, Netanyaou). Un seul homme ne chantait pas et gardait la tête baissée : c'était le député arabe Bishara.

Quand vint l'heure de la discussion, après le film, une chose qui me scandalisa, c'est le fait que personne n'eût le courage de dire honnêtement pourquoi Bishara avait été inculpé. L'organisatrice de la réunion prétendit que la justice israélienne lui reprochait d'avoir appelé, à Damas, les États arabes à soutenir les Palestiniens par des actes et non des mots. C'était un mensonge éhonté. Personne ne prononça le mot « Hezbollah » de toute la soirée. Je trouvai cela minable. Mentir aux militants, les traiter comme des moutons, comme le ferait le plus cynique des députés centristes. C'était honteux. Tout cela parce que les Français déjà à ce moment-là avaient intériorisé l'idée qu'on ne peut pas soutenir quelqu'un qui dit du bien de la résistance libanaise.

Je regardai la liste des 500 premiers signataires au mur. Frédéric Delorca s'y trouvait, avec Pierre Bourdieu, Etienne Balibar, Daniel Bensaïd, Alain Joxe, Alain Krivine, Edgar Morin.

Comme je l'avais prévu, personne dans les milieux palestiniens n'eut besoin de moi. Je suivis donc en solitaire, mais avec beaucoup d'inquiétude, l'accentuation de la crise.

Le vendredi 5 avril 2002, je me rendis à une nouvelle réunion pro-Palestine, dans le quartier de la station de métro Ségur, dont la tonalité n'était pas moins parisianiste que celle sur Bishara. Elle était organisée par le collectif « Trop c'est trop », une émanation de la Ligue des droits de l'Homme, qui s'était constituée en décembre 2001 autour de l'appel lancé par Madeleine Rebérioux le 13 décembre (publié par *Le Monde* les 30 et 31 décembre) avec la signature de Vidal-Naquet, Balibar, Labica. Il s'agissait d'une réaction à l'encerclement du palais présidentiel d'Arafat par les tanks israëliens. Environ 300 personnes étaient rassemblées dans un amphithéâtre pour entendre Vidal-Naquet, Joxe (ancien partisan des bombardements contre la Serbie) et la vieille Mme Rebérioux qui, tout en soutenant la création d'un État palestinien, ne cessait de rappeler son attachement à la sécurité d'Israël (en fait la position du collectif était celle de l'État français, qui mettait sur le même plan la répression israëlienne et les attentats kamikazes). Dans un réflexe franchouillard la présidente de la séance insista sur le fait que la France était le « seul pays » où l'on faisait des pétitions pour les Palestiniens et contre le racisme (sic), grâce à ce que nous avions appris des guerres coloniales. Tout était de ce tonneau-là. Les gens dans la salle pourtant étaient plus radicaux et dénonçaient la symétrie que faisait la Ligue des droits de l'homme entre Palestiniens et Israëliens.

Il y avait de quoi. Le même jour, le 5 avril 2002, l'armée israélienne envoyait ses soldats, plus de 1 000 hommes d'infanterie, accompagnés de chars Merkava, de véhicules blindés, de bulldozers et d'hélicoptères Cobra, armés jusqu'aux dents par des grenades et des mitrailleuses lourdes contre 200 résistants palestiniens équipés essentiellement de Kalachnikov dans le camp de réfugiés de Jénine peuplé de plus de 12 000 réfugiés. Les Israéliens dans leurs combat, n'hésitèrent pas à bombarder les quartiers, à détruire les maisons et démolir les bâtiments sur leurs habitants. Selon les témoignages des survivants, des infirmiers ont été visés, ainsi que des enfants mineurs, des femmes et même des handicapés. Les résistants tinrent héroïquement une semaine.

Le week-end de Pâques (13 au 13 avril) Arafat était toujours assiégé à la Muqataa. Cette fois l'opinion publique se montra sensible aux images des cadavres de Palestiniens dans des sacs plastiques. J'appris même par la bande que les agents de permance du Quai d'Orsay furent souvent dérangés pendant les deux nuits du week-end par des responsables de collectifs, des élus qui téléphonaient, anxieux du sort de Yasser Arafat.

Comme le notent Dray et Sieffert[168], ce fut un tournant dans le traitement médiatique de cette guerre. Mais un des effets pervers de la victoire relative de Jean-Marie Le Pen au premier tour de l'élection présidentielle – qui avait suscité des commentaires ambigus dans les milieux sionistes[169] – fut d'avoir relégué la Palestine au second plan[170]. Les missions

168. Op. cit p. 102.

169. Le président du Conseil représentatif des institutions juives de France déclarait dans le journal *Haaretz* le 23 avril 2002 : « Le fait que Le Pen soit un opposant déclaré à l'immigration musulmane adresse un message qui aidera à endiguer la violence qui provient de cette immigration » (« The very fact that Le Pen is an outspoken opponent of Muslim immigration to France sends a message which helps contain the violence which has come from this immigration ») tout en ajoutant il est vrai « Bien sûr je n'oublie pas que Le Pen est le roi de l'antisémitisme et notre grand ennemi » (« Of course, I'm not forgetting that Le Pen is also the king of anti-Semitism, and our great enemy ») http://news.haartz.co.il/hasen/ ShArt.jhtml?itemNo=154753&contrassID=2&subContrassID=5&sbSubContrassID=0&listSrc=Y&itemNo=154753

170. La victoire de Le Pen au premier tour fut une occasion de mobiliser la population autour du système politique (je suis moi-même d'ailleurs allé manifester pour la défense de la démocratie le 1er mai 2002), une mobilisation qui n'allait du reste pas être récompensée après par la victoire de Chirac. Elle fut aussi l'occasion d'une prise de bec entre moi et Diana Johnstone (qui était à ce moment là comme beaucoup d'anti-OTANs proche des chevènementistes). Comme elle venait de publier un article sur *Znet* pour minimiser le danger que représentait le Front national pour la démocratie, j'écrivis un contre-article « Le phénomène Le Pen et les limites du commentaire électoral.» Le Scientifique m'appela le 9 mai pour servir de pacificateur entre nous. Je pris un verre avec elle le 16 mai, où elle précisa sa position sur le FN.

civiles de militants occidentaux qui protégeaient Arafat avaient besoin d'une relève. Le 22 avril 2002, ils obtinrent le renfort de militants de gauche américains, pas de Français (dans un sens ce n'était pas plus mal car Tsahal hésiterait davantage, pouvait-on penser, à massacrer des citoyens des États-Unis[171]). L'association Coordination des Appels pour une paix juste au Proche-Orient (Capjpo) transmit des mots d'ordre de mobilisation pour la Palestine, mais même dans les milieux du MRAP les gens s'en désintéressaient en Province. Le Front national était devenu le seul sujet à la mode à gauche.

Le 22 mai je me rendis à une soirée d'Espace Marx dans le 13e arrondissement, où s'exprimaient des membres des missions internationales qui avaient entouré Arafat à la Muqataa en avril (je les ai aussi entendus en province).

Ces missions « *organisées depuis juin 2001, vis (ai) ent à manifester un soutien actif au peuple palestinien dans sa lutte pour sa souveraineté, son identité et sa terre, à souligner l'inaction complice des institutions internationales et des gouvernements devant l'occupation israélienne qu'ils ont pourtant condamnée, à appuyer, par une mobilisation des peuples, une internationalisation de la question palestinienne, à appeler à la création d'une force de protection internationale pour le peuple palestinien.* »[172]

---

171. Encore qu'il y eut au moins une exception : Rachel Corrie, écrasée le 16 mars 2003 par un bulldozer israélien alors qu'elle s'opposait à la destruction d'une maison palestinienne dans la bande de Gaza http://www.europalestine.com/spip.php?article645.
172. Communiqué du 15 avril 2002 des Internationaux présents aux cotés de Yasser Arafat.

Je n'aimais guère leur façon de décrire la société palestinienne comme une société de moutons en voie de disparition qu'il faudrait « protéger » (ce mot « mission civile de *protection* » me faisait horreur), mais j'admirais leur courage militant.

Le 23 septembre 2002, le QG d'Arafat fut à nouveau attaqué mais la mobilisation militante fut bien moindre. Certes pendant toute l'année 2002, et encore en 2003, il allait y avoir des actions pour dénoncer le refus d'Israël de respecter la souveraineté du peuple palestinien. Notamment le louable effort de l'université de Paris 6 dont le conseil d'administration en décembre 2002 avait demandé que l'Union européenne applique une clause de respect de droits de l'homme et de principes démocratiques contenue dans un accord passé avec Israël, et qu'en conséquence cet accord ne soit pas renouvelé – ce qui allait valoir à ces professeurs l'honneur d'être qualifiés de « rouges-bruns en blouse blanche » le 7 janvier 2003 par Alain-Gérard Slama sur France-culture. Les insultes colorées allait continuer d'impressionner la gauche longtemps encore : le 25 janvier 2003, au cours du dîner annuel du Conseil représentatif des institutions juives de France (un organe contrôlé par les amis du Likoud israélien), Roger Cukierman allait dénoncer « l'alliance bruns-rouges-vert » devant les représentants des Verts et du PC qui pourtant assistaient à ce dîner (et allaient continuer d'y assister les années suivantes).

Ce terrorisme intellectuel permettait aussi de criminaliser quiconque tentait d'organiser une campagne de pression sur Israël sur le modèle de celle qui avait été menée contre l'Afrique du Sud.

Dans *Le Figaro* du 1er novembre 2002, un groupe de parlementaires de l'UMP avait appelé le Parquet à poursuivre sur le fondement de l'article 23 de la loi du 29 juillet 1881 relatif aux délits de presse quiconque prônait le boycot des produits israëliens. Jean-Claude Willem, maire de Seclin, poursuivi sur plainte de Monsieur Komar au nom de l'Action Cultuelle Israélite de Lille allait en faire l'amère expérience avant heureusement d'être relaxé en avril 2003 (les juges avaient tout de même gardé une once de bon sens).

La mort de Bourdieu

L'année 2002 fut somme toute presque aussi terne pour les militants de gauche que l'année 2001. Il est vrai qu'elle s'était ouverte par une mauvaise nouvelle pour tous ceux qui croyaient à l'influence des intellectuels : le décès de Pierre Bourdieu d'un cancer fulgurant le 23 janvier 2002 à l'âge de 71 ans. Bourdieu m'avait envoyé un petit mot dicté de son lit d'hôpital à sa secrétaire. Je le savais mal en point, mais je ne m'attendais pas à une fin si rapide.

Le Scientifique comme moi regretta beaucoup la mort de Bourdieu, même s'il désapprouvait certains de ses côtés « postmodernes » et l'influence des « ninistes » sur lui[173]. Il

---

173. Bourdieu lui avait donné à relire avant publication *Science de la science et réflexivité*, (Paris Raisons d'agir, 2001) sans toutefois lui accorder un remerciement explicite dans le livre comme le veut l'usage académique, notamment aux États-Unis. Le Scientifique désapprouvait le constructivisme intégral que Bourdieu appliquait à la notion d'objectivité. Peu avant la mort du sociologue il m'avait orienté vers la lecture des travaux de Tooby, Barkow et Cosmides sur les errances du durkheimisme à ce sujet, ce qui me fut d'un grand secours pour sortir définitivement du structuralisme.

était de plus en plus au sein de la gauche (et notamment d'ATTAC-Belgique) une sorte de pont entre bourdieusisme et chomskysme (ce qu'était aussi, d'une autre manière, l'Acrimed) : et il commentait aussi bien les films sur Bourdieu (comme celui que lui consacra Pierre Carles) que ceux sur Chomsky dans les séances de cinéma d'ATTAC.

Comment aurait évolué la gauche anti-libérale si Bourdieu l'avait soutenue de son prestige quelques années de plus ? quelle influence aurait-il eue sur moi alors que nous avions une petite correspondance épisodique et que je fréquentais de plus en plus le Centre de sociologie européenne ? On ne refait pas l'histoire.

À l'occasion du décès de Bourdieu, je publiai divers hommages ou témoignages sur ce que je lui devais. Notamment un qui parut sur *Znet* le 18 février 2002 « On the News of Pierre Bourdieu's Death »[174], et qui insistait sur la signature par Bourdieu de l'Appel de Bruxelles. Ce n'était pas superflu : lorsqu'Agone publia les textes politiques de Bourdieu triés par Franck Poupeau et Thierry Discepolo le 8 mars 2002, le très contestable « Appel pour une paix juste et durable dans les Balkans » s'y trouvait, mais pas l'Appel de Bruxelles. Il est

174. Officiellement c'est un article co-écrit mais c'est moi qui l'ai rédigé de A à Z. Le décès de Bourdieu fut aussi l'occasion d'un bref échange de lettres avec l'écrivain Annie Ernaux qui avait publié dans *Le Monde* du 23 février 2002, un article indigné contre les quolibets que suscitaient dans la grande presse le trépas du sociologue (des quolibets que j'eus aussi à affronter quand un collègue de bureau, dans mes nouvelles fonctions, jeta sur ma table en riant le journal qui annonçait la triste nouvelle). Elle lut avec intérêt les comptes-rendus de mon engagement yougoslave en 1999-2000 et m'encouragea à les publier.

vrai qu'Agone avait toujours laissé sans réponse mes mails et propositions de manuscrits qui défendaient trop ouvertement la République fédérale de Yougoslavie. Un Bourdieu trop ouvertement anti-OTAN ne devait pas leur plaire.

En 2005, la possibilité me fut donnée de parler dans un ouvrage collectif du dialogue Chomsky-Bourdieu que Le Scientifique avait tenté en vain de provoquer à l'époque de l'Appel de Bruxelles. Il y avait chez Chomsky une plus grande radicalité anti-impérialiste, notamment en politique étrangère, à laquelle, je pense, Chomsky s'intéressait plus que Bourdieu, et aussi chez le linguiste américain un rapport plus direct à la vérité factuelle qui, souvent, donnait plus d'audace à ses jugements. En revanche, la sensibilité de Bourdieu aux schèmes pratiques qui régissent les choix idéologiques des acteurs sociaux, et les effets de violence qu'infligent à ces structures les points de vue d'intellectuels conditionnés par leurs propres schèmes pratiques et aveugles sur leurs propres déterminations, était quelque chose de très précieux. Trop souvent j'ai vu, dans le cadre de mon engagement, du vivant de Bourdieu et après sa mort, des comportements chez des activistes anti-impérialistes qui révélaient leurs divers complexes (de supériorité paternaliste à l'égard du peuple ou d'infériorité à l'égard des gouvernants) qui biaisaient le contenu de leurs discours et les voies d'action qu'ils choisissaient. Moi-même d'ailleurs je suis souvent tombé dans ces travers. C'était le genre de faiblesse que la sociologie réflexive de Bourdieu pouvait sans doute aider à soigner – encore qu'un excès de regard critique sur ce qu'on est puisse, il est vrai, plus souvent neutraliser l'action que la favoriser. Je pus hélas vérifier ce point auprès de la plupart des universitaires disciples de ce sociologue.

Chapitre Deux
La guerre d'Irak et le « choc des civilisations »

2003 fut l'année de la guerre d'Irak, et, pour beaucoup, l'occasion d'une réflexion supplémentaire sur le phénomène impérial dans le monde contemporain. La brutalité politique de l'équipe présidentelle américaine eut pour heureux effet d'ébranler la foi en la mission civilisatrice des États-Unis y compris chez les plus américanophiles. Elle ne permit cependant pas de faire émerger une pensée anti-impérialiste claire et cohérente comme on aurait pu l'espérer.

Les préparatifs

Le thème de l'invasion de l'Irak était ressorti dans le discours américain dès le lendemain du 11 septembre, l'administration Bush s'employant avec beaucoup de cynisme à créer un amalgame absurde entre le régime grosso modo laïque de Saddam Hussein et les islamistes d'Al Qaida. En réalité le plan d'attaque de l'Iraq remontait à la publication par les néo-conservateurs du « Projet du nouveau siècle américain » (*Project for the New American Century, PNAC*) en 1997 qui n'attendait que l'heure propice pour se réaliser.

Les néo-conservateurs (en abrégé aux États-Unis *neocons*) furent une grande découverte pour l'opinion publique mondiale qui, jusqu'alors, n'avait jamais entendu parler d'eux. Il s'agissait d'une coterie de plumitifs qu'on disait influencés par les thèses de Leo Strauss qui se définissaient à la fois comme anti-communistes et anti-fascistes, et au sein desquels la référence sioniste était prédominante. Ils attribuaient aux États-Unis un leadership moral qu'ils voulaient faire passer dans le monde à travers les règles du réalisme politique. Ces gens étaient issus de la gauche américaine, certains même d'anciens trotskistes. D'une certaine façon, l'itinéraire de ces gens-là m'a souvent fait penser aux chevènementistes : partis du marxisme internationaliste, ils finissaient leur carrière dans l'exacerbation du patriotisme. Sauf qu'en France, les chevènementistes avaient le beau rôle puisque leur pays, en position défensive face à l'hégémonisme états-unien, servait à protéger les faibles, tandis que le patriotisme états-unien, puissance dominante, ne pouvait qu'aider à la tyrannie des forts.

Avec beaucoup de cynisme les néo-conservateurs allaient inventer la fable des « armes de destruction massive ». Cette fable n'était pas plus absurde que celle du « génocide » commis par Milosevic au Kosovo, mais elle fut servie à l'opinion publique internationale sur un mode beaucoup plus grossier. Il est particulièrement édifiant à cet égard, par exemple, que le secrétaire d'État Collin Powell ait été réduit, le 5 février 2003 au Conseil de Sécurité de l'ONU, à fournir, comme preuve de l'existence des armes de destruction massive en Irak, un document intitulé *« Iraq – Its*

Infrastructure of Concealment, Deception and Intimidation. », une version synthétisée… d'un essai d'un étudiant californien, Ibrahim al-Marashi, paru dans le journal *Middle East Review of International Affairs* de septembre 2002. Qu'une administration en soit réduite à avancer « des preuves » aussi faciles à discréditer était en fait révélateur du niveau d'absurdité de la bureaucratie américaine à ce moment-là.[175]

En outre, à la différence de ce qu'il s'était passé lors des précédentes guerres – du Kosovo et d'Afghanistan – une puissance de premier plan, la République française, sous la présidence de Jacques Chirac, aidé de son ministre des affaires étrangères Dominique de Villepin, eut le courage de s'opposer aux vues de Washington.

Le 11 février 2003, la France, l'Allemagne et la Belgique rejetèrent les solutions de compromis proposées par l'Otan pour l'envoi d'une aide à la Turquie en cas d'attaque de l'Irak. Le 10 février, la Russie, la France et l'Allemagne avaient publié une déclaration commune selon laquelle « Il y a encore une alternative à la guerre, nous en sommes sûrs ».

La création d'un axe Londres-Madrid – qui rédigea la lettre signée par huit pays, comprenant 5 membres de l'Union européenne, la Grande-Bretagne, l'Espagne, l'Italie, le Danemark, le Portugal auxquels sont venus se joindre les trois nouveaux membres de l'OTAN, la Pologne, la Hongrie et la République tchèque – ne permit pas de briser l'axe Berlin-Paris-Moscou hostile à la guerre, position qui allait

175. http://www.truthout.org/docs_02/020803A.htm.

donner lieu à un grand discours du minsitre des affaires étrangères français Dominique de Villepin aux nations Unies le 14 février 2003.

Cela n'était pas gagné d'avance pourtant, car, à l'automne 2002, la France s'était bornée, en accord avec les autres puissances occidentales, à pousser les inspecteurs de l'Agence internationale de l'énergie atomique à approfondir leurs investigations. Le 7 janvier 2003 le président Jacques Chirac appelait ses armées à se « tenir prêtes à toute éventualité », ce qui signifiait que la France pourrait participer à une coalition contre l'Irak avec les États-Unis.

La position anti-Bush formulée par de Villepin à l'issue du revirement français provoqua beaucoup d'admiration dans la gauche anti-impérialiste, où beaucoup de gens reconnaissaient qu'un gouvernement socialiste, à la place de Chirac, eût sans soute été plus docile à l'égard de Bush. Le Scientifique notamment me dit un jour que, selon lui, Chirac avait une vision du monde, et du colonialisme, qu'il avait acquise en effectuant son service militaire en Algérie.

Je n'en crois pas un mot mais nous y reviendrons.

Il est clair en tout cas que l'opposition de Chirac à la guerre eut le mérite d'atténuer dans notre pays – et dans le reste du monde aussi, à certains égards – le poids de la chappe médiatique, qui, autrement, n'eût pas manqué d'écraser tout esprit critique comme aux pires heures de la guerre de Yougoslavie, et de l'après-11 septembre 2001. Si Chirac avait eu la bonne idée de se comporter en 1999 comme il le fit en 2003, la haine anti-serbe eut été bien moindre en Europe, et la République fédérale de Yougoslavie existerait encore aujourd'hui. Gabriel Kaspereit a témoigné dans un numéro de *Balkans Infos (BI)* en 2002 qu'il avait appelé Chirac au moment des négociations de Rambouillet en lui demandant de ne pas suivre Clinton dans sa volonté de déclencher la guerre et que Chirac avait hésité.[176]

En 2003 en tout cas, pour la première fois on eût droit y compris dans la grande presse à une réflexion véritable sur la machine de guerre américaine, son fonctionnement, les objectifs qu'elle poursuivait dans le monde.

En ce qui me concerne, je suis entré assez tôt dans le militantisme contre la guerre d'Irak. Comme je l'ai dit plus haut, les cercles dans lesquels j'évoluais étaient très inquiets devant cette rhétorique de la « guerre contre le terrorisme », qui soumettait l'ensemble de la planète aux velléités interventionnistes de Washington. Nous ne pouvions pas rester les bras croisés. En outre j'ajoute que mon travail pour le site *Résistance* m'avait fortement sensibilisé à la thématique de l'embargo. J'avais publié des articles à son sujet. Je ne pouvais pas oublier qu'un million d'Irakiens avaient déjà perdu la vie à cause de cela.

J'avais deux contacts utiles dans les milieux actifs autour de l'Irak : la jeune Militante Pantinoise, que j'ai mentionnée plus haut à propos du combat yougoslave et qui animait un comité de solidarité, et le Fils de l'avocat connu qui était, comme pas mal de maoïstes ou ex-maos, membre du Mouvement des citoyens (MDC) de Jean-Pierre Chevènement. Il me téléphonait de temps à autre et m'apprit le lundi 16 septembre 2002 qu'il souhaitait se rendre à Bagdad. Je ne me souviens plus

176. *BI* n° 67, juin 2002.

bien s'il s'agissait d'une initiative individuelle ou s'il se plaçait dans le cadre d'une délégation du MDC. Lorsqu'il fut confirmé qu'il aurait besoin de mon aide, comme je voulais toujours me rendre utile (j'éprouvais toujours à ce moment-là un sentiment de dette à l'égard des activistes), je décidai de jouer les intermédiaires. Je contactai La Militante pour l'informer du projet de mon camarade. Elle me donna les coordonnées de celui que nous appellerons Le Sociologue irakien, un petit bonhomme sexagénaire, auquel je téléphonai le 18 septembre. J'ignore ensuite comment Le Sociologue et Le Fils de l'avocat connu se mirent en rapport. Je crois me souvenir que le projet de voyage échoua sur une histoire de visa, comme celui de mon troisième voyage en Serbie en 2000.

Le samedi 28 septembre 2002, je me rendis à une manifestation organisée par le comité de La Militante, place Edouard Herriot, derrière l'Assemblée nationale. Le 12 septembre 2002, devant l'Assemblée générale de l'ONU, le président Bush venait de mettre en demeure le président Saddam Hussein de « retirer ou détruire immédiatement et sans conditions toutes ses armes de destruction massive » et d'appeler l'ONU à formuler une nouvelle résolution afin d'obtenir le désarmement de l'Irak. L'Irak avait annoncé le 17 qu'il acceptait un retour inconditionnel des experts en désarmement des Nations unies expulsés quelques années plus tôt, mais, comme le soulignait l'appel à manifester diffusé le 18 par mail dans les cercles proches des éditions Le Temps des Cerises[177], « la menace d'une guerre n'était pas écartée ».

177. Parmi les destinataires : Pierre Lévy, le Scientifique, des organisations palestiniennes, des membres ou ex-membres du PC (Annie Lacroix-Riz, Guy Poussy, Le Dissident Internationaliste, Karim Lakjaa, Emile Fabrol,

La manifestation rassembla au plus une centaine de militants, jeunes arabes (musulmans et laïques), communistes italiens (avec force drapeaux de leur parti – PRC) et français (dissidents du PCF). Patricia Latour du Temps des Cerises s'exprima au micro, puis le Sociologue irakien, avec qui j'échangeai un ou deux mots par la suite, et la Communiste italienne[178] (une italo-russe d'une trentaine d'années que j'avais croisée dans une réunion du Missionnaire en juin 2000 – elle animait le Cercle du 25 avril, Partito della Rifondazione communista à Paris).

Aux États-Unis, un collectif « Not in our name ! « (Pas en notre nom !), notamment Noam Chomsky, Edward Said, Oliver Stone, Immanuel Wallerstein, Howard Zinn, Angela Davis, condamnait l'interventionnisme américain. 30 000 personnes le signaient. Ils organisaient une manifestation le 6 octobre 2002. En France plusieurs centaines d'intellectuels français s'y associèrent. Là encore les incontournables de la morale politique – Pierre Vidal-Naquet, Lise London –, des hommes de spectacle – Jean Ferrat, Daniel Mermet, Alex

---

Georges Labica, Nicole Borvo, la sénatrice Marie-Claude Beaudeau, la journaliste suisse Silvia Cattori, l'ex député espagnol Jaime Ballesteros). L'étude des destinataires de ce mail pourrait à elle seule faire l'objet d'une étude sociologique.

178. Je l'ai interviewée le jeudi 26 décembre 2002 pour un site communiste strasbourgeois, *Résistance* qui était tenu par un jeune homme d'origine serbe. J'ai bien aimé cette fille. Sa mère était russe, son père journaliste italien amoureux de l'Algérie et supporter du FLN. Elle était très indépendante d'esprit et très combative et elle avait refusé l'affadissement politique aussi bien du PC italien que du PC français dont elle avait été membre à partir de 1989.

Métayer, Georges Moustaki, Bernadette Lafont, Marie Trintignant, Princess Erika – quelques radicaux – Gilles Perrault, Alain Gluckstein, Annie Lacroix-Riz –, des stars de Normale Sup – Maurice Blanchot, Jacques Derrida – Le collectif français organisa des manifestations le 20 novembre 2002 et le 14 décembre 2002 place de la République.

Nul n'était dupe du danger car, dès le 15 novembre 2002, l'ancien chef des inspections de l'ONU, le Républicain américain Scott Ritter avait estimé que la dernière résolution 1441 de l'ONU du 8 novembre 2002 destinée à désarmer l'Irak rendait la guerre inévitable (*AP* 15 novembre 2002). Le Scientifique y voyait même « un nouveau Rambouillet » (par analogie avec l'ultimatum adressé aux Serbes en 1999) et un « Munich du Tiers-Monde » tant les exigences qu'elle posait étaient sévères.

Cela naturellement restait sans prise sur le gouvernement états-unien. Dès le 3 décembre 2002 *Le Monde* annonçait que l'armée US installait son PC au Qatar en vue des manoeuvres de répétition de l'attaque contre l'Irak.

Le mercredi 4 décembre 2002, des anti-impérialistes français recevaient la visite d'un représentant de l'International Action Center, Bill Doar, à l'École des beaux-arts, un véritable roc comme seule l'extrême gauche américaine peut en produire : un buste massif, crane luisant, les poings posés sur la table comme des créneaux de fortifications. Il fit forte impression sur tout le monde. Je me souviens notamment qu'une vieille dame américaine à la fin de la conférence l'attaqua parce qu'il avait dit du bien de Milosevic (car on débattait encore de cela aussi, et pas seulement de Saddam Hussein à ce moment-là). Elle avait entonné le couplet favori de la gauche morale sur Milosevic le « boucher », le « plus grand criminel » du monde. Et Doar répondit, aussi sûr de son fait que l'horloge parlante : « Ce n'est pas un grand criminel. Si c'en était un il serait reçu avec un tapis rouge à la Maison blanche ». Ce n'était peut-être pas le meilleur argument, mais c'était drôle. Il eût fallu mille Bill Doar pour faire obstacle à Rumsfeld.

En revanche je ne me rendis pas à la réunion du 10 décembre 2002 où Le Missionnaire faisait le lien entre la Yougoslavie et l'Irak à la Sorbonne avec une vidéo sur le Kosovo. La Militante Pantinoise m'en décrivit l'ambiance « *C'était impressionnant : un simple billet annonçant la tenue de la réunion dans[le Mensuel de gauche] avait suffi pour que l'amphithéâtre et la salle était (sic) pleine à craquer. Évidemment, le public était très gauche plurielle (type profs donneurs de leçons, ils sont insupportables…). Le contenu du film et le débat derrière ont dû les surprendre !* »[179]. L'association « Politique Extérieure Rouges-Vifs » organisa une conférence le 13 décembre à la mairie du 2e arrondissement avec L'Internationaliste, Pierre Thorez, Georges Labica et Jean-Pierre Page. Il y avait là toute une effervescence, chacun, je suppose, essayant de faire ce que sa conscience lui commandait.

Le Mensuel de gauche, lui, nous décevait toujours autant : le 6 février 2003 Marc-Aurèle m'écrivait sous le titre « La bien-pensance du *Mensuel de Gauche* sur l'Irak et la Yougoslavie » : » *Le numéro 67 de son supplément que vient d'éditer [Le Mensuel de Gauche] s'intitule « L'Empire contre l'Irak ». Je note que le numéro 45 de la même revue qui était*

179. Mail du 10 décembre 2002.

paru en mai 1999 en pleine intervention de l'OTAN contre la Serbie avait pour titre « La nouvelle guerre des Balkans » (et pas « L'Empire contre la Yougoslavie » !). Cette différence sémantique n'est pas anodine, car elle sous-entend une interprétation très différente des deux conflits. » Il dénonçait notamment dans son mail l'abus par ce journal de l'expression « la folie du régime baassiste » : l'argument de la folie (souvent employé contre Milosevic) était l'insulte fréquemment utilisée pour discréditer les adversaires des États-Unis. En cédant à cette facilité, une fois de plus le *Mensuel de Gauche* manquait d'indépendance à l'égard des pouvoirs dominants. Il est vrai que l'auteur de l'article que visait Marc-Aurèle était un journaliste en *free-lance*, chercheur à l'International Crisis Group, l'ONG de George Soros, et qui collaborait à de nombreuses revues mainstream. La veille je recevais un article écrit par un ancien de la CIA à propos de Halabja, paru dans le *New York Times* du 31 janvier 2003, et mettant en doute la responsabilité de Saddam Hussein dans l'affaire d'Halabja[180]. *Le Mensuel de Gauche* aurait pu au moins prendre en compte l'existence d'un débat. Malheureusement l'obsédé de la « folie de Saddam » allait encore sévir les années suivantes dans ses colonnes, ce que nombre de mes proches interprétèrent comme un symptôme grave de la dérive de ce média sur la question de l'impérialisme.

De leur côté, les intellectuels bellicistes néo-libéraux, eux, travaillaient à des formules censées rallier à nouveau la France

180. Saddam Hussein était accusé d'avoir massacré volontairement des civils kurdes dans ce village pendant la guerre contre l'Iran. L'accusation n'a même pas été reprise dans le cadre du procès très controversé qui devait déboucher sur sa pendaison en 2006.

à l'interventionnisme, mais sur le mode d'une troisième voie subtile, « ni ni » : ni-pacifiste ni belliciste (« *Entre fauteurs de la paix à tout prix, héritiers des "Mourir pour Danzig, jamais !", des "Plutôt rouges que morts" ou des appels "pacifistes" et communistes à la désertion face aux armées hitlériennes ou aux terroristes du régime taliban, et les actions dangereuses et peut-être inutiles de ceux qui tiennent à tout prix à la solution militaire et guerrière* ») : ils demandaient pour éviter la guerre, que Saddam Hussein s'exile que l'ONU administre directement l'Irak ! Une formule qui rappelait l'administration kouchnérienne du Kosovo. La pétition, publiée sur le site du Parti radical italien[181], était signée par André Glucksman, le politicien libéral Alain Madelin (qui soutint ensuite l'agression américaine), Ismail Kadare, le ministre de la culture du gouvernement autonome de la Tchétchénie, Fernando Savater, des dissidents cubains, chinois et vietnamiens, Arben Xhaferi président du Parti démocratique albanais en Macédoine, le ministre de la défense d'Albanie, des élus du Forza italia (le parti de Berlusconi), Morton Abramowitz fondateur de l'International crisis group et surtout éminence grise de l'administration Clinton pendant la guerre du Kosovo auprès de l'UCK.

Peut-être fallait-il voir dans cette pétition le chant du cygne des interventionnistes « ancienne mode », ceux de l'école démocrate clintonienne, attachés à sauvegarder une vitrine multilatéraliste, plus consensuelle que le messianisme de George W Bush.

Je fus à la grande manifestation antiguerre du samedi 15 février 2003 qui rassembla à Paris quelques milliers de

181. Je la trouvai le 11 février 2003.

personnes[182] (contre plus d'1 million à Londres, Madrid, Rome…). Je n'y vis de connu que La Militante Pantinoise et le futur éditeur de l'Atlas. Pour eux, il ne s'agissait ni plus ni moins que d'une manif « à l'appel du gouvernement français qui en a besoin pour défendre sa position à l'ONU ». Il est vrai que même *France Info* n'avait cessé de faire du battage médiatique autour de l'événement. Rien de très exaltant donc… Je n'allais en revanche pas pouvoir participer aux manifestations suivantes le 15 mars (80 000 personnes à Paris)[183], le 22 et le 29 mars.

L'hostilité à la guerre d'Irak était devenue une mode, qui allait se traduire par l'attribution de la palme d'or à Michaël Moore à Cannes pour son film anti-Bush sur le sujet. Moore est un cinéaste amusant, assez simpliste dans ses thèses, et qui n'a pas hésité fin octobre 2003 à appeler à voter pour le Général Westley Clark, le commandant en chef des bombardements en Yougoslavie, pour l'élection présidentielle. Mais tout ce qui allait contre une vision diabolisée de Bush était devenu bon à prendre.

Le mardi 4 mars 2003, un débat se tenait à l'Institut du Monde arabe avec Le Scientifique et Thierry Meyssan après la projection du film « L'Irak, d'une guerre à l'autre », de Francesco Condemi, qui racontait le voyage à Bagdad de 120 militants pacifistes. José Bové s'était décommandé. Fortement attaqué après la levée de boucliers suscitée par ses propos selon lesquels le Mossad était derrière les attentats contre les synagogues françaises, il refusa de continuer à

182. Cf *Le Monde* 18 février 2003.

183. http://www.la-paix.org/Chrono032003_guerreIrak.htm.

s'exprimer sur la Palestine et le Proche-Orient, un refus semblable à celui de l'Écrivain engagé sur le Kosovo en mai 2000.

La guerre

La guerre en elle-même fut bien plus rapide que nous ne l'avions pensé. Bien sûr on savait l'Irak de Saddam Hussein épuisé par plus de dix ans d'embargo. Et nous savions à coup sûr qu'il n'avait pas d'« armes de destruction massive » pour se défendre. Mais on pouvait s'attendre au moins à une résistance urbaine plus intensive (même si Bassorah au Sud tint tout de même trois semaines) – en fait cette résistance n'allait se révéler au grand jour qu'après le renversement de Saddam Hussein.

Chris Black nous abreuvait des informations du *think tank* russe « Ramzaj group » (un groupe d'experts militaires basés en Irak) publiées sur iraqwar.ru jusqu'au 8 avril 2003, date de l'évacuation des services diplomatiques russes de Bagdad. C'était un moyen de détourner la désinformation de l'état-major américain qui avait intoxiqué les grands médias pendant la première guerre d'Irak.

L'opération militaire débuta le 19 mars 2003 à 21 h 37, quelques heures après la fin de l'ultimatum de 48 heures du président des États-Unis George W. Bush qui demandait au président irakien Saddam Hussein ainsi qu'à ses fils Oudaï et Qousaï de quitter l'Irak. Elle s'appuyait sur le principe du « Choc et effroi » (*Shock and Awe* en anglais) qui tente par l'emploi d'armements très puissants et précis de causer un choc et d'engendrer de la peur dans l'armée régulière et la population pour qu'elles se rendent plus facilement.

La tactique choisie par Franks à partir du 1er avril fut la marche directe sur Bagdad qui permettait de contourner les villes résistantes quitte à laisser des dizaines de milliers de combattants sur les lignes arrières. La domination aérienne de la coalition et l'incapacité de l'armée irakienne à organiser une défense hors des villes – dans le désert – furent pour beaucoup dans la progression des Américains[184]. Le dimanche 6 avril de violents combats se déroulaient à l'aéroport militaire Rachid dans la banlieue de Bagdad. La coalition comptait 20 000 soldats. Il en fallait quatre fois plus pour prendre la ville selon les spécialistes.

Pourtant, dès le 9 avril 2003, les télévisions occidentales montraient le renversement de la statue de Saddam Hussein sur la place Ferdaous (Bagdad), par un char américain.

On a parlé très tôt dans les milieux résistants d'usage illégal d'armes de destruction massive par les Américains à Bagdad : encore en février 2008 un article était publié, dont on ne sait trop ce qu'il faut penser, sur l'emploi d'une bombe à neutron à l'aéroport de Bagdad[185]. Mais il est probable que le facteur majeur de la chute de la capitale irakienne fut une trahison. Des volontaires algériens partis combattre en Irak ont parlé d'une défection de la garde républicaine sous le commandement de Maher Soufiane, le cousin de Saddam Hussein qui

---

184. Dans leur dépêche du 4 avril, les Russes remarquaient que cette tactique n'aurait eu aucune chance de réussite en Europe de l'Est ou en Corée.

185. http://www.mondialisation.ca/index.php?context=va&aid=8011.

n'hésita pas à tirer sur les volontaires arabes.[186] Les 6 divisions de la garde républicaine qui défendaient Bagdad se rendirent sans combattre après que leurs généraux aient été achetés par la CIA. Les cadres du Baas n'ont même pas essayé de couper les ponts qui mènent à la ville pour ralentir la progression de la coalition.[187] Maher Soufiane put ainsi être exfiltré par l'armée américaine après son forfait le 8 avril, il n'allait jamais figurer dans le « jeu de cartes » des 52 cadres du Baas recherchés par les Américains.[188] Le *Journal du Dimanche* du 25 mars 2003 révélait qu'il était en contact depuis un an avec le Pentagone. Furent également exfiltrés par les Américains Ali Abdel Rachid al-Takriti, secrétaire du commandement général. Ce dernier informait les Américains des mouvements de l'armée irakienne. Un troisième homme enfin fut également exfiltré, le commandant des Feddayin de Saddam, la milice d'Oudaï, fils aîné de Saddam Hussein, qui aurait envoyé ses troupes dans des guets-apens. Ce même 8 avril un autre traître allait être lui abattu : un officier du palais présidentiel qui avait donné aux Américains les coordonnées d'une maison que visitait Saddam Hussein dans le quartier d'Al Mansour. Quatre bombes s'abattirent sur le quartier, mais Saddam était parti dix minutes plus tôt. Démasqué par son téléphone satellite, le délateur n'allait pas survivre.

---

186. http://www.bladi.net/forum/3744-trahison-garde-republicaine/#post79813.

187. http://news.pacificnews.org/news/view_article.html?article_id=5ae05a118069ebe6d68ef5995a2ebb7d

188. *Le Monde* 16 avril 2003.

Ainsi se trouvait confortée la stratégie de Rumsfeld qui, après avoir largement corrompu les proches de Saddam Hussein, savait que les combats ne dureraient guère. Le président George W. Bush annonça officiellement la victoire le 1er mai 2003.

Toutefois, dès le 10 avril, l'ambassadeur d'Irak à Hanoï annonçait la mise en place d'une résistance qui pourrait durer plusieurs années. Fallait-il le croire ? Des activistes qui étaient allés à Bagdad en doutait : *« L'Irak ce n'est pas l'Afghanistan. C'est du désert, c'est plat. Il n'y a pas de montagnes qui puissent servir de base arrière aux éventuels guérilleros »*, me disaient certains.

Pendant ces quelques semaines de guerre la mobilisation militante n'avait pas faibli. Les sites Internet notamment tournaient à plein régime.

Mais le front anti-guerre demeurait divisé. Les grandes machines comme la Ligue des droits de l'homme et le Parti communiste restaient sur une ligne très « ni-niste » qui interdisait de briser la symétrie artificielle créée entre Bush et Saddam, une ligne qui, de fait, les conduisait à s'en remettre purement et simplement aux initiatives de Chirac.[189]

Les militants anti-impérialistes, eux, recevaient des attaques très virulentes en provenance directe de ces instances

---

189. *Le Monde* du 21 novembre 2002 n'avait pas manqué de souligner l'abstention du PCF lors du vote du budget du ministère des affaires étrangères à l'Assemblée nationale, abstention justifiée par le « sens de l'État » du Parti, selon le député Jean-Claude Lefort, et par une volonté d'exprimer « un signe d'attention quant aux efforts de paix [fournis par Chirac] pour l'Irak et le Proche-Orient ».

pourtant de gauche. La Capjpo avait été incriminée dans les médias du fait de violences dans une manifestation anti-guerre du 22 mars.[190] La Militante Pantinoise avait dû faire face, de la part de la Ligue des droits de l'homme, à une fronde hostile au Sociologue irakien à la suite de la manifestation du 29 mars.

Cela avait commencé avec un article dans *Libération* du 31 mars qui accusait Charker Saad, président de l'Association des Irakiens de France, d'avoir, lors de la précédente manif, « porté le premier coup de poing contre Salah al-Hamdani, un poète irakien[191] opposant au régime, tabassé ensuite par une vingtaine de jeunes aux visages dissimulés sous des keffiehs ». *Libé* expliquait que « la coordination nationale Non à la guerre en Irak », qui regroupait associations et partis de gauche et d'extrême gauche, était à la recherche de nouvelles formes de mobilisation. *« Objectif : maintenir la pression sur les gouvernements tout en évitant les dérapages qui ternissent les défilés parisiens »*. Il mettait nommément le Sociologue irakien du Comité « Pas en notre nom » –France (qui dirigeait aussi le Collectif de La Militante Pantinoise) dans le même sac que Charker Saad.

À ce moment-là, expliquait *Libération*, le PCF et le Mouvement pour la Paix déploraient que des photos de Saddam Hussein aient défilé dans les rangs des manifestants le 29 mars, et Marie-Hélène Aubert des Verts insistait pour que les Palestiniens ne soient pas associés aux manifestations

---

190. http://www.europalestine.com/spip.php?article620

191. Qui écrivait des poèmes dans l'*Humanité*. Ses adversaires le disaient ancien membre de la garde républicaine irakienne.

– « comme en Allemagne et en Italie ». Un autre article du même journal avançait que, du côté des Verts, la tendance « Noël Mamère » luttait contre la direction du parti afin de la convaincre de se dissocier des Palestiniens et des « militants antisionistes » responsables selon eux des violences dans les manifestations.[192]

Le 3 avril un communiqué des proches du Sociologue irakien adressé au Mouvement pour la paix, au Réseau Voltaire, au Parti communiste français, à ATTAC, à la Ligue des droits de l'homme, à la Ligue communiste révolutionnaire, tentait de rétablir la réalité des faits. Il expliquait que la Ligue des droits de l'homme depuis plusieurs jours tentait de discréditer le Sociologue irakien en le faisant passer pour un agent de Saddam Hussein. Il racontait que le 31 mars des membres du collectif réuni à la Bourse du Travail à force de provocations avaient poussé les proches du Sociologue irakien et le président de l'Association des Irakiens de France, à quitter la réunion. Selon ce communiqué, les activistes de la Ligue des droits de l'homme et le PCF, en cherchant à marginaliser le Sociologue véhiculaient les querelles internes à l'opposition irakienne à laquelle le mouvement anti-guerre français aurait dû rester étranger.

Le communiqué interpellait ses destinataires : *« Quelle a été l'attitude de la plupart de vos organisations depuis 1991 ?*

---

192. Pour une approche pro-sioniste de ce débat interne aux Verts ont peut se reporter à l'interview de la future membre du comité de campagne de Ségolène Royal et députée socialiste, alors conseillère municipale écologiste du Ve arrondissement de Paris, Aurélie Filipetti sur http://www.primo-europe.org/showdocs.php?rub=11.php&numdoc=Do-718022906 (une interview très diffusée dans les cercles « alternatifs »).

Vous avez été alertés sur l'embargo et ses conséquences. Vous saviez que depuis 1998, les États-Unis bombardaient quotidiennement l'Irak. Qu'avez-vous fait, sinon y opposer un refus complet d'engagement ? C'est aussi grâce au manque de lucidité et à la couardise des uns et des autres que l'embargo, situation inique et inédite qui a provoqué la bagatelle de 1 500 000 décès d'enfants de moins de cinq ans, s'est maintenu durant douze ans, pour aboutir à une nouvelle agression américaine. Il n'est donc pas illogique que vous souteniez aujourd'hui cette fraction des Irakiens en France plus préoccupés par des règlements de comptes internes que par la souffrance de leur peuple !

Vos agissements sont indignes et méprisables : la délation ne grandit jamais ceux qui y collaborent. En désignant un homme à la vindicte et au lynchage médiatique (qui plus est dans un journal qui n'a jamais caché ses sentiments pro-américains), vous endossez une importante responsabilité. Que cherchez-vous réellement ?

Par inconscience ou volontairement, vous nourrissez des polémiques qui profitent à ceux qui sont pour la guerre américaine. Vous vous faites les complices du totalitarisme idéologique qui, en dernière analyse, rend les Irakiens responsables de l'agression des États-Unis. »

Les divisions à gauche sur l'Irak allaient se perpétuer dans la presse les jours suivants (par exemple le site pro-Israélien *Proche-Orient Info* allait attaquer à nouveau le Sociologue irakien), mais aussi dans la rue.

Le 12 avril 2003 dans le cadre de la mobilisation mondiale une nouvelle manifestation était organisée à Paris à l'appel de la Coordination de l'Appel « Non à la guerre contre l'Irak, Oui à un monde de Justice, de Paix et de Démocratie », expurgée des slogans anti-sionistes. Sa logistique était assurée par le Mouvement pour la paix et la Fondation Copernic. Une manifestation pleine de slogans pacifistes un peu creux et des drapeaux arc-en-ciel à laquelle se trouvèrent quelques milliers de personnes.

L'encadrement du Collectif « Pas en notre nom », qui était proche du Parti des travailleurs, organisait, quant à lui, une manifestation sur un axe plus clairement anti-impérialiste. Elle réunit 2 500 manifestants – ce qui n'était pas si ridicule – sur le slogan « troupes US hors d'Irak ». Les collectifs musulmans quant à eux, exclus du mouvement manifestaient déjà de leur côté depuis longtemps.

Les incidents dont l'origine est restée très trouble, auront ainsi permis de faire éclater le front anti-guerre et à la presse dominante de salir l'image de la résistance anti-Bush[193].

Je dînai pour ma part avec le Sociologue irakien, en compagnie du Scientifique et de Diana Johnstone le jeudi 17 avril 2003 près de Charonne. Il me fit une très bonne impression, nous parla longuement du sort des chrétiens irakiens, de Tarek Aziz le ministre de Saddam arrêté par les Américains qui appartenait à leur communauté (son procès allait s'ouvrir en 2008). On évoqua aussi l'histoire du PC irakien qui avait failli gouverner l'Irak après la chute de la Monarchie. Le Baas fut un « rempart » contre lui. Ce PC désormais, après un long exil à

---

193. Ainsi Eric Conan dans le magazine l'*Express* du 10 avril 2003 sous le titre « L'anti-américanisme un mal français » écrivait-il à propos des incidents des manifestations des 22 et 29 mars qu'ils révélaient les « dangereuses ambiguïtés de cette "francitude" » qui s'exprimait dans le mouvement anti-guerre http://www.lexpress.fr/info/monde/dossier/irak2/dossier.asp?ida=389316&p=6.

Londres, était dominé par des chiites et infiltré par la CIA affirmait le Sociologue. Il n'a jamais levé le petit doigt contre l'embargo (et il allait d'ailleurs avoir des ministres dans le gouvernement de Bagdad installé par Georges Bush). En s'alliant avec ce PC, le parti communiste français se condamnait à une position faible sur l'Irak.

Le Sociologue nous parla aussi du régime baasiste qu'il avait fui dans les années 70. Il n'en minimisait nullement le caractère totalitaire même s'il soulignait l'utilité de son action, trente ans plus tôt, pour la modernisation du pays, l'émancipation des femmes, le développement de la sécurité sociale. Il ne faisait cependant aucun doute à ses yeux que le principal danger pour la liberté et la prospérité du peuple irakien n'était plus Saddam Hussein mais le projet des néo-conservateurs américains d'occupation militaire et de remodelage du Proche-Orient.

Parallèlement à la guerre des communiqués, le comité du Sociologue irakien et de La Militante Pantinoise avait fait le choix de l'action juridictionnelle devant le Conseil d'État français. Le 10 avril 2003, juste après la chute de Bagdad, en alliance avec la fédération CGT des transports aériens contactée par l'intermédiaire de Jean-Pierre Page (ancien responsable des relations internationales de la CGT) et la Coordination des appels pour une paix juste au Proche-Orient[194], il demandait la suspension de la décision du ministre de la défense, révélée par une déclaration du ministre des affaires étrangères du 25 mars 2003, d'autoriser les avions militaires américains et

194. Le vendredi 4 avril 2003 je pris un verre avec son vice-président, Nicolas Sahsahni, et je dînai avec lui, Olivia Zémor et La Militante Pantinoise le mercredi 21 mai 2003.

britanniques qui accomplissent des missions en Irak à emprunter l'espace aérien français. Il s'agissait ainsi de dénoncer le double langage de la France à l'égard de l'invasion américaine : car Chirac n'avait même pas refusé à Bush ce que Mitterrand avait refusé à Reagan en 1986 lorsque celui-ci voulut que ses avions survolent la France pour bombarder Tripoli en Libye.

Cette action juridictionnelle n'était pas la première. Je fis la liste des initiatives d'activistes le 11 mai 2003 et elle fut publiée sur StopUSA.be (un site d'amis du Missionnaire) : des actions en Italie, en Espagne, en Allemagne avaient été lancées. En Belgique le mercredi 14 mai 2003 les avocats de dix-sept Irakiens et deux Jordaniens blessés ou ayant perdu des proches pendant la guerre déposaient, avec le soutien de la mouvance des amis du Missionnaire, une plainte pour crimes de guerre contre le général Tommy Franks, commandant des opérations militaires américaines en Irak, sur la base de la loi belge dite « de compétence universelle ». Le 7 mai 2003, cette loi a subi une modification sous la pression explicite de Washington qui menaçait de déplacer le siège de l'OTAN : désormais, le gouvernement belge aura la possibilité de renvoyer un dossier à la Cour pénale internationale ou au pays d'origine de la personne accusée pour que les faits y soient jugés – ce qui mettait les États-Unis à l'abri puisqu'ils n'étaient pas signataires des statuts de cette nouvelle cour.

J'avoue que l'action de la mouvance du Missionnaire, qui pourtant avait pendant longtemps critiqué les illusions de la Justice, notamment la Justice internationale, m'a encouragé à me faire le défenseur de ce genre d'initiative : il fallait absolument trouver une forme tribune. Comme prévu le Conseil d'État rejeta le référé (avec un zèle extrême puisqu'il n'attendit pas 24 heures). Malheureusement, le Comité de La Militante, qui n'avait pas plus de moyens que l'Appel de Bruxelles de Vladimir, échoua à faire connaître son action dans les médias, et seules les revues juridiques en parlèrent. C'est fort dommage car il y avait là une piste d'action intéressante pour la mobilisation des citoyens contre leur gouvernement.

La marginalisation efficace des groupes réellement déterminés à subvertir l'ordre mondial, et le rôle de la France dans sa conservation, permettait de laisser à la tête de la contestation de la guerre des conglomérats d'apparatchiks liés au PC, au PS, à la Ligue des Droits de l'Homme, qui s'exclamaient, comme le pape, la larme à l'œil « la paix, la paix », sans jamais attaquer les gouvernants sur les points précis de leur politique. Au mieux ces groupes n'entamaient des actions que sur des théâtres secondaires et contre-productifs, comme par exemple l'association Survie qui consacra du temps et de l'argent à dénoncer le rôle de la France dans les massacres au Rwanda en 1993. Ce genre de combat était anachronique – on dénonçait les tueries commises par les alliés hutus de la France à l'heure où les vainqueurs tustis alliés des États-Unis imposaient depuis dix ans une dictature violente, sans chercher à les inquiéter pour les massacres et destructions commis par ces dernier dans tout le Congo oriental. Il était aussi contreproductif car, comme les imprécations d'Ariel Sharon contre les crimes antisémites commis en France sous Vichy, il visait à affaiblir le seul pays européen qui pût résister aux projets de Bush.

Quelques années plus tard, j'allais pouvoir encore vérifier l'absence de perspective politique de la tendance dominante des pacifistes quand j'assistai le samedi 10 février 2007 à une réunion de l'Association pour la promotion et le respect du droit international humanitaire (ADIF) où l'on discuta du développement de la compétence juridictionnelle universelle. La plupart des intervenants citaient dans leurs exemples des tentatives de mise en examen de Hutus et de généraux français. L'impérialisme américain ne les intéressait qu'à titre secondaire.

*

*   *

Cette mollesse dans la résistance de gauche explique sans doute en partie que Chirac ait finalement rejoint les États-Unis très vite après la fin de la guerre d'Irak.

Dès que le président Bush eut annoncé le 1er mai 2003 la fin des hostilités en Irak, la France se remit à travailler avec les États-Unis à la validation *a posteriori* par le Conseil de Sécurité des Nations-Unies de la guerre illégale d'Irak (comme il avait validé a posteriori la guerre illégale du Kosovo). Le 8 juin 2004, le Conseil de sécurité de l'ONU adoptait la résolution 1546 approuvant la formation d'un gouvernement intérimaire en Irak à la botte de l'occupant américain.

Elle travailla aussi avec Bush sur les autres dossiers. Dès 2002 une base secrète gérée conjointement par la CIA et les services secrets français avait été créée à Paris sous le nom de code d'Alliance Base, et l'excellente coopération entre services secrets français et états-uniens expliquerait que Donald Rumsfeld ait dû faire marche arrière dans sa politique francophobe.[195] Cela se passait à une époque où la CIA entrete-

---

195. http://questionscritiques.free.fr/edito/WP/Alliance_Base_030705.htm

nait des prisons secrètes en Europe, et pratiquait sur notre continent des enlèvements en dehors de toute garantie judiciaire.[196]

La collaboration la plus spectaculaire fut sur le dossier Haïtien. Dès les 31 janvier et 1er février 2003, en veille de guerre d'Irak, au lac Meech, s'était tenue une table ronde de haut niveau sur la situation politique en Haïti réunissant des ministres français, des hauts fonctionnaires du Département d'État américain, des représentants de l'Organisation des États américains, de l'Union Européenne, mais aucun représentant d'Haïti. Selon le journaliste Michel Vastel (*L'Actualité*, mars 2003) qui s'est entretenu avec le secrétaire d'État canadien pour l'Amérique Latine de l'époque, Denis Paradis, le renversement du président démocratiquement élu Jean-Bertrand Aristide, le retour de l'armée haïtienne (dissoute par Aristide en 1995) et la création d'un protectorat auraient été évoqués lors de cette rencontre secrète.[197] Dès février 2003, 200 membres des Forces Spéciales américaines allaient arriver à la frontière dominicaine pour faire pression sur Haïti. Le 29 février 2004 le président Aristide était forcé à l'exil par l'ambassadeur des États-Unis, M. James Foley. Une force d'occupation à forte composante états-unienne et française allait superviser la transition. Aristide avait eu notamment le tort de demander à la France 21 milliards de dollars, soit l'équivalent de ce qu'elle avait dû payer au

---

196. Le premier vol clandestin de la CIA connu faisant escale en France se serait arrêté à Brest le 31 mars 2002 – http://www.syti.net/Kiosque/Kiosque_PrisonsSecretesUS.html

197. http://rocg.ca/Haiti/Situation_Haiti.htm

XIXe siècle comme tribut pour son indépendance. Le mardi 2 mars 2004, le président Bush téléphonait à Jacques Chirac pour le féliciter de « l'excellente coopération franco-américaine » à Haïti (*Associated Press* 3 mars 2004).

La collaboration franco-étatsunienne allait aussi se révéler féconde sur le dossier syrien. Dès le 2 septembre 2004, soit 18 mois après la guerre d'Irak, Paris et Washington présentaient conjointement une résolution 1559 exigeant le retrait de toutes les troupes étrangères du Liban, une résolution qui visait principalement la Syrie, et qui allait ouvrir la voie à l'intervention militaire d'Israël deux ans plus tard.

*

* *

L'APRÈS GUERRE

Comme l'a bien expliqué Cockburn dans son livre[198], Washington n'avait pas de plans pour l'après-guerre. Les néo-conservateurs voulaient imposer Ahmed Chalabi, un millionnaire chiite en exil, à la tête de l'Irak occupé mais Bush l'avait refusé à deux reprises, et sa tentative d'infiltration en Irak se solda par un échec.

L'Irak fut livré à l'anarchie. Le 9 avril 2003 une vague de pillage des bâtiments publics éclata qui toucha notamment le musée national. Les soldats américains sur place, comme la KFOR au Kosovo en 1999, mirent un point d'honneur à ne rien faire pour empêcher ces destructions.

---

198. Andrew Cockburn *op cit.*

Un ancien diplomate, Paul Bremer, fut nommé chef de l'Autorité provisoire de la coalition (l'administration coloniale de l'Irak occupé, sur le modèle de l'administration du Japon par Mac Arthur en 1945). Sa première mesure fut le 14 mai 2003 de licencier 50 000 fonctionnaires en vertu d'un décret de « débaassification » de l'Irak. La seconde, le lendemain, fut de dissoudre l'armée, ce qui mit à la rue 400 000 hommes disposant d'une instruction militaire et de l'accès à des armes et à des explosifs.

Le mardi 6 mai 2003, je recevais un mail de Chris Black, également adressé à Sarah Flounders, Pierre Lévy, et divers autres militants anti-impérialistes, qui reprenait une nouvelle à paraître dans le journal libanais *Al Watan al Arabi* selon laquelle Saddam Hussein (que les médias occidentaux disaient mort dans les combats) avait rassemblé une force de 40 000 hommes qui lanceraient la guérilla le jour du 35e anniversaire de la prise du pouvoir par le Baas le 17 juillet 2003. Cette « fuite » à elle seule était de nature à compromettre l'insurrection, mais elle était le signe que la crise irakienne était loin de se résorber.

La résistance irakienne commença à se mettre en place. Son premier objectif semble avoir été d'empêcher une légitimation de l'occupation par l'ONU (comme celle qui avait été acquise au Kosovo et en Bosnie) : le 17 août l'office des Nations Unies à Bagdad fut soufflé par un explosif. Le représentant de l'ONU à Bagdad Sergio Vieira de Mello y perdit la vie. Dès le mois de mai l'armée américaine fut la cible d'attaques

Un cycle de violence-répression s'installa dans le cadre duquel, comme avec Guantanamo, les États-Unis allaient se distinguer par leur mépris des droits de l'homme et du droit international. La prison d'Abou Grahib, qui avait servi à enfermer les opposants de Saddam Hussein, fut rouverte. En avril 2004 des images allaient être diffusées du traitement inhumain infligé aux prisonniers. Mais Abou Grahib avec ses 4 500 prisonniers n'était pas le seul centre de sévices en Irak. On apprenait en novembre 2007 que 25 000 Irakiens étaient détenus dans les prisons américaines en Irak[199].

Dans le camp anti-guerre, le clivage qui avait opposé une gauche du « ni-ni », politiquement correcte, à la gauche anti-impérialiste allait perdurer autour de la résistance irakienne. Le Parti communiste français[200], les socialistes et la gauche en général, estimant en avoir suffisamment fait en appuyant la position de Jacques Chirac dans cette affaire, restèrent particulièrement silencieux sur les méfaits de l'occupation américaine.

Cette faiblesse de la gauche fut encore accentuée par deux dimensions nouvelles du dossier irakien. La première fut la formation d'un gouvernement irakien « souverain » (ou prétendu tel) après que Washington eut constaté l'échec de la formule d'administration directe.

---

199. Belga http://www.7sur7.be/hlns/cache/det/art_612819.html

200. La direction du Parti communiste français était devenue très indulgente envers la propagande américaine et israélienne sur toutes les questions touchant au Proche-Orient. Des membres de sa direction, comme Marie-Georges Buffet, Nicole Borvo (l'épouse du numéro 2 du Parti, Cohen-Séat), se rendaient aux dîners annuels du CRIF bien que celui-ci ait adopté une ligne politique pro-Sharon sur le dossier palestinien. En ce qui concerne l'Irak, le PCF était en outre lié, comme on l'a signalé plus haut, au Parti communiste irakien qui, après des années d'exil à Londres, faisait désormais partie du gouvernement mis en place par les forces d'occupation. Ce qui ne le prédisposait guère à dire du bien de la résistance…

Le 15 mars 2004, le secrétaire d'État adjoint américain Richard Armitage parlait ouvertement de « pleine souveraineté » pour l'Irak (une absurdité pour un pays sous occupation). Le 28 juin 2004 l'Autorité provisoire de la coalition était dissoute et son pouvoir transmis à Ghazi Mashal Ajil al-Yawer, un homme d'affaire irakien qui avait longtemps vécu en Arabie Saoudite, et son premier ministre Iyad Allaoui dans le cadre d'une constitution provisoire. Le 30 janvier 2005 un Parlement unicaméral était élu.

La manœuvre politique était bien conçue. Le Scientifique me fit remarquer que la légitimité du gouvernement irakien par les urnes fonctionnait même dans le mouvement anti-guerre.

La seconde dimension qui renforça la propagande américaine fut la communautarisation du conflit : le Pentagone relayé par les grands médias décrivait l'Irak comme une construction artificielle de chiites et de sunnites qui ne pouvaient pas s'entendre. Il n'est pas exclu que ce discours préparait les esprits à un éclatement de l'Irak[201] – auquel Washington

---

201. En 2006 le sénateur démocrate Joseph Biden fut accusé de souhaiter cet éclatement dans le cadre d'un Irak fédéral (http://mediamatters.org/items/200605020007). L'idée était de toute façon dans de nombreuses têtes. Le *New York Times* de 25 novembre 2006 révélait dans un éditorial signé par Leslie Gelbex ex-président du *think tank* Council of Foreign Affairs signalait qu'un projet dès 2003 existait pour remplacer l'Irak par trois petits États : « *kurde au nord, sunnite au centre et chiite au sud* ». L'objectif état de « *placer le maximum d'argent et de troupes chez les Kurdes et les chiites. Les USA pourraient retirer la plupart de leurs forces du triangle sunnite au nord et à l'ouest de Bagdad. Les trouble – fêtes sunnites, privés du pétrole et de revenus devraient restreindre leurs ambitions ou en subir les conséquences.* »

allait semble-t-il renoncer après ses revers militaires, et ceux d'Israël en 2006. Cette présentation des réalités permettait à Washington de tenir le discours suivant : « Nous ne pouvons plus nous retirer sans quoi ils vont s'entretuer ». Les États-Unis qui venaient de semer le chaos se présentaient comme un rempart contre un chaos encore plus grave.

À mon humble niveau, j'ai moi-même essayé de contrer cette vision des choses en proposant par l'intermédiaire du Scientifique au *Mensuel de Gauche* (qui n'en voulut pas) un article que j'avais co-écrit avec un jeune sociologue.

Nous avions de bonnes raisons de penser que le chiffre de la participation aux élections législatives du 30 janvier, évalué à 72 % et claironné le jour même avait été artificiellement gonflé. Dès le 31 janvier, Le Dissident Internationaliste avait attiré l'attention de ses correspondants sur un article de Chossudovsky paru sur le site globalresearch.ca, qui, sur la base d'enquêtes de journalistes russes et chinois montrait que dans de nombreuses villes aucun électeur ne s'était présenté au bureau de vote. En outre, si dans certains secteurs les gens s'étaient déplacés, c'était sous la menace de perdre leurs cartes de rationnement.

Nous pensions aussi que l'arrestation arbitraire de politiciens, leur incarcération à Abou Graïb et dans d'autres prisons, leur torture dont tous les médias parlaient désormais, faussaient complètement la démocratie (moi-même je signai la pétition[202] de soutien à Abdul Jabar Al Kubaysi, ancien

202. Une pétition de la mouvance du Temps des Cerises. On y retrouvait Georges Labica, Francis Combes, la signature la plus connue étant celle de Jean Ziegler.

réfugié politique en France, Président de l'Alliance Patriotique Irakienne, un laïque, détenu au camp Cropper près de l'aéroport de Bagdad). Nous avions aussi des données qui indiquaient, contrairement à ce que disait la grande presse, que la résistance visait davantage les cibles militaires que les civils collabos, et qu'elle ne se réduisait ni à un quarteron d'ex-baasistes, ni, comme la presse allait encore le laisser entendre, à des islamistes exaltés, salafistes et autres afiliés d'Al Qaida (on se souvient du battage autour de Abou Moussab Al-Zarqaoui, présenté comme le « numéro 1 d'Al Qaida en Irak », dont les attentats faisaient le jeu des Américains).

Plus la résistance armée était assimilée à des extrémistes nihilistes, et plus l'occupation états-unienne passait pour un « rempart » contre l'explosion de l'Irak entre radicaux chiites et sunnites.

Il fallait au contraire montrer que l'occupation militaire occidentale elle-même jouait la carte de la division et du communautarisme, en Irak, comme elle l'avait fait dans les Balkans.

La mollesse de la gauche officielle sur l'Irak la conduisit à se montrer très modérée sur les scandales humanitaires que furent les deux batailles de Falloudjah où des crimes de guerre massifs ont été commis – certains ont parlé d'un « Guernica sans Picasso » –, notamment l'emploi d'armes chimiques par les troupes américaines.[203]

---

203. Voir le documentaire italien *Fallujah La strage nascosta* (Falloudjah le massacre caché) Sigfrido Ranucci pour la télévision *RAÏ News 24* (diffusé le 8 novembre 2005).

Pourtant les chiffres parlaient d'eux-mêmes : l'occupation états-unienne, selon un rapport du *Lancet*, aura causé la mort, directe ou indirecte, d'un million d'Irakiens et l'exil de trois millions d'entre eux (le chiffre est certes contesté, mais la méthologie est la même que celle employée au Congo où elle n'a suscité aucune critique). Le coût total des occupations états-uniennes en Irak et en Afghanistan fin 2007 s'élevait à 15 milliards de dollars par mois.[204] Comme l'ont rappelé Wim de Ceukelaire et Bert de Belder dans leur contribution à l'*Atlas alternatif*[205] sur la base d'une étude de l'Organisation mondiale de la santé : « L'éradication de la faim dans le monde coûterait 5,2 milliards de dollars par an (...) Sauver 8 millions de personnes (dont 6 millions d'enfants) de maladies aisément évitables et guérissables ne coûterait pas plus de 35 milliards de dollars – ce qui est moins que le coût de l'attaque contre l'Irak en mars et avril 2003 ».[206]

Ces chiffres disent à eux seuls l'ampleur du crime commis par les États-Unis en provoquant les guerres de la « globalisation » et en entretenant la lâche occupation de l'Irak et de l'Afghanistan. Leur responsabilité dans l'aggravation des

---

204. Selon le sénateur républicain pro-guerre de l'Alaska Ted Stevens, cité par le *Washington Post* du 27 décembre 2007 http://www.washingtonpost.com/wp-dyn/content/article/2007/12/26/AR2007122601542_pf.html

205. Wim de Ceukelaire et Bert de Belder « La Globalisation impérialiste : une menace pour la santé mondiale », in *Atlas Alternatif*, Pantin, Le Temps des Cerises 2006.

206 Commission on Macroeconomics and Health. *Macroeconomics and health: investing in health for economic development*. Geneva : WHO, 2001.

désordres mondiaux crevait à ce point les yeux que même un enfant de huit ans en ferait le constat lucide. Plutôt que de pinailler sur les tendances « islamistes » de telle ou telle faction de la résistance irakienne, les commentateurs eussent été bien inspirés de garder ces données au centre de leurs considérations. Mais pour cela, encore eût-il fallu qu'ils puissent sortir de l'aveuglement que causent les guerres de religions à toutes les époques. Or c'était bien dans cet aveuglement dogmatique que l'Occident était plongé, même quand il se croyait « laïque » et « rationnel ».

Le « choc de civilisation » et l'affaire du voile

Les guerres d'Afghanistan, la guerre d'Irak, et la crise palestinienne ont mis en effet en relief le problème du rapport de l'Europe occidentale à la civilisation musulmane.

Un ancien conseiller de Bill Clinton, Samuel Huntington, avait formalisé ce rapport sous le vocable du « choc de civilisation » (clash of civilization) dans un article de 1993 transformé en un livre publié en 1996. La crise du 11 septembre 2001 et la guerre d'Irak semblaient redonner vigueur à cette problématique. La France aggrava le problème en adoptant le 15 mars 2004, suite au rapport de la commission Stasi, une loi prohibant les signes religieux dans les écoles, loi que tout le monde identifia sans équivoque comme visant le port du foulard par les jeunes femmes musulmanes.

De fait le sujet était sur toutes les lèvres bien avant l'adoption de la loi.

Déjà le samedi 8 février 2003, j'avais eu une conversation très difficile avec mon amie algérienne, une fille un peu plus jeune que moi, valeureuse, née dans une famille ouvrière du nord de la France, et qui avait courageusement poursuivi ses études jusqu'à devenir ingénieur qualité dans un hôpital. Encore pétri d'idéaux laïques, je pris comme une gifle l'instant où elle m'expliqua que, depuis son retour de La Mecque, sa mère portait le voile et cela la rendait « rayonnante ». « Moi je ne me sens pas prête pour le porter, mais c'est un idéal » ajouta-t-elle. Sur le moment, je songeai qu'il eût été absurde et de très mauvais goût d'attaquer frontalement – comme l'eussent fait beaucoup de militants athées – ses convictions religieuses. C'eût été une atteinte à son intimité. Mais je tentai au moins de lui faire comprendre combien une société laïque avait besoin de tolérance pour exister et combien le voile pouvait choquer les gens d'autres religions autant que la kippa ou la croix. Je lui demandai si elle tolèrerait que des Raëliens se promènent nus dans la rue si un de leurs textes sacrés le leur imposait comme signe de leur foi. Je parlai aussi de la génération de jeunes musulmans de gauche – marxistes, nassériens, etc – qui, au Proche-Orient, ont tant donné pour l'idéal de progrès et de laïcité (tout en sachant que l'Algérie fut moins touchée par ce phénomène). Bref je voulais sortir mon amie du présupposé selon lequel « cela ne concerne que le rapport entre l'individu et Dieu ».

Cette conversation fut pour moi une sorte de première alerte, qui me montrait que mon point de vue « laïque » n'était pas adapté à la réalité du vécu des immigrés et de leurs enfants.

Je prenais de temps à autre un café avec Nils Andersson (qui était en 2004 et 2005 avec Le Dissident Internationaliste le contributeur qui s'intéressait le plus au devenir de l'Atlas alternatif). Il avait joué un rôle héroïque au service de la liberté d'expression en publiant pendant la guerre d'Algérie en Suisse dans le cadre des Editions La Cité les livres interdits en France dénonçant la torture, ce qui lui valut finalement de devoir se réfugier en Albanie. Il défendait résolument la laïcité. Il était notamment notamment inquiet de la résurgence des références religieuses dans la mouvence de l'appel des « Indigènes de la République » lancé en janvier 2005 signé par des sociologues, des militants d'organisations arabes, des activistes du PCF, de la LCR. Ce texte dénonçait notamment *« Les mécanismes coloniaux de la gestion de l'islam sont remis à l'ordre du jour avec la constitution du Conseil français du Culte Musulman sous l'égide du ministère de l'Intérieur. » « Discriminatoire, sexiste, raciste, la loi anti-foulard est une loi d'exception aux relents coloniaux »* précisait-il.[207] Nils se plaisait à rappeler que, pendant la guerre d'Algérie, la référence religieuse n'était jamais une source de clivage dans les milieux solidaires de la résistance.

Je voulais suivre le laïcisme de Nils, mais je ne pouvais négliger pour autant de tirer les leçons de ce que m'avait dit mon amie algérienne en février. Il fallait vivre dans notre époque. Beaucoup d'anti-impérialistes étaient très remontés contre cette loi aux relents colonialistes. Deux contributeurs de l'Atlas (dont une allait se retirer de l'équipe du livre plus tard mais je ne pouvais l'anticiper) avaient signé une pétition « Un voile sur les discriminations » qui manifestait *« très fermement [leur] opposition à toute loi stigmatisant l'islam, et les femmes musulmanes en particulier »*[208].

207. http://www.indigenes-republique.org/spip.php?article835
208. http://www.islamlaicite.org/rubrique13.html

Il était difficile de ne pas voir que ceux qui soutenaient la loi sur le voile étaient aussi ceux qui défendaient une vision paranoïaque des conflits du Proche-Orient, fermaient les yeux sur les crimes états-uniens et israéliens dans cette zone, se rendaient aux repas d'un Conseil Représentatif des Institutions juives de France (CRIF) de plus en plus aligné sur George W. Bush. Ceux-là prenaient le risque de faire le jeu des théoriciens du choc des civilisation, à l'heure où les incidents communautaires se développaient en France, non seulement à l'encontre des Juifs, mais aussi – on le disait moins – de la part de groupes sionistes contre des cercles arabes[209] ou de la part d'islamophobes contre des mosquées et cimetières musulmans[210]. La loi sur le voile contribua à ternir l'image de la France dans le monde musulman bien avant l'élection de Nicolas Sarkozy. Elle allait notamment être au centre de l'ultimatum lancé par les ravisseurs en Irak des deux journalistes français Christian Chesnot et Georges Malbrunot et de leur chauffeur, Mohammed Al-Joundi fin août 2004.

L'affaire du « choc de civilisation », elle, faisait beaucoup réfléchir dans mon entourage.

---

209. Par exemple le 29 décembre 2003 15 hommes casqués et armés de la Ligue de Défense Juive (LDJ) pénétraient dans l'enceinte même du Tribunal administratif de Paris et venaient frapper des jeunes de l'Association générale des Etudiants de Nanterre (AGEN) (http://www.europalestine.com/article.php3?id_article=969) info qui fut confirmée par un communiqué d'un syndicat de magistrats publié par l'AFP, mais fit l'objet d'un black out absolu dans la presse.

210. Voir pour l'année 2003 la liste sur http://www.cige.org/cige/actualites/annees_2003-2004/islamophobie.html

Elle portait dans son sillage deux thématiques particulières : celle de l'intégrisme islamique, et celle du sionisme.

En ce qui concerne le premier thème, une allergie épidermique aussi absurde que la haine anti-serbe s'était installée sous nos latitudes à l'égard de ce qu'on appelait l'« intégrisme » islamique. À grand renfort de dogmatisme bien pensant, toutes les tendances – Al Qaida, le Hezbollah libanais, les ayatollahs iraniens, le théologien Tariq Ramadan, le Hamas et le Djihad islamiques palestiniens, les Frères musulmans égyptiens et les Talibans – étaient confondues et noyées dans une fantasmagorie idiote de femmes voilées de la tête au pied et d'attentats aveugles (un imaginaire de citadelle assiégée dont allait témoigner la pitoyable affaire des caricatures de Mahomet). Il fallait démêler cet écheveau paranoïaque, comprendre les raisons du « retour du religieux » dans l'espace politique proche-oriental et maghrébin, et ouvrir les voies d'un dialogue constructif avec ce phénomène[211]. Mais peu de gens à gauche pouvaient tenir ce discours sans se faire traiter d'« islamo-fascistes » par les aboyeurs qui ont leurs sièges réservés à l'année sur les plateaux de TV.

Le second point intrinsèquement lié au choc de civilisation, c'était la question du sionisme dont on commençait à peine, à l'époque, à analyser le poids idéologique en Occident, dans la relecture de l'histoire (notamment l'exploitation du souvenir de la Shoah), et dans l'orientation des

211. Un dialogue que les forces de gauche engagées dans la résistance « de terrain » au Proche-Orient avait entamé depuis longtemps – par exemple le Front populaire de libération de la Palestine, marxiste, était souvent allié au Hamas.

politiques européennes et états-uniennes au service des intérêts d'Israël. La question de l'« identité » judéo-chrétienne de l'Occident était, en pratique, très liée à celle de la défense de l'entité israëlienne au Proche-Orient.

Il était pour le moins délicat d'examiner cette question en toute sérénité. Je me souviens qu'en septembre 2005 Marc-Aurèle lança une polémique contre un journaliste du *Mensuel de gauche* à propos de l'ouvrage de Norman Finkelstein, *The Holocaust Industry*, traduit aux éditions La Fabrique.[212] Le Scientifique, lui, fréquentait déjà depuis 2003[213] Jeffrey Blankfort, un journaliste juif californien, qui enquêtait au sein du puissant AIPAC (American Israel Public Affairs Committee) – Blankfort allait devenir célèbre en 2006 dans les milieux résistants en dénonçant l'aveuglement de Noam Chomsky sur le sionisme.[214]

Des marxistes orthodoxes comme Le Missionnaire, qui avaient soutenu que le pétrole était la clé de toutes les guerres, publièrent le texte de Marc-Aurèle sur leur propre site. Mais ils ne voyaient peut-être pas que cette approche en termes de « choc de civilisations » et d'idéologie sioniste est contradictoire avec l'explication matérialiste. Soit, on considère que les guerres au Proche-Orient avaient pour base l'accès au pétrole, soit on considère qu'il s'agit d'une forme d'hallucination religieuse de l'Occident, dont une des dimen-

---

212. Norman Finkielstein, *L'industrie de l'holocauste,* Paris, La Fabrique 2001.

213. Dans un mail du 11 juillet 2003 il me disait avoir dîné avec lui la veille.

214. http://www.voltairenet.org/article142491.html

sions était une certaine communion avec le millénarisme sioniste. Telle est par exemple la thèse que défend Thierry Meyssan dans *l'Effroyable imposture n° 2* (dont j'ai fait une recension pour Parutions.com en 2007).

Le Scientifique lui-même hésita entre ces deux approches. En 2003 quand je lui adressai un article qui alléguait que, dans un monde où le marché des hydrocarbures est dérégulé, le pétrole ne pouvait être le mobile principal d'une guerre en Irak, il avait réfuté cette analyse.

À partir de 2004, il soutint à son tour que le véritable mobile de la guerre en Irak n'était pas le pétrole mais la défense de l'idéologie sioniste, présente non seulement chez les néoconservateurs mais aussi au sein du courant belliciste du Parti démocrate américain.

Dans un mail du 7 décembre 2007 il m'écrivait : « *il y a une division très simple entre les sionistes néo-conservateurs, leurs alliés chrétiens et certains « défenseurs des droits de l'homme », d'une part, et tout le reste des élites américaines : c'est-à-dire la CIA, l'armée et le gros des milieux d'affaire. C'est un scénario très « non marxiste », en ce sens qu'on retombe dans une guerre de religions avec le sionisme comme religion laïque de l'Occident mais ce n'est pas du tout une guerre impériale classique, par exemple pour le pétrole. Tant que la gauche continuera à soutenir cette idée – celle que c'est une guerre pour le pétrole –, elle sera incapable d'agir avec ses alliés naturels, les paléo-conservateurs, les libertariens etc. Il faut oser s'attaquer au lobby sioniste et cela n'est pas facile (aussi pour des raisons psychologiques).* »

Cette conclusion venait après que, de 2004 à 2007, beaucoup de conservateurs reaganiens « classiques », comme Paul Craig Roberts, ancien sous-secrétaire au Trésor de Reagan, se soient dressés contre le sionisme conquérant, comme ils s'étaient dressés, en partie, contre la guerre de l'OTAN en Yougoslavie.

Allait dans le même sens, d'une analyse de l'impérialisme comme guerre de religion et non comme guerre du pétrole, l'article de Diana Johnstone qui dépeint Bernard-Henry Lévy comme un prédicateur.[215]

Les débuts de *L'Atlas alternatif* et mes rapports avec l'aile gauche du PCF

La succession des guerres (Yougoslavie-Afghanistan-Irak) était de très mauvais augure pour l'avenir de l'humanité. L'interventionnisme militaire était devenu un mode de gestion « normal » des différends entre pays, et la stigmatisation de toutes les résistances réunies dans un même panier (communistes, nationalistes, islamistes etc), soulignait que la politique devait se penser en des termes globaux.

Certains sites comme celui de la Ligue anti-impérialiste en Belgique incitaient à le faire, à l'opposé de gens comme Françoise Rhizome qui souhaitaient toujours rapporter chaque conflit à ses conditions locales d'émergence. Pour ma part, je voulais suivre l'exemple belge, et il me semblait indispensable que ce genre de démarche, confinée à des sites Internet confidentiels, soit diffusée au plus grand nombre sous forme de livre. Je m'employai donc, en septembre 2002, à constituer un « État du monde alternatif » qui devait décrire

215. « BHL et la gauche zombie » http://robocup555.blogs.nouvelobs.com/archive/2007/11/13/bhl-et-la-gauche-zombie.html

dans chaque zone, les modalités de l'interventionnisme occidental et de ses visées. Ma compagne Florence me suggérait d'adopter un plan par type d'intervention pour montrer que les technostructures occidentales usaient des mêmes méthodes partout. Je préférai un plan par zone, avec des cartes.

Mon premier manuscrit fut une esquisse, qui recopiait beaucoup de textes du site belge. Car je ne voulais pas faire l'effort d'écrire des articles tant que je n'étais pas sûr d'avoir un éditeur.

Les pistes de publication n'étaient pas très nombreuses. Il y avait Agone, mais j'avais de mauvais rapports avec leur patron. Le Scientifique me conseillait Parangon, dont je n'avais jamais entendu parler. Et puis il y avait le Temps des Cerises qui venait de publier « L'Empire en guerre ».

À l'issue de la première manifestation contre la guerre en Irak le 28 septembre 2002, je pris un verre avec La Militante Pantinoise, qui publiait des livres chez cet éditeur, et lui remis le manuscrit pour Francis Combes. Le mardi 15 octobre 2002 je rencontrai ce dernier dans le 14e arrondissement. Le projet le séduisit, encore que le coût des cartes l'inquiétait. Il pensait pouvoir réaliser à travers cet ouvrage une opération comparable à celle du *Livre noir du capitalisme*, lancé en 1998 en réponse au *Livre noir du communisme* et qui avait connu un gros succès de librairie.

Toutefois il estima qu'il fallait que le livre soit collectif. J'en serais le directeur, mais il fallait constituer une équipe pour le rendre plus crédible. Il pensait à six ou sept auteurs. C'est dans cet esprit que j'envoyai un mail le 18 novembre 2002, au Dissident Internationaliste qui allait devenir un contributeur très important du livre. L'Internationaliste avait obtenu une reconnaissance universitaire appréciable à force de publication d'ouvrages savants. Il enseignait dans une école très connue à Paris, et, fort de cette légitimité, se sentait désormais en position d'agir dans le camp des résistants. Durant l'année 2002 il avait collaboré aux séminaires du collectif comuniste Polex, un forum de spécialistes de politique internationale lié à l'aile gauche du PCF, créé en novembre 2000 et présidé par Jean-Pierre Page.

Je rencontrai Le Dissident Internationaliste en février 2003 en compagnie de La Militante Pantinoise dans un café du 16e arrondissement (où je travaillais depuis 2001). Mais je ne l'ai vraiment connu qu'à partir de 2006. C'était un homme d'une gentillesse exquise, un peu comme Le Scientifique, ouvert, sincère et droit, dont j'ai infiniment apprécié le sens du jeu politique.

Un jour il m'écrivit à propos d'une de nos connaissances communes qui, dans un de ses textes, insistait sur les méfaits humanitaires que provoquerait une nouvelle guerre : il *« vient des milieux cathos, ce qui explique son style. Il pense d'ailleurs que c'est plus efficace pour toucher les gens que de prendre un style trop marxo, "froid", "neutre" et "cynique". Il s'adresse à la conscience et au moral, et pas à l'esprit "chasseur" »*.[216]

Ces phrases, cette opposition « de style » entre « cathos » et « marxos », traçaient, si j'ai bien compris, un lien entre le marxisme et « l'esprit chasseur » auquel je n'avais jamais songé, mais qui était au fond assez juste, naturellement si on entend ici la notion de « chasse » sans les connotations d'un plaisir égoïste de conquête mais comme une action légitime

---

216. Mail du 8 septembre 2007.

pour la survie d'une collectivité. Je crois que cet esprit s'opposait très profondément au côté « donneur de leçons » de l'intelligentsia que La Militante Pantinoise dénonçait dans son mail de décembre, et qui caractérisait notamment, me semblait-il, *Le Mensuel de Gauche*.

Le Dissident Internationaliste avait incontestablement « l'esprit chasseur » qui le distinguait de la plupart des autres enseignants. Il y avait un côté très gai, jubilatoire, dans sa façon de mener le combat politique, à l'opposé de tout ressentiment. Autant de qualités que j'allais beaucoup apprécier chez lui quelques années plus tard.

D'autres noms étaient pressentis comme Patrick Theuret, responsable de *Correspondances internationales*, une revue qui regroupait de fait et de façon informelle les PC restés anti-impérialistes (le PCF n'en faisait donc plus partis) et des individus de l'aile gauche de partis communistes « droitisés » J'eus l'occasion de travailler avec lui plus tard, en 2007. Parmi les personnes contactées il y eut aussi, en avril 2004, Marc De Laever qui avait été collaborateur de la section de politique extérieure du Comité national du PCF, expert de la zone des Grands Lacs ; Jean-Pierre Page, déjà cité plus haut, que La Militante rencontra le 19 mars 2003 ; Gilbert Achcar, un chercheur franco-libanais, membre de la LCR (de la tendance restée anti-impérialiste dans ce parti), contributeur de *Znet* et du *Mensuel de Gauch*e, qui, lui, déclina notre invitation le 7 janvier 2003.

Comme je ne recherchais pas de gloire personnelle dans cette affaire, je souhaitais qu'on le dirige à plusieurs. Il était à mes yeux naturel que La Militante Pantinoise fût co-directrice, mais j'envisageais même d'y associer d'autres personnes (y compris Le Dissident Internationaliste). En pratique cependant – peut-être parce que tous ces activistes étaient débordés, moi le premier – le cercle des co-directeurs du livre ne s'élargit pas, et l'on s'en était tenu à la formule d'un tandem avec La Militante Pantinoise.

Le concept arrêté par Francis Combes supposait que l'on découpe le monde en une vingtaine de zones et que l'on trouve des experts capables d'écrire d'un point de vue anti-impérialiste sur chaque zone, et sur un ou deux pays sensibles de chacun de ces sous-ensembles. On pouvait à ce stade imaginer que ce schéma permettrait à chaque responsable de zone d'être autonome dans l'organisation des articles et sous-articles de son chapitre ce qui, en théorie, devait alléger la charge des coordonateurs (en réalité cela n'allait hélas pas se passer ainsi).

La Militante Pantinoise fit un travail relationnel auprès d'auteurs du Temps des Cerises pour les intéresser au projet, mais cela ne nous permettait pas de couvrir tous les sujets à traiter, loin s'en faut – des gens comme Samir Amin, Francis Arzalier ou la propre mère de La Militante Pantinoise ne pouvant traiter que des pays où la France avait des intérêts directs, mais pas l'Inde ou la Corée. À cela s'ajoutait que La Militante tenait à ce que des articles « transversaux » introduisent les problématiques régionales – ce qui ajoutait des difficultés de recrutement, et risquait de rendre le livre ingérable par son épaisseur, mais on le fit néanmoins. Cela allait supposer que je passe un temps infini sur Internet à tenter de fidéliser des auteurs anglosaxons ou hispanisants.

La Militante et moi nous vîmes quatre ou cinq fois, principalement chez moi à Paris. À chaque fois ce fut l'occasion de faire le point sur mes démêlées sur Internet, et sur tout le travail qu'il resterait hélas à accomplir pour avoir un livre qui tienne la route.

Cela nous permettait aussi de discuter de l'actualité, et, pour moi, de mieux comprendre la sensibilité communiste.

À cette même époque je fus souvent en contact aussi avec La Communiste Italienne, que j'ai déjà mentionnée plus haut, et qui travaillait pour une municipalité rouge de la grande couronne.

J'ai été impressionné par ces deux femmes trentenaires. La comparaison entre elles, par delà leurs différences de style, y compris au niveau de l'apparence physique, mériterait une longue étude.

Elles m'intéressaient pour deux raisons principales.

Une raison humaine tout d'abord : en lisant Bourdieu je m'étais forgé une sensibilité aux combats des dominés. Or j'avais devant moi deux jeunes femmes, qui n'avaient ni grands atouts financiers, ni grand atout culturel par rapport au Scientifique, à Marc-Aurèle ou au Dissident Internationaliste (elles n'avaient chacune qu'une maîtrise à la fac), et qui cependant se battaient, et se battaient à contre-courant des modes, en résistant à toutes les humiliations que tentaient de leur infliger, non seulement les tenants de la pensée Sciences-po, mais aussi les intellectuels du « mouvement social ». Elles relisaient Marx et Lénine, chaque soir et elles se demandaient « ai-je raison ? Ne devrais-je pas cesser de vouloir redonner vie à cela ? ». Et pourtant en permanence, leurs conclusions étaient les mêmes : « Oui, je dois continuer, chaque conflit dans le monde me le prouve, et s'il n'en reste qu'une je serai celle-là ». Cette détermination, cette énergie à porter un message jugé

« ringard » dans les différents collectifs où elles s'exprimaient avait quelque chose de touchant.

Mais il y avait aussi une raison plus philosophique, à laquelle me sensibilisaient toujours plus mes conversations avec Florence : le « socialisme par en bas » défendu par les trotskistes, les anarchistes, Françoise Rhizome, Boris Svetkovic, avait une dimension sottement populiste. Moi dont les parents étaient ouvriers j'ai toujours détesté le paternalisme des professeurs et des petits bourgeois à notre égard (des grands bourgeois encore plus), et cette démagogie qui vantait notre « bon sens » me faisait horreur. J'en ai retrouvé des traces dans le discours d'Onfray lors de la campagne présidentielle de 2007, cette foi religieuse dans le peuple est absurde, elle ne mène à rien. En outre, dans un monde où existent le Pentagone, les grandes entreprises, des lobbies aux pouvoirs financiers incroyables, la confiance dans la spontanéité populaire est chimérique. La crise yougoslave l'avait montré. Il fallait quelque chose d'autre : l'État, l'autorité verticale des institutions. Et cela seuls les communistes « anti-impérialistes » (dont beaucoup étaient d'ailleurs exclus du PC) le défendaient encore.

Les échanges avec ces activistes furent pour moi l'occasion de réévaluer ce que je pensais de l'histoire de l'URSS, et ce d'autant plus que Le Scientifique, dans ses propres écrits, insistait sur le mérite qu'avaient eu deux générations de léninistes à Moscou à résister à l'intervention militaire occidentale, et à moderniser le pays, même après l'horrible Seconde guerre mondiale.

Pour autant je ne me sentais pas précisément communiste. Pour La Communiste Italienne et La Militante le communisme procédait d'une tradition familiale, qui moi ne m'a jamais concerné. En outre je récusais le marxisme dans ce qu'il avait de métaphysique et d'hegelien.

La position anti-impérialiste « classique » de La Communiste Italienne et La Militante, leur vision de l'État comme référence verticale, et rempart devant l'expansionnisme états-unien, me semblaient en tout cas d'autant plus nécessaire qu'un livre était sur toutes les lèvres à gauche de la gauche à ce moment-là : « Empire » de Tony Negri et Michaël Hardt.[217] L'ouvrage avançait la notion d'Empire pour mieux noyer toute référence à l'impérialisme. Pour lui l'Empire était dans tout et tout était dans l'Empire (pas de centre particulier à l'impérialisme, la CIA, le FMI ça ne comptait pas), et il fallait lui opposer la résistance des « multitudes », l'infinie créativité des masses (c'est-à-dire aussi des bourgeois, parce qu'ouvriers et bobos, minorités sexuelles et résistances politiques étaient noyées dans ce néo-nietzschéisme post-soixante-huitard). C'était encore une forme de démagogie, qui allait révéler son vrai visage quand, en 2005, Tony Negri allait appeler à voter pour le traité constitutionnel européen (c'est-à-dire pour un Empire clairement identifiable celui-là, celui d'une Europe unie militariste alliée aux États-Unis). En 2003 cet ouvrage séduisait encore les militants cultivés (c'est-à-dire ceux qui avaient le plus d'influence) – heureusement cette même année L'Harmattan, dans une collection dirigée par Samir Amin, publia la réplique à Negri signée par Atilio Boron,[218] qui fit utilement contrepoids.

---

217. Tony Negri et Michael Hardt, *Empire*, Paris, Exil 2000.
218. Atilio Boron, *Empire et impérialisme, Une lecture critique de Michael Hardt et Antonio Negri*, Paris, l'Harmattan novembre 2003 – version originale *Imperio & Imperialismo*, Buenos Aires, CLACSO 2002.

Heurs et malheurs de l'altermondialisme et de l'anarchisme

Ce travail avec l'aile gauche du PCF finit de m'éloigner de Boris et de la mouvance anarchiste à laquelle il appartenait.

Celle-ci avait pourtant le vent en poupe.

L'action des zapatistes au Mexique à partir de janvier 1994, leur avait conféré un certain succès notamment auprès d'une certaine gauche mondaine (la veuve de François Mitterrand par exemple leur avait rendu visite). Cette guérilla « postmoderne » trimballait des micro-ordinateurs portables dans la jungle. Avec son leader « le sous-commandant Marcos » qui, dissimulé sous un passe-montagne, fumait toujours la pipe et refusait de prendre le pouvoir, elle plaisait à tout le monde. La mise en œuvre de l'autogestion dans les municipalités de gauche (comme Porto Alegre) inspirait des « comités de quartiers » en Europe. La révolte de la population argentine au tournant de l'année 2000 avec le slogan « que se vayan todos » (qu'ils s'en aillent tous) et les multiples expériences d'autogestion dans les entreprises de ce pays en faillite semblaient redonner du souffle à l'idéal anarchiste à grande échelle.

Dans la mouvance chomskyenne, Michaël Albert, le patron de *Znet*, et grand ami de Boris, publia *Parecon : life after capitalism*, chez Verso en mars 2003.

Son livre – une sorte de rêve éveillé sur la mise en place d'une économie non-capitaliste qui s'autorégulerait d'elle-même – connut un succès certain puisqu'il fut n° 13 des ventes sur *Amazon* et fut traduit en toutes sortes de langues : arabe, bengali, telagu, serbo-croate, tchèque, finnois, français[219], allemand, grec, italien, japonais, coréen, espagnol, suédois et turc[220].

Boris s'en faisait le promoteur. Il était devenu un intime d'Albert. Il parlait du Parecon à tout bout de champ comme un VRP qui voudrait vendre des savonnettes. Ayant obtenu une bourse pour l'université de Binghamton (un répère de gauchistes où enseignait notamment James Petras), il allait s'installer aux USA et épouser une Américaine. Nos relations sensiblement détériorées par nos divergences sur le « parecon », sombrèrent définitivement quand, pressé d'obtenir mon soutien à la cause des Serbes quand les Albanais vandalisèrent les enclaves slaves du Kosovo du 17 au 21 mars 2004, il n'eut même pas la délicatesse de manifester de la solidarité pour les victimes de l'attentat de la gare d'Atocha, survenu le même jour à Madrid – Boris savait pourtant qu'un de mes proches travaillait à proximité de cette gare (mais pour lui la solidarité devait toujours fonctionner à sens unique).

Toutes les avancées des groupes spontanéistes et autogestionnaires étaient largement répercutées dans les divers congrès internationaux du mouvement « altermondialiste » qui avait pris beaucoup d'ampleur depuis ses premiers pas à Seattle en 1999. Ils étaient cependant contrés par des militants venus de mouvements trotskistes ou communistes. Ce fut notamment le cas au sein d'ATTAC dont le fonctionnement

---

219. Voir ce qu'en dit Halimi sur http://www.monde-diplomatique.fr/2006/08/HALIMI/13743

220. David Schweickart, Nonsense on Stilts: Michael Albert's Parecon, http://homepages.luc.edu/~dschwei/parecon.htm

restait très centralisé[221] et qui faisait beaucoup de prosélytisme.

Pour ma part j'ai toujours gardé une sympathie pour les anarchistes, et suis resté en intéraction avec leur pensée, notamment dans le cadre de mes travaux d'anthropologie du corps (même si je suis conscient des risques de récupération de cette idéologie par les « bobos » sociaux-libéraux). Mes écrits philosophiques, publiés sous un autre nom, en ont séduit certains dans ce milieu. J'en ai eu moins pour leur action au sein du mouvement altermondialiste. Il est vrai que ce mouvement réunissait trop de tendances hétérogènes pour pouvoir être utile à quoi que ce soit. Comme je l'ai dit plus haut, je n'ai assisté qu'à une de leurs grand'messes, à Saint Denis en novembre 2003. Je n'y ai vu là que des professeurs qui soliloquent, et des jeunes gens plein d'idées confuses sur la marche du monde. Pour beaucoup d'activistes professionnels comme Boris, ces forums internationaux – qui se réunissaient presque tous les ans aux quatre coins du monde – présentaient surtout l'utilité d'offrir des billets d'avion gratuits, pour Caracas ou pour Mumbai. Certes, comme le disait Nils Andersson, ils avaient permis à des courants qui pendant la guerre froide s'ignoraient voire se combattaient de dialoguer à nouveau, et à des jeunes gens de revenir vers la politique. Mais ils entretenaient en eux aussi un goût pour la vaine parole. Le seul forum qui m'inspirât des sentiments

---

221. Cf Raphaël Wintrebert *Attac, la politique autrement ? – Enquête sur l'histoire et la crise d'une organisation militante*, Paris, La Découverte – Textes à l'appui 2007 dont j'ai fait une recension critique sur http://parutions.com/index.php?pid=1&rid=4&srid=94&ida=8206

positifs fut celui de Nairobi, en janvier 2007, auquel se rendit le contributeur tanzanien de l'Atlas alternatif Mwadhini O. Myanza (il y distribua de nombreux Atlas du reste) en compagnie de « fermiers » de son village. Ce forum lui permit d'échanger des expériences avec des paysans d'autres pays sur l'organisation agricole alternative à l'exploitation des multinationales. C'était au moins plus concret que l'altermondialisme européen. Mais le forum de Nairobi fut payant comme celui auquel j'avais assisté en France, et, pour cette raison, ne pouvait présenter un caractère populaire.

L'esprit anarchiste a joué un certain rôle dans la composition de *l'Atlas alternatif*. Certes de grandes figures proches de Chomsky ont décliné mon invitation à travailler pour ce livre. Tel fut le cas de Norman Salomon de *Fairness and accuracy in reporting-FAIR* (en janvier 2004), de Danny Schechter producteur de film, patron de *Global Vision* et *Mediachannel* (par un mail du 1er janvier 2004), Phyllis Bennis (collaboratrice de Znet, qui ne répondit jamais), Tania Reinhart (une proche de Chomsky, qui était prête à nous autoriser à reprendre un passage d'un de ses livres) et d'Edward Herman, qui avait écrit *Manufacturing consent* avec Chomsky, par un mail du 6 septembre 2003. Mais je suis resté en contact avec David Graeber que Boris avait rencontré à New York en septembre 2002 et m'avait présenté par la suite. Je l'ai rencontré le jeudi 13 novembre 2003 à l'occasion du Forum social européen de Saint-Denis-Ivry-sur-Seine. Sa compagne Lauren Leve, spécialiste du Népal, devint contributrice de l'Atlas. Tous deux allaient jouer un rôle important pour la promotion de l'Atlas dans les cercles militants aux États-Unis.

Par la force des choses, en France, j'ai surtout travaillé avec des gens étiquetés communistes. Mais des communistes dissidents de leur Parti rallié de fait à la social-démocratie, et qui avaient en réalité une mentalité d'anarchistes, ou disons de « francs tireurs ». Tel fut le cas notamment du Dissident Internationaliste, qui cherchait à allier un esprit « libre » que l'on peut donc qualifier en ce sens « d'anarchiste » avec un souci d'efficacité et de discipline[222]. Lorsque je fus en Pologne avec lui, début juillet 2007, il me dit : « *Ce qui rend les Polonais sympathiques, c'est que c'est un peuple foncièrement anarchiste, comme les Russes. On ne peut pas ne pas aimer ces peuples-là* ». Et, de retour de Russie où il avait fait partie d'une équipe d'observateurs internationaux pour les élections législatives, il m'adressait un mail le 5 décembre 2007 regrettant que la Russie ait *« supprimé pour les électeurs la possibilité de « voter contre tous les candidats »… à la demande de l'OSCE qui estimait que cette règle favorisait les partis en leur permettant de se partager ces votes « qui de toute façon n'obtiendraient jamais la majorité ». » « Ce « vote contre tous »*, expliquait-il, *restait une des marques spécifiques de la démocratie soviétique et ex-soviétique, qui risquait de donner de mauvaises idées aux peuples sans doute, y compris à l'Ouest. Car cela représentait une « épée de Damoclès » pour toute « classe politique » en voie de bureaucratisation et de notabilisation. En effet cette loi prévoyait que si jamais plus de 50 % des citoyens votent « contre tous », les partis doivent se représenter devant les électeurs avec, partout, des candidats nouveaux. »*

Tout son tempérament libertaire était dans ce mail.

---

222. Les deux volets cohabitaient toutefois chez lui, l'attachement à la discipline et à l'efficacité l'avait conduit à dénoncer le renoncement du PCF aux principes du centralisme démocratique et de la dictature du prolétariat.

Troisième partie

Incertitudes françaises, nouveautés étrangères (2005-2008)

Chapitre Un
Du référendum à la présidentielle y avait-il encore une gauche en France ?

Entre 2003 et 2006, beaucoup de gens crurent que la France serait en position de résister à l'hégémonisme états-unien dans le monde.

C'était une erreur. Comme on l'indiquait plus haut, dès 2003 Jacques Chirac avait commencé à se réaligner sur Washington, et les choses empirèrent par la suite.

Du 12 juillet au 14 août 2006, Israël lançait une offensive contre le Liban, visant à démanteler la résistance populaire organisée autour du Hezbollah. L'agression, fort heureusement pour l'avenir du monde, s'est soldée par la défaite israélienne – et donc un nouveau coup de butoir contre les utopies des néoconservateurs américains. Mais elle a aussi provoqué la mort d'au moins 1 000 civils, dont 30 % d'enfants de moins de 12 ans selon la Commission des secours du gouvernement libanais[223]. Amnesty international a parlé de

223. http://20six.fr/basta/art/1300288

1 183 morts dont un tiers d'enfants en reprenant les chiffres de l'UNICEF[224] contre 40 du côté israélien pendant la même période (du fait de tirs de roquettes du Hezbollah), et pour 3,5 milliards de dollars de destruction d'infrastructures selon le Conseil pour le Développement et la Reconstruction libanais dont les routes, ponts, centrales électriques, et réseaux d'approvisionnement en eau.

La France ne trouva rien à objecter à l'invasion du Liban par Israël. La radio de l'armée israélienne révéla même en mars 2007 que le message transmis par Chirac aux dirigeants israéliens au début de l'été était non seulement celui d'un appui chaleureux à l'attaque contre le Liban, mais aussi un encouragement à attaquer la Syrie et à renverser le Président Bachar el-Assad. Meyssan dans *L'effroyable imposture 2* crédite Paris d'une action clandestine en faveur du Hezbollah, mais son témoignage laisse sceptique.

En 2006 Paris s'alignait aussi sur Washington dans l'affaire du nucléaire iranien et adoptait la même doctrine militaire que Washington. L'hebdomadaire américain *Newsweek* dans son numéro du 2 mars 2006 relevait d'ailleurs que la nouvelle doctrine nucléaire française en cas d'attentats – se réserver le droit de riposter de manière « *non conventionnelle* » aux « dirigeants d'États *qui auraient recours à des moyens terroristes contre nous* » – était devenue la même que celle des États-unis. L'hebdomadaire concluait : « *En matière de politique étrangère, la France de 2006 n'a plus rien à voir avec celle qui voulait diriger l'Europe, voire une partie du monde, contre*

224. http://web.amnesty.org/library/Index/ENGMDE18007200.

l'Amérique en 2003. Chirac s'est rendu compte que son anti-américanisme ne menait à rien ».[225]

Paris n'allait reprendre l'initiative qu'à la fin du mandat de Chirac, en janvier 2007[226], avec l'idée d'envoyer l'émissaire Jean-Claude Cousseran en Iran, mais trop tard : Sarkozy était déjà sur le point de prendre la relève.

À l'incapacité des dirigeants français à faire front devant les États-Unis, s'ajouta celle des militants de gauche à unifier leur action face au néo-libéralisme.

Au niveau militant, il y eut une belle percée des altermondialistes et de la « gauche antilibérale » à l'occasion du référendum sur le traité constitutionnel européen, et des manifestations contre le « contrat première embauche », au point que les grands groupes financiers purent craindre que la France ne redevienne le principal obstacle à leurs intérêts en Europe.

Parlons du référendum tout d'abord.

Du temps où j'étais proche de La Militante, j'avais été parmi les premiers signataires (mais pas parmi les initiateurs) de l'Appel pour une alternative à Gauche publié dans *Politis* n° 732 du 3 juillet 2003. Je ne sais plus du tout qui m'a proposé de signer ce texte – peut-être l'ai-je découvert par hasard sur Internet. À vrai dire, jusqu'à très récemment j'avais même oublié que je l'avais signé. On y trouvait beaucoup d'anonymes comme moi à côté du patron de *l'Humanité*,

---

225. http://tf1.lci.fr/infos/monde/0,,3287377,00-nouvel-allie-bush-chirac-.html

226. http://www.solidariteetprogres.org/spip/sp_article.php3?id_article=2591

d'Yves Salesse (un leader syndicat qui avait intégré le Conseil d'État et présidait un *think tank*, la Fondation Copernic), de Jean-Luc Mélenchon (figure de proue de la gauche du PS et de l'association Pour une République sociale). Ce texte fut à l'origine de la formation de collectifs unitaires à gauche de la gauche qui allaient être à l'origine de la victoire du « non » au référendum de 2005 sur le traité constitutionnel européen.

Le commentaire de *Politis* à l'époque allait s'avérer prémonitoire quand on pense que quatre ans plus tard Olivier Besancenot allait faire capoter le projet de candidature unique à l'élection présidentielle : « La faible présence des militants de la LCR dénote une frilosité qui pourrait bien ne pas être longtemps tenable. ».

Je souhaitais d'autant plus la victoire du « non » que ce traité constitutionnel, outre son programme néo-libéral, institutionnalisait l'attachement de l'Europe à l'OTAN et l'augmentation des budgets militaires. Diana Johnstone écrivit d'ailleurs à cette occasion « La Constitution Européenne et la Guerre – NON à l'OTAN » publié sur divers sites Internet le 19 avril 2005.[227]

Cette victoire, le 29 mai 2005 finalement assez large par 54,68 % fut pour nous une « divine surprise » comme avait dit Maurras à la chute de la République.

Pour autant j'étais sceptique sur sa dynamique. J'avais assisté à un « meeting unitaire » en province où se trouvaient Mélenchon, Salesse, Bové, Besancenot etc. Le public criait « tous ensemble ! tous ensemble ! ouaih ! ouaih ! », mais à

---

227. Voir par exemple http://www.legrandsoir.info/article.php3?id_article=2240

l'heure de quitter le parking dont la sortie était plutôt exiguë, ces mêmes personnes au volant de leur bagnole étaient prêtes à tous les coups fourrés, à doubler les autres, klaxonner, lancer des invectives pour être le premier dans la rue. Il n'y avait pas dans ce mouvement de solidarité véritable, de générosité. La défense des services publics, c'était la défense petit-bourgeoise des égos et des avantages corporatistes. Ça n'allait pas bien loin.

Notamment, bien qu'ils fussent tous à proclamer « une autre Europe est possible », ils demeurèrent incapables de tendre la main à nos partenaires par delà les frontières. J'avais d'ailleurs posé la question à Salesse par e-mail dès le 19 mai : *« Je me demandais si Copernic avait un plan d'attaque (un plan B en quelque sorte) en cas de défaite du « oui» au référendum ? Votre fondation a-t-elle pris des contacts avec Rifondazione communista, Izquierda Unida, le PDS, le PC tchèque, l'aile gauche du parti travailliste britannique etc, pour essayer de proposer une constitution européenne alternative à la constitution Giscard ? »*. Salesse m'assura que les collectifs s'y emploieraient. Ils n'en firent rien. Le même complexe hexagonal qui avait empêché la gauche française de s'intéresser au point de vue des Serbes 7 ans plus tôt…

L'année suivante, en mars 2006, plus d'un demi-million de personnes, et plus d'un million le 4 avril manifestaient à plusieurs reprises contre le « Contrat première embauche » (une nouvelle forme de précarisation du contrat salarial). Le premier ministre de Villepin, lâché par son rival à l'élection présidentielle, devait retirer le projet.

La gauche de la gauche se prenait à rêver d'une candidature unique au prochain scrutin présidentiel. Certains sondages créditaient José Bové d'encore 9 % d'intentions de vote en mai 2006[228]. Avec une bonne dynamique, disait-on à gauche, le candidat unique pouvait espérer passer le cap du premier tour, faire exploser le parti socialiste (dont l'électorat avait massivement voté « non » au référendum contre les consignes de sa direction)[229].

Plus dur fut le réveil en 2007.

Le 22 avril 2007, les Français, culpabilisés d'avoir porté Jean-Marie Le Pen au second tour de l'élection présidentielle cinq ans plus tard, se ruaient vers les urnes pour plébisciter Nicolas Sarkozy, Ségolène Royal et François Bayrou, trois candidats partisans du « oui » au traité constitutionnel, néo-libéraux, et *grosso modo* alignés sur Washington en politique étrangère. Ainsi en moins d'un an les acquis de la victoire du « non » au référendum étaient anéantis.

Par ailleurs la gauche anti-libérale, qui n'avait pas réussi à s'entendre sur une candidature unique était pulvérisée (elle l'eut été probablement aussi avec un candidat unique). En son sein la fraction la moins porteuse d'un projet réaliste, la LCR, « sauvait les meubles » grâce à la prestation médiatique de son jeune porte-parole. La lourde machine militante du

---

228. http://www.politis.fr/article1720.html

229. À vrai dire ces spéculations sousestimaient le glissement progressif à droite de la société française, dont certains sondages déjà en 2005 rendaient compte : « Le premier enseignement consiste en la situation actuellement très dominée de la gauche, dont le candidat rassemble au second tour, selon les hypothèses, entre 45 % (L. Jospin contre D. de Villepin) et 49 % (S. Royal contre N. Sarkozy) des intentions de vote » (BVA http://www.bva.fr/dossiers.php?dossier=7&id=171). Du fait que les sondages orientaient souvent les questions en fonction des attentes de leurs commanditaires ont avait fini par penser à tort qu'ils sousestimaient systématiquement le poids réel de la gauche dans le pays.

Parti communiste, elle, était réduite à néant en termes de suffrages (1,9 % de l'électorat seulement), tandis que l'altermondialiste José Bové était lui aussi laminé (1,32 %).[230]

La campagne avait été marquée par une grande confusion idéologique, entre un candidat de droite (Sarkozy) qui annexait à lui l'héritage, ou plutôt l'image désincarnée de Jaurès, un centriste (Bayrou) aux accents « révolutionnaires », un candidat d'extrême-droite (Le Pen) au discours de plus en plus « à gauche », une socialiste assez incompétente (Royal) largement ralliée au blairisme (c'est-à-dre au social-libéralisme), et une extrême-gauche (y compris Lutte ouvrière) qui se vantait de n'être pas plus révolutionnaire que ne l'avait été la droite dans sa période keynésienne...

À l'issue de cette élection se dessinait le profil d'une population française redevenue versatile, de plus en plus inconstante dans ses choix politiques, capable de dire « oui » et « non » d'une année sur l'autre. Quand bien même d'autres sursauts de la résistance anti-libérale étaient envisageables dans les années suivantes, le corps électoral avait montré clairement son immaturité, et, du même coup, savonné la planche à la construction d'une alternative à long terme, que cette alternative fût internationaliste (altermondialiste), européenne ou nationale. Cette évolution préoccupante, symptôme de l'usure des cerveaux par le consumérisme, posait selon moi la question d'une refonte complète du corps politique français à partir de procédures de démocratie directe comme le tirage au sort, ainsi que l'a souligné Jacques Rancière.

---

230. Et pourtant les candidats à gauche de la gauche n'étaient pas trop mal comparés au profil des gens que la génération suivante nous réserve (dans le genre de Clémentine Autain).

Pour l'heure, quoi qu'il en soit, les mouvements d'émancipation du Tiers-Monde, s'ils avaient besoin des populations du Nord pour les aider,[231] n'allaient plus pouvoir compter sur les structures des partis progressistes en France. Même Attac avait connu une crise grave au cours des mois précédents qui s'était traduite par sa quasi-disparition du débat national.

En ce qui me concerne, je suis resté à l'écart de la campagne du premier tour. J'ai seulement appris que le Temps des Cerises – qui était à gauche du PCF – soutenait désormais José Bové, tout comme la droite du PCF (Braouzec). Marc-Aurèle aussi vota Bové, incarnation de la gauche libertaire, alors qu'il avait soutenu Chevènement, incarnation de la gauche autoritaire, à la présidentielle de 2002. Le souvenir du José Bové défenseur de la Muqataa en Palestine motivait son vote m'a-t-il dit (alors que Bové avait largement renié ce militantisme). Diana Johnstone, elle, ne trouvait pas cette candidature crédible. Beaucoup d'anti-impérialistes de gauche auraient sans doute voté pour de Villepin plutôt que pour aucun des candidats d'extrême-gauche, tant ils étaient persuadés que le néo-gaullisme demeurait la meilleure entrave aux projets des néo-conservateurs états-uniens.

---

231. Un contributeur de l'*Atlas alternatif* m'a dit un jour qu'en Inde un parti de gouvernement (qui administre certains États fédérés) comme le parti communiste de l'Inde marxiste (PCI/M) ne compte que 8 permanents en tout pour une population de plus d'un milliard d'habitants. Cela en dit long sur la faiblesse des mouvements progressistes dans ces pays, tout autant que sur le courage de leurs militants. Ceux-ci auraient tout eu à gagner du maintien de structures de gauche fortes en France comme celle du PCF pour les aider. Mais de toute évidence, ce n'était plus à l'ordre du jour.

Entre les deux tours, je reçus par Ivan Lavallée (contributeur de l'*Atlas alternatif* qui m'avait inscrit parmi les dizaines de membres de sa *mailing list*) un article du Scientifique. Le texte reflétait ce qu'il pensait depuis 2003. Géopolitique à souhait, il estimait que Sarkozy était une carte importante des néo-conservateurs et des néo-libéraux à l'échelle mondiale, qu'il fallait tout faire pour le battre dans les urnes, en attendant que les peuples du Proche-Orient n'anéantissent par les armes l'influence de ce courant.

À mon avis, comme beaucoup de gens à l'étranger, il surestimait l'influence de la France sur la scène internationale, tout autant que la capacité de nuisance de ce politicien émotif, Nicolas Sarkozy, dont certains intellectuels comme Emmanuel Todd soulignaient plutôt qu'il serait tout autant un handicap pour ses mentors américains et sionistes qu'un atout. Il est vrai qu'une véritable hystérie anti-sarkozyste s'était emparée de beaucoup de bonnes âmes de gauche qui, pendant la campagne, parlaient de changer de nationalité ou de passer à la clandestinité si Sarkozy était élu, comme s'il s'agissait d'un futur dictateur. Les exagérations étaient favorisées par ce climat étrange, mais la qualité de l'analyse n'en sortait pas grandie.

L'*Atlas alternatif* en France, véritable parcours du combattant

L'aventure de l'Atlas en France fut à l'image des viscissitudes que connaissait la gauche de la gauche : un chemin semé d'embuches, et qui ne mena pas bien loin.

En 2003-2004, La Militante Pantinoise ne s'investit guère dans le livre. Ses compétences linguistiques ne la mettaient pas en position de recruter les derniers auteurs qu'il nous manquait sur les sujets de prédilection des commentateurs anglo-saxons comme l'Indonésie ou la Corée. Du reste, peut-être parce que déjà elle se méfiait de moi (pourtant cela ne m'avait pas sauté aux yeux), elle préférait se consacrer à des tâches plus directement liées à son engagement communiste comme le lancement d'un nouveau mensuel (sorti pour la Fête de l'Humanité en septembre 2003) ou dans des stratégies pour conquérir un poste dans une ville de la banlieue rouge.

Au faible engagement de La Militante dans l'Atlas s'ajoutait le caractère limité du réseau du Temps des Cerises, dont beaucoup de membres d'ailleurs refusèrent tout simplement de collaborer. Mon propre réseau dans la gauche anglo-saxonne pouvait à certains égards pallier ces lacunes. Je relançai mes contacts avec Chris Black. Lauren Leve, la compagne de Graeber, me mit en rapport avec l'universitaire spécialiste de l'Asie Christopher Candland, lequel nous recommanda auprès de spécialistes de l'Inde et du Pakistan proches de *Znet*. C'est par Candland que je pus « recruter » Vijay Prashad et Aasim Sajjad Akhtar. Toutes ces personnes eurent infiniment de mérite d'accepter de collaborer au livre car elles ne me connaissaient pas et prirent le risque d'écrire des textes pour un ouvrage qui aurait pu ne jamais être publié.

Par ailleurs, j'écrivis au père François Houtart, qui dirigeait une revue altermondialiste, et dont nous avons parlé plus haut à propos de l'Appel de Bruxelles. Grâce à lui on eut des contributeurs latino-américains sur l'Argentine, le Brésil. Au milieu des nombreux refus de contribuer, j'eus aussi quelques coups de chance. En écrivant sans recommandation de personne j'obtins la collaboration de Kim Petersen, un activiste canadien spécialiste de la Chine, celle de Wim Benda, trostkiste flamand qui avait d'importants réseaux en

Asie du Sud-Est, Mwadini O. Myanza, un ingénieur agronome tanzanien (ce qui nous permettait de diversifier notre horizon de contributeurs), le trostkiste iranien Morad Shirin sur son pays, Raoul-Marc Jennar sur le Cambodge. Le journaliste belge indépendant Berghezan nous rapprocha de Claudio Gramizzi spécialiste de l'Afrique occidentale, Francis Combes lui-même contribua à rallier Samir Amin sur le Proche-Orient, et des responsables de la Ligue anti-impérialiste (Parti du travail belge) sur des contributions transversales. Nils Andersson nous rapprocha d'activistes turcs.

La mobilisation de ces 42 contributeurs était un travail titanesque incomparablement plus difficile que la coordination du livre universitaire collectif que j'avais publié précédemment. Car pour cette quarantaine qui répondirent favorablement à l'appel, bien plus refusèrent ouvertement, s'abstinrent de répondre ou simplement se « dispensèrent » d'envoyer leur article. À chaque fois il fallait rechercher sur Internet ce que l'auteur avait écrit, voir si cela cadrait avec notre optique anti-impérialiste radicale, écrire à la personne, trouver des arguments convaincants pour qu'elle nous soutienne. En même temps nous n'avions aucune garantie que les contributions soient rédigées, surtout par des gens pour qui je n'étais qu'un nom sur Internet. Même des gens que j'eus au téléphone furent très peu fiables : il y eut notamment un pacifiste indien, qui disparut dans la nature après m'avoir promis, dans deux conversations, qu'il écrirait l'article sur l'Inde et recruterait des gens au Pakistan, au Sri Lanka. En outre il fallut rapidement faire son deuil de l'espoir de La Militante Pantinoise selon lequel des coordinateurs de zone constitueraient une équipe qu'ils organiseraient librement sans intervention du coordinateur général du livre. Cela ne fonctionna que pour l'Afrique de l'Ouest, l'Asie centrale et l'Asie du Sud-Est. Pour les autres zones, les contributeurs souvent ne se connaissaient pas entre eux.

Mes rapports avec La Militante se dégradèrent à partir de juillet 2003 alors que les quatre cinquièmes du travail de coordination reposaient sur moi et que nous devions sans cesse reporter le délai de publication faute d'avoir une équipe complète pour la rédaction de toutes les zones. En janvier 2004 elle se retira purement et simplement du projet parce que j'avais refusé qu'elle invite à une réunion des contributeurs, sans me consulter, un ex-journaliste de l'Humanité qui avait fréquenté peu auparavant un meeting d'Unité radicale (un groupe d'extrême-droite). Le désaccord était de forme, non de fond : elle aussi désapprouvait les acquointances avec l'extrême-droite, mais elle ne voulait pas par principe avoir à discuter avec moi avant d'intégrer un contributeur dans notre équipe. Elle claqua la porte en m'accusant de carriérisme (comme s'il y avait la moindre « carrière » à faire dans ces marges du débat politique). Elle entraîna dans sa démission le Sociologue irakien qui devait écrire avec elle sur l'Irak, et sa propre mère qui devait rédiger le chapitre Afrique de l'Ouest (alors que je n'avais pas encore trouvé Claudio Gramizzi pour le faire) – laquelle me traita au passage « d'ennemi de classe des communistes » [232]. Beaucoup des accusations que je

---

232. C'était à mourir de rire quand on comparait son patrimoine au mien à l'époque (j'étais locataire d'un petit studio à Paris et ne possédais rien), sans même parler de nos origines respectives. « Les communistes n'ont d'obligation qu'à l'égard d'autres communistes » dit-elle pour justifier son refus d'écrire l'article qu'elle avait promis. Avec des mots pareils 50 ans plus tôt quelques centaines de kilomètres plus à l'Est elle m'aurait fait fusiller.

reçus à ce moment-là eussent été risibles si ces enfantillages, et ces polarisations sur des questions de personnes n'avaient menacé le travail de nombreux contributeurs qui avaient déjà rendu leur papier et les chances de diffusion des nobles idées dont notre ouvrage était porteur. Je n'avais pas anticipé une telle défection. Je tirai de cette déconvenue l'impression que décidément il était difficile de monter un projet dans les milieux contestataires, non seulement parce que les ressources humaines, financières, ou « symboliques » comme disent les sociologues y étaient rares, mais parce qu'on y était encore davantage confronté à la faiblesse psychologique et morale d'individus qui, du fait de diverses frustrations sociales, accumulaient facilement des rancoeurs et devenaient imprévisibles.

Notez au passage que je ne m'exempte pas moi-même de cette critique collective : plus d'une fois j'ai préféré me replier sur l'écriture solitaire de ma thèse de sociologie (que je terminais en même temps que l'Atlas) ou de romans plutôt que d'être là où l'on m'attendait et mener des combats collectifs avec les gens qui appréciaient mes écrits. La fragilisation touchait absolument tout le monde.

La démission de La Militante fut un coup dur pour moi, alors que l'équipe de l'Atlas n'était toujours pas complète, et je me demandais s'il ne fallait pas tout laisser tomber. D'autant que j'ignorais quel pouvoir cette personne pouvait avoir sur l'éditeur (avec qui je n'avais pas vraiment de contact direct), et de quelle influence elle disposait sur divers contributeurs pour faire capoter le projet. En mai 2004 j'eus des échos de Vladimir et de Pierre Lévy, de *Bastille-République-Nations*, selon lesquels il se disait autour de La Militante Pantinoise que le bouquin était abandonné, ce qui m'affectait beaucoup. En même temps, j'observais que des proches du Temps des Cerises comme Labica et Samir Amin continuaient de m'envoyer des articles, ce qui laissait entendre que les critiques de La Militante ou des membres de son entourage avaient des effets limités. Par loyauté à l'égard des contributeurs qui croyaient en ce projet, j'essayai de colmater les brèches comme je pus, remplaçant les proches de La Militante par de nouvelles personnes que je recrutai sur Internet, ou écrivant moi-même les articles sur certains pays.

Outre ce petit problème, je me sentis aussi indirectement affaibli par les attaques qui, à partir de février 2004, visèrent Le Dissident Internationaliste à qui des intellectuels marxistes parisiens reprochèrent de ne pas s'être « suffisamment désolidarisé » d'un chercheur accusé entre autres de sympathies pour un intellectuel du GRECE. C'était ce que le Scientifique appelait la « Guilt by association » – un thème qui avait fonctionné à l'époque du maccarthysme pour éliminer le plus d'opposants possibles. « On vous a vu serrant la main de Monsieur Untel, ou à la même tribune que Monsieur Untel qui lui-même fréquente Monsieur Untel ». Un grand nombre de petits esprits se spécialisaient dans cette méthode idiote de flicage, et y consacraient même des sites Internet complets. C'était digne des amalgames sur les « rouges, bruns, verts » à la Roger Cukierman.

Je devais tirer le vrai du faux. La charte que j'avais proposée aux contributeurs de l'Atlas en 2003 et qui figura ensuite dans l'introduction du livre posait très clairement le refus des collaborations extrême gauche/extrême droite, ou même simplement gauche/droite. S'il se confirmait que l'Internationaliste n'adhérait plus à ce principe je devrais chercher un autre contributeur pour un chapitre très important du livre, ce qui pouvait encore retarder de plusieurs mois le bouclage de l'ouvrage. Heureusement L'Internationaliste dans un mail très clair qu'il m'adressa rejeta les accusations qu'on portait contre lui et confirma son accord avec la ligne que nous avions définie.

En juillet 2004, j'adressai à Francis Combes une version de l'Atlas à laquelle il ne manquait que la contribution de Christopher Black[233] sur les Grands lacs et celles de Prenant et Bourgeot. À l'automne, l'éditeur impressionné par ce manuscrit me renouvela sa confiance, me promit de financer la cartographie et la traduction de l'anglais et de l'espagnol au français. Il évoqua même la possibilité d'une publication complète en espagnol, en anglais et en portugais parallèlement à la version française, grâce aux contacts que le Temps des Cerises avait développés à la faveur de la naissance du mouvement altermondialiste et du succès de leur ouvrage « Le Livre noir du capitalisme », dont j'ai déjà parlé.

Hélas l'élaboration de l'Atlas, entre les traductions et la mise en page, allait encore durer près de deux ans, mettant

---

233. Cette contribution, je dois le signaler en passant, qui est arrivée après le désistement d'autres personnes, était, au moment de sa publication, une des plus provocatrices du livre – au point que quelqu'un m'a demandé si elle ne discréditait pas l'ouvrage, de sorte que j'ai dû demander à Chris de « blinder » ses notes de bas de page sur le sujet. Même si certaines de ses formulations sont un peu rapides et dogmatiques, je leur trouve le mérite de souligner le scandale de l'action des nationalistes tutsis anglophone, lourdement armés par Washington, contre la souveraineté du Congo. Une action qui profite à nos multinationales et qui provoqua la catastrophe humanitaire la plus atroce de ce début de XXIe siècle : 5,4 millions de morts en 9 ans selon le HCR (*Associated Press* 23 janvier 2008). Les inventeurs de « génocides » autour de la question du Darfour sont bien sûr restés muets sur ce conflit causé par leurs idoles étatsuniennes.

mes nerfs à rude épreuve. Dans un message fin 2005 Francis Combes allait admettre lui-même que l'Atlas était devenu une sorte d'Arlésienne, que l'on ne voyait jamais venir. J'épargnerai au lecteur la somme de petits détails matériels qui semblait vouer le livre à ne jamais paraître. Il sortit en mai 2006.

J'eus un dernier sursaut d'espoir avec la sortie du livre, ce qui me donna la force de l'adresser à Jean-François Ruffin, tandis que Le Dissident Internationaliste l'envoyait à Nicolas Plagne pour une recension dans Parutions.com.

Le 25 mai Francis Combes n'était plus aussi enthousiaste pour ce livre et le faisait savoir. Les espoirs en matière de traduction se volatilisèrent très vite. L'éditeur avait proposé que son homologue suisse Morebooks avec qui il était d'habitude en cheville, travaille à placer le livre auprès d'éditeurs étrangers. Il m'annonça peu de temps après que Morebooks n'était plus intéressé car « les livres collectifs ne peuvent être placés ». Il avait été question aussi que le Temps des Cerises prennent contact avec des éditeurs espagnols, ou chinois. Ils me donnèrent seulement l'adresse email de Sebastien Budgen, un diplômé de Cambridge membre de la LCR qui repérait des livres intéressants pour les éditions londoniennes Verso.

C'était toujours le même parcours du combattant.

Je me sentais très redevable à l'égard de contributeurs de langue anglaise comme Lauren Leve, Chris Black, Wim Benda, Kim Petersen ou espagnole comme Mario Rappoport qui s'étaient souvent montrés plus dévoués à l'Atlas que les auteurs français. Ils devaient pouvoir avoir l'ouvrage dans leur langue. Diana Johnstone me passa l'adresse email d'Anne Beech de Plutopress qui était avec Verso en Angleterre l'éditeur de gauche le plus connu et le plus solide, et qui pendant près d'un an fit planer le suspense quant à son intérêt pour le livre. Un éditeur indien membre d'ATTAC-France semblait aussi intéressé pour une publication de l'Atlas en Inde. On tomba d'accord pour une traduction du livre qui serait subventionnée par le ministère de la culture français. L'éditeur indien se faisait fort de l'obtenir pour ensuite diffuser l'Atlas en Inde en trois volumes d'une sorte d'encyclopédie alternative qu'il voulait créer, tandis que Pluto diffuserait dans le reste du monde. L'accord tomba à l'eau en mars 2007 car mon interlocuteur voulut en fait les droits mondiaux et affirma que c'est ainsi qu'il avait toujours envisagé les choses.

Au printemps 2007 Chris Black m'orienta vers un sien ami qui vivait à Paris et faisait des traductions, un vieil Américain réfugié à Paris depuis les années 60, un peu à l'image de Diana Johnstone, qu'il connaissait d'ailleurs. Je le rémunérai sur mes fonds personnels et adressai le livre à AK Press aux États-Unis via David Graeber, avec le soutien d'une jeune chercheuse américaine basée à Paris. C'était notre dernière chance… Nous en étions réduits à ce triste porte-à-porte alors que Bernard-Henry Lévy, lui, faisait paraître au même moment outre-atlantique chez Random House sans difficulté son « Grand cadavre à la renverse », un livre qui pourtant moins en prise avec les préoccupations du public anglo-saxon que l'Atlas.

La publication en espagnol, elle, échoua après que Samy Naïr, un proche de Chevènement contacté par l'intermédiaire du journaliste Richard Labévière, l'ait refusée dans une collection qu'il dirigeait à Barcelone, et malgré les encouragements (en l'air) d'un jeune diplomate vénézuélien. Au début de l'année 2008, j'avais peut-être encore une dernière chance du côté du monde hispanique, via la professeure Rocío Anguiano Pérez, enseignante à Soria et membre du réseau de traducteurs progressistes Tlaxcala (une belle invention d'Internet), mais je n'y croyais plus guère.

Les blocages se rencontrèrent dans tous les domaines de l'après-publication. Un an après la parution du livre, en avril 2007, certains contributeurs n'avaient toujours pas (malgré mes relances) obtenu les deux exemplaires gratuits qu'on leur avait promis – ce qui déjà suscitait des aigreurs. Je ne suis pas sûr qu'il y ait eu vraiment des envois de services de presse. Ce qui est certain c'est que c'est moi qui obtins la publication d'un article dans l'*Humanité dimanche* (le magazine le plus idéologiquement proche du Temps des Cerises) après avoir contacté par mail Charlotte Bozonnet et Maud Vergnaud – et leur avoir envoyé un exemplaire à mes frais (car elles n'avaient jamais été informées de l'existence du livre). J'épargnerai au lecteur la liste des radios, organisations de gauche, journaux que j'ai tenté de contacter à mes moments perdus, qui se gardèrent de répondre, ou promirent un compte-rendu, une interview, mais ne donnèrent pas suite.

Auront mentionné le livre quelques sites de gauche – Indymedia, le site du Parti du Travail belge – et d'organisations musulmanes anti-impérialistes comme Quibla. L'intérêt de ces sites pour le livre ne suffisait guère pour atteindre un lectorat substantiel. Au Forum social de Nairobi, Mwadhini O. Myanza – qui comptait encore sur moi pour financer son association de paysans « alternatifs » en Tanzanie, bien que je lui ai dit que je n'avais d'accès à aucun fonds – me dit qu'il avait réussi à faire photocopier une cinquantaine d'Atlas alternatifs. Peut-être aurais-je dû faire de même : photocopier des passages de l'Atlas et les diffuser sous forme de tracts dans la rue.

Je fis un salon du livre en province avec Diana Johnstone et Le Dissident internationaliste où je vendis quatre Atlas. Un autre avec une employée du Temps des Cerises qui n'orientait même pas les visiteurs vers l'ouvrage – alors que j'étais spécialement là pour le dédicacer – ce qui me fit renoncer bien vite à ce genre d'exercice. Tout le monde était confus, ambigu sur le livre. Le Scientifique disait ne pas connaître de journalistes, mais il en omettait quelques-uns – par exemple j'allais découvrir qu'il donnait des interviews à Silvia Cattori, à qui j'allais m'empresser de donner livre, et qui allait m'ouvrir la voie d'un référencement auprès de Palestine-solidarite.org et Info-palestine.net. Il allait quand même faire passer le livre à Daniel Mermet qui se garda d'en parler sur son antenne.

Au fond chacun voyait dans ce livre un « outil très important » mais bien peu en tiraient les conclusions pour le faire connaître (d'autres comme Jean-Pierre Page ont émis des réserves de fond et de forme auxquelles je souscris tout à fait, et qui justifient mieux à mes yeux qu'ils n'aient pas trop cherché à le faire connaître). Je ne pense pas que cette mauvaise volonté ait reposé sur des raisons politiques précises (même si mon décalage à l'égard des réseaux militants a joué en ma défaveur). Cela avait quelque chose à voir avec la psychologie un peu dilettante (ou parfois affairée, tournée vers trop de choses disparates) des gens de ce milieu. Il en résultait beaucoup d'approximations, et, souvent, avec eux les montagnes n'accouchaient finalement que de souris. Ironie du sort, c'est du côté de Sciences Po que ce livre reçut le meilleur accueil – il fut mis en libre accès au premier étage de la bibliothèque, étage des livres et manuels les plus utilisés, un honneur qu'aucune bibliothèque des milieux « dissidents » ne lui a jamais réservé.

Il est vrai que tout le monde avait de gros soucis. Le Temps des Cerises s'était fait cambrioler le disque dur d'un ordinateur (et seulement cela) le 21 mai 2006, peu de temps après la publication de l'Atlas. Mon ordinateur portable fut lui aussi cambriolé en décembre 2006 dans mon appartement à deux pas d'un commissariat (peu de temps avant que la même mésaventure arrivait à la fille de Mitterrand et à une conseillère de Royal) – la police n'a jamais pu établir qui avait commis ce larcin…

Dans un sens, je pense qu'il est heureux que l'Atlas n'ait pas accédé aux grands médias, car nous n'aurions peut-être pas été en mesure, ni collectivement au niveau de l'ensemble des contributeurs, ni moi-même, en tant que coordinateur, d'en défendre les couleurs face aux grands instituts et aux machines bien huilées de la pensée dominante. Nous aurions fini par révéler que nous avions travaillé avec des bouts de ficelles.

Je m'en suis notamment rendu compte le 26 décembre 2007, quand, à 20 heures, un journaliste de Radio Monte-Carlo (RMC) me téléphona pour me demander, à brûle pour poing, une réaction au voyage du Président Sarkozy en Égypte et un topo sur la politique de la France à l'égard des monarchies du Golfe. L'Atlas bénéficiait sans doute auprès de ce journaliste, paradoxalement, de son défaut de notoriété. Il n'était pas classé comme une institution « gauchiste » à l'image du *Mensuel de gauche*. C'est pourquoi une grande radio pouvait me téléphoner à son sujet. Mais, revers de la médaille, parce que cet Atlas justement n'était qu'une « très petite entreprise », je n'étais pas en mesure d'improviser une réponse (car j'avais passé la journée à travailler sur d'autres sujets et il m'était impossible de construire un topo en si peu de temps) et je ne pouvais non plus orienter le journaliste vers des spécialistes. Je l'aiguillai vers le numéro parisien de Samir Amin qui avait neuf chances sur dix d'être à l'étranger à ce moment-là, et sur Le Dissident Internationaliste que j'avais essayé en vain de joindre sur son portable dans l'heure qui précédait. L'autre contributeur auquel je songeais, Karim Lakjaa, m'avait laissé sans nouvelle depuis deux ans et ne m'avait pas donné son numéro de portable. Le résultat est que nous avons sans doute raté là une occasion de diffuser sur les ondes d'une radio connue, à une heure de grande écoute, un message clair sur le rôle de Sarkozy auxiliaire des États-Unis dans le monde arabe, à l'heure où les partis politiques, eux, se bornaient à dénoncer le côté « people » de sa relation avec une top model.

Il est évidemment clair que, si la résistance anti-impérialiste avait été solide en France, et notamment dotée de moyens financiers, les liens entre contributeurs de l'Atlas auraient été plus forts. Nous aurions constitué un véritable institut, et j'aurais pu indiquer à n'importe quel journaliste à tout moment des numéros d'experts facilement joignables et capables d'improviser un discours alternatif solide – sans agressivité ni outrance.

Conscient de toutes ces limites, j'ai lancé un « blog de l'Atlas alternatif », parallèlement à mon blog personnel, pour maintenir la logique collective vivace. Seul Georges Berghezan publia quelques articles dans ses colonnes. Néanmoins certains contributeurs francophones s'y abonnèrent, et je recommençai à recevoir, comme au temps du site

Résistance, des commentaires élogieux de lecteurs satisfaits de cette bouffée d'oxygène.[234]

Les blogs et sites Internet avaient l'inconvénient par rapport aux médias audiovisuels de ne toucher qu'un public plus restreint de gens motivés à recevoir une information « rare » et précieuse. Cependant ils permettaient un ancrage dans le temps. Là où les paroles d'une émission radio ou de télévision s'envolent immédiatement et se trouvent ainsi prises dans la ronde infernale de l'insignifiance de notre époque, au moins les écrits d'un blog restent, et marquent, parfois même davantage qu'un livre. Ce fut notre lot de consolation en quelque sorte. Nous avions une cinquantaine de lecteurs par jour.

*

* *

Parallèlement, je m'affranchis des logiques collectives en publiant un pamphlet dont je fus le seul auteur.

Pendant la campagne des élections législatives en province, le mercredi 23 mai 2007 j'avais assisté à une rencontre entre

---

234. Comme à l'époque du site *Résistance*, certaines mentions élogieuses reposaient hélas sur de profonds malentendus : ainsi j'ai déjà vu un blog assez douteux (par sa rhétorique et son iconographie) reprendre avec enthousiasme un de mes articles où je critiquais tel aspect de l'action politique des partisans d'Israël. Il n'est pas exclu qu'à l'avenir des sites de droite ou d'extrême-droite, ou des courants racistes, ou antisémites, récupèrent tel ou tel passage de mes blogs, alors pourtant que je reste résolument de gauche, universaliste, et hostile à toute forme de haine à fondement religieux ou racial. Il est très difficile d'empêcher les mésusages de ce qu'on écrit.

Florence, le patron du MRAP local, et le suppléant de la candidate du PCF – lui-même était un « sans parti », membre des « collectifs unitaires » (une initiative née de la campagne référendaire de 2006), adepte des « conseils de quartiers » (qui existaient depuis plus longtemps) et de la démocratie participative. Trois autres personnes étaient présentes. Je fus frappé ce soir-là par l'absence totale de sens politique de ces militants qui, comme les collectifs dont ils étaient issus, ne savaient que recueillir les doléances des gens de base, sans voir qu'un programme politique supposait nécessairement une vue d'ensemble des inconvénients et avantages de chaque mesure, ainsi qu'une réflexion sur ce que peut l'État (or le responsable du MRAP me dit que dans son parti on ne débattait même plus de la possibilité de quitter l'Union européenne).

Le lendemain matin, après une nuit agitée, j'avais écrit en 4 heures – en fait de 4 heures du matin à 8 h – un opuscule que j'intitulai « Programme pour une gauche décomplexée ». Le thème de la « gauche décomplexée » avait été lancé par Fabius (aile gauche du PS) après l'échec aux présidentielles, en réponse au fait que Sarkozy avait « décomplexé » la droite. Je me proposais de lui donner un contenu, en partant de la nécessité de quitter l'Union européenne et l'OTAN et en faisant comme si ce petit opuscule pédagogique s'adressait aux militants que j'avais rencontrés. Je visais donc à travers eux les milieux qu'ils représentaient. Le livre s'adressait aussi à la tendance Mélenchon du PS. La référence au Vénézuela de Chavez était venue naturellement sous ma plume.

Une fois l'opuscule écrit, Florence l'avait passé à ses proches et, pour ma part, je l'envoyai aux Mille et Une Nuits, à Syllepse, et au Temps des Cerises, à titre simplement de test.

Les deux premiers le refusèrent… Et, contre toute attente, je reçus une lettre de Francis Combes datée du 4 juin 2007 me faisant part de son projet de publier ce pamphlet. Je n'avais pourtant plus de nouvelle de lui depuis un certain temps.

Nous nous vîmes le mardi 26 juin. Il me dit que le titre lui avait tapé dans l'œil, qu'il trouvait ça « gonflé et bien », que la simplicité du pamphlet lui convenait, l'insistance sur les sacrifices qu'impliquait une politique de gauche aussi. À mon passif il y avait le fait que je n'étais pas connu, car l'Atlas alternatif n'avait créé la dynamique attendue. Peut-être l'Association des écrivains et artistes révolutionnaires, une recréation d'une célèbre association communiste d'avant-guerre, pourrait-elle faire quelque chose pour m'aider. En tout cas on essaierait de publier l'essai pour la Fête de *l'Humanité* et on l'enverrait à quelques personnalités. C'était déjà beaucoup.

Le contexte politique n'était déjà plus tout à fait le même que lors de l'élection présidentielle. Le PCF avait sauvé son groupe parlementaire (avec les Verts) à l'issue du second tour des élections législatives, ce qui donnait de l'oxygène au Temps des Cerises (dont la survie dépendait souvent des appels à souscription auprès des adhérents de ce parti). Mélenchon (qui avait fait l'éloge du Temps des Cerises sur son blog au moment du Salon du livre[235]) parlait de plus en plus de quitter le PS en lorgnant sur l'expérience allemande

235. Il avait contribué à un livre sur la VIe république publié au Temps des Cerises, et cet éditeur l'avait invité à son stand. L'article du sénateur socialiste montrait qu'il découvrait l'existence du Temps des Cerises à l'occasion de cette invitation.

de *Die Linke* qui avait fait fusionner la gauche du SPD et l'ex-PC est-allemand. Francis Combes croyait peut-être en une aube nouvelle pour ses idées et pour la diffusion du livre. Mais j'avoue ne pas m'être beaucoup investi à titre personnel dans toute cette affaire et je pense que cet opuscule est resté largement inconnu.[236]

*

* *

Le 26 avril 2007, à dix jours du second tour de l'élection présidentielle, j'avais revu un des contributeurs communistes de l'Atlas. Il me ressortit un discours que j'entendais depuis longtemps chez les gens de cette mouvance : « La direction ne réfléchit plus, elle ne s'intéresse plus à rien, ça fait quinze ans qu'ils jouent la carte de la disparition du Parti. Oui, la gauche est faible en France, mais bon sang, c'est ici que l'Histoire se joue, ça a toujours été comme ça. C'est quand même pas aux Pays-Bas, où il y a vingt intellectuels en tout et pour tout, que les choses peuvent se jouer ! »

« Que faire ? » lui demandai-je.

« – Miser sur les réseaux internationaux, sans hâte, à notre rythme, mais avec détermination. »

Lui-même voulait lancer une étude sur les immigrés en vue d'élaborer à l'échelle mondiale une charte internationale des droits des migrants. Il avait un contact précieux à l'ONU

236. Aux dernières nouvelles j'apprends que la bibliothèque universitaire d'Harvard aux États-Unis se l'est procurée, on ne sait trop pourquoi (elle n'a pourtant pas acheté l'Atlas).

pour ce faire. Il avait déjà cet enthousiasme caractéristique des universitaires « qui vont au peuple » et que j'ai particulièrement connu chez les bourdieusiens : « On va donner la parole à ceux qui ne l'ont jamais ». Je mobilisai pour lui pendant l'été 2007 mes contacts serbes, ainsi que d'anciens membres du GISTI. Il a sans doute abandonné son projet depuis lors, car je n'en ai plus entendu parler.

Mais au moins il avait raison sur un point : l'international pouvait peut-être nous redonner un peu d'espoir.

Chapitre Deux
Des soleils levants d'Eurasie

En matière de réseaux internationaux, on ne pouvait trouver meilleur allié que Le Dissident Internationaliste qui avait publié divers livres ou articles sur un certain nombre de pays de l'Axe du Mal. J'ai déjà dit plus haut combien j'appréciais son sens du combat et le style qu'il y mettait.

Le jeudi 12 avril 2007, je reçus le mail collectif suivant de sa part (dont la liste des destinataires était secrète), intitulé « Proposition de participer à une délégation en Transnistrie » :

« Chers Amis,

Je vous écris ce message suite à une proposition qui m'a été faite par une ONG russe « Trans European Dialogue ».

Cette Association a pour but d'initier des contacts « au-dessus » des frontières de « l'Europe officielle » (l'UE). Elle est basée à Moscou et correspond me semble-t-il assez bien à l'esprit nouveau qui souffle au sein des intellectuels russes sur les « dubble standards » en cours à l'Ouest.

Ils veulent en particulier que des intellectuels, chercheurs, juristes, militants, européens (de l'ouest ou du centre) etc. viennent dans les « zones troubles » de l'ex-URSS (Transnistrie,

Abkhazie, Karabakh, Tadjikistan, Daghestan, Crimée, etc.) en mission d'observation pour analyser, discuter, observer, etc. avec qui nous voudrons sur place pour voir dans quelle mesure la vie de ces régions ne correspond pas (toujours !) aux clichés diabolisant ou simplement réducteurs que l'on peut avoir à leurs égards.

Comme première approche, ils proposent de former un groupe de quelques personnes qui seraient invitées en « Transnistrie » pour rencontrer là-bas universitaires, économistes, dirigeants politiques, militants associatifs, acteurs économiques, etc... Afin de répercuter à l'Ouest un écho de ce territoire au statut indéfini mais où l'on trouve une très bonne université par exemple.

A priori, ils voudraient nous inviter vers le début juin 2007, mais les dates sont négociables.

Il s'agit de développer des contacts réguliers avec les régions concernées, qui sont des régions de troubles potentiels facilement manipulables et dont les médias occidentaux ne répercutent que sélectivement les informations.

Le deuxième objectif de cette ONG est de participer à l'élaboration de nouveaux critères plus précis d'observation de ce que nous appelons les droits de l'homme. Il s'agirait non seulement d'analyser les « libertés politiques formelles », mais aussi l'égalité, y compris et surtout peut-être dans les pays occidentaux, d'accès à l'information des différentes forces politiques existantes, l'égalité de traitement lors des élections, les droits sociaux et culturels accompagnant les droits politiques individuels, etc. Ils pensent qu'on peut mettre cela en route, en commençant par des missions d'études dans les pays de l'ex-URSS « troublés », comme bon terrain d'expérimentation des « dubble standards of Human rights », comme ils disent, selon que l'on est bien vu ou mal vu à l'Ouest.

Qu'en dites vous ? Répondez moi si vous désirez être associés à cette série d'initiatives, en commençant par la Transnistrie. »

Une promenade transnistrienne

À lire les mails dont il nous adressa la copie trois semaines plus tard, il semblait que son interlocuteur était une jeune Russe, inconnue sur Internet selon mes recherches.

Ce qui me plaisait dans ce projet, c'était d'abord que cette République créée à l'ombre de la 14e armée russe, la Transnistrie, comme la Serbie de 1999 ou la Corée du Nord était un pays que les Occidentaux n'aimaient pas. Les gens y voyaient une vilaine enclave russe en Moldavie, peut-être même une affreuse région industrielle, où se trouvaient encore des ouvriers (quelle horreur !) et des statues de Lénine, des attardés qui ne comprenaient pas encore que la Lumière venait de l'Ouest, et que Poutine était un vampire. Tous les endroits où se trouvaient plus de 500 000 humains que les grands pouvoirs planétaires prenaient pour des idiots m'intriguaient. Parce que je ne pouvais pas penser que quand 500 000 personnes (ou 3 millions ou 10 ou 20) pensaient quelque chose contre les grands pouvoirs dominants de la terre, ces 500 000 personnes étaient nécessairement des demeurés. J'estimais plutôt que c'étaient elles qui avaient quelque chose à nous apprendre sur notre propre ineptie.

La deuxième raison pour laquelle j'aimais bien ce projet anti-touristique au possible, c'était que cela avait à voir avec la question russe.

La question m'intriguait. Je me souvenais des textes de Céline : pour lui les Russes étaient des demi-turcomongols, des sangs mêlés, mi-asiatiques mi bâtards européens. À l'évidence dans l'inconscient européen le Russe restait quelque chose de cet ordre-là : un conglomérat hybride, mal dégrossi, barbare, qui n'était bon qu'à soutenir des dictatures. L'idée de réinterroger cette identité russe sous l'angle de la Transnistrie me plaisait. J'avais eu un flash en Lettonie en août 2003. J'étais en promenade avec ma correspondante lettonne, qui m'étalait son anti-russisme primaire : « Regarde là des graffitis, c'est de l'alphabet cyrillique, bien sûr, seuls les Russes sont capables de gâcher un mur comme ça – regarde sur les arbres ils ont écrit des insultes au canif, ils ne savent pas se tenir, ils ne respectent pas la belle nature de nos pays baltes ». On aurait cru entendre Hitler parler des Slaves (pas étonnant qu'on eût chanté la louange des divisions SS dans ces pays). Moi cela m'amusait plutôt : les Lettons dans le rôle des bons Suédois, face aux affreux Asiates russes. Et puis, je fus sur les bords de la Baltique à Yourma, toujours avec ma correspondante. Bien sûr je ne savais pas faire la différence entre les gens qui parlaient russe et ceux qui parlaient letton, mais ma correspondante assurait le sous-titrage en anglais. On voyait très vite que, dans la rue, l'élégance des jeunes filles russes, le contrastait avec la sobriété des Baltes. Toutes ces remarques m'incitaient à considérer que les Russes étaient aux Lettons ce que les peuples latins étaient aux peuples du nord de l'Europe : indisciplinés, extravertis, avec des femmes qui soignent plus leur apparence etc. Ce côté un peu « latin » des Russes (et aussi des Serbes) était évidemment très différent des vrais latins parce qu'il y avait la culture orthodoxe, les tourments intimes, toute une psychologie qu'en France on comprenait assez mal. Mais c'était tout de même séduisant parce que cela contribuait à les rendre « moutons noirs » à nos yeux (alors que les Baltes seraient toujours pour nous de bons élèves).

Repenser l'identité russe à travers un autre face-à-face, celui des Transnistriens[237] et des Moldaves (roumains) était tentant, les Moldaves étant eux-mêmes de langue latine pour le coup.

Le contexte était, comme le soulignait Le Dissident Internationaliste dans son mail, au renouveau de la résistance intellectuelle russe, dans le cadre de laquelle s'inscrivait le projet de l'association Trans-european Dialogue.

Le 27 avril 2007 j'assurai la couverture pour le blog de l'Atlas alternatif des événements concernant le déplacement du monument dédié à l'armée rouge à Tallin. À cette occasion je découvris l'existence du mouvement « Nashi » (« Nous autres », un nom qui évoquait le cinéma russe résistant de la seconde-guerre mondiale) récemment créé qui défendait les intérêts russes, et peut-être aussi quelque chose de l'idéal soviétique dans ce qu'il avait à la fois de russe et de progressiste. Je me méfiais bien sûr de certaines naïvetés du versant nationaliste de ces mouvements (sur lesquelles un chercheur, qui travaillait sur l'histoire russe au même moment, attirait mon attention). Mais il y avait aussi un versant de gauche intéressant. En septembre 2006 était sorti le numéro 1 d'une revue en anglais d'un Institut Internet « Socialism of the Twenty-First Century », projet soutenu par Mickaël Löwy, Eric Toussaint, François Houtart et Immanuel Wallerstein – l'inévitable

237. Eux-mêmes n'étaient pas étrangers au face à face avec les Baltes, puisque leur ministre de la sécurité le général Antufeyev avait tenté un coup d'État à Riga en 1990 selon *The Economist* du 3 mai 2007.

Françoise Rhizome était aussi de la partie. Leur but était d'organiser une conférence européenne par an et de promouvoir un nouveau socialisme qui s'appuierait sur la force économique de la Russie pour faire face à l'impérialisme[238].

En ce qui concerne les idées de gauche, la Transnistrie semblait être restée, à ce qu'on en disait, un véritable conservatoire brejnévien. Aux alentours du 5 mai, en étudiant le dossier, je découvris qu'ils avaient gardé un drapeau marqué de la faucille et du marteau et que leur chambre des députés se nommait encore le Soviet suprême. D'ailleurs toute la Moldavie demeurait marquée par l'héritage soviétique. Les Gagaouzes, alliés des Transnistriens, avaient gardé une forte nostalgie et voulaient se rattacher à la Russie. Et même à Chisinau, si le Parti communiste, désormais au pouvoir, s'était rallié aux idéaux de l'Union européenne, il n'en gardait pas moins les dénominations et les méthodes de l'ancien régime.

Les attaques contre cet État-fantôme anachronique se multipliaient. Sur le site du magazine néo-libéral anglais *The Economist* un article du 3 mai 2007 la qualifiait de « trou noir qui a mangé la Moldavie » (« *black hole that ate Moldova* ») accusé d'être la plaque tournante de tous les trafics – le *Figaro*

---

238. Leur bulletin n° 3 expliquait que l'axe principal de leur conférence d'avril 2007 porterait sur la question de savoir *« quelle stratégie économique, politique et socioculturelle permettrait à la Russie de devenir un pouvoir avancé dans les domaines intellectuels et énergétiques (sic) qui hérite des meilleures realisations de l'URSS et de dépasser les contradictions et les crimes de la précédente involution » (« What economic/political and sociocultural strategy will allow Russia to become an advanced power in energetic and intellectual fields, inheriting the best achievements of the USSR and overcoming contradictions and crimes of the preceding involution ? »)*

faisait de même le 24 mars 2006. À l'issue de la réélection du président Smirnov le 11 décembre 2006 l'*International Heral Tribune* la dépeignait comme un « *home to 550,000 people, mostly aging Russian speakers and ex-Soviet military families*[239] », et le 8 décembre 2006, à l'occasion de la journée internationale des Droits de l'Homme, Terry Davis, Secrétaire Général du Conseil de l'Europe[240] dénonçait la condamnation prononcée à l'encontre de MM. Ilie Ilascu, Andrei Ivantoc et Tudor Petrov-Popa ex leaders politiques du Front Populaire de Moldova par un tribunal de la « République moldave de Transnistrie », condamnation cassée par la cour européenne des droits de l'homme qui avait donné lieu à la remise en liberté du seul Ilascu, et non d'Ivantoc et Petrov-Popa[241].

J'avais cru que Le Dissident Internationaliste faisait appel à des experts de la zone, mais en fait il s'agissait simplement de sympathisants du Temps des Cerises et d'intellectuels anti-

239. Le foyer de 550 000 personnes, pour la plupart russophones et membres de familles de militaires ex-soviétiques.

240. Il semblait en revanche que la visite du Comité européen pour la prévention de la torture et des peines ou traitements inhumains ou dégradants du 15 au 20 mars 2006 n'ait rien donné.

241. Le 8 juillet 2004, la Grande Chambre de la Cour européenne des droits de l'homme a prononcé sa décision dans le dossier « Ilascu et autres contre la Moldova et la Russie » et a demandé la libération immédiate et inconditionnelle des deux prisonniers Andrei Ivantoc et Tudor Petrov-Popa. La Douma d'État et le Ministère des Affaires étrangères de la Fédération de Russie ont adopté, chacun, une déclaration insultante à l'adresse de la CEDH, en l'accusant « de partisanat et d'engagement politique », « d'utiliser des standards doubles dans la jurisprudence européenne », « de soutenir le terrorisme » entre autres accusations graves.

impérialistes (Francis Combes, Yves Vargas, Pierre Lévy, Patrick Theuret, Jürgen Elsässer, Nicolas Bardos-Feltoronyi, Jean-Pierre Page, Béatrice Pignède, Georges Labica, Annie Lacroix-Riz, Patricia Latour, Raphael Vahe, Diana Johnstone etc.)

Au bout du compte il s'avéra que je serais le seul au départ de Paris, et je persuadai L'Internationaliste d'inviter aussi un ami de Chris Black, qui vivait en France et travaillait à la traduction de l'Atlas alternatif en anglais (je comptais à l'époque en faire notre ambassadeur dans le monde anglo-saxon).

Je préférais cette option à un départ reporté à l'automne, car la revue *Courrier international* de la semaine du 16 juin annonçait une réunification possible à court terme de la Transnistrie et de la Modalvie sous l'autorité de Moscou.

Le 29 juin, L'Internationaliste nous livrait la composition suivante pour notre délégation :

Elle ne *« comprendra outre nous trois, que des Polonais car en fait il devait y avoir un communiste israélien mais son enfant est tombé malade. Les Polonais sont trois. Le député Piskorski qui est le porte parole de Autodefense et celui qui a demandé que le Parlement crée une commission d'enquête sur les vols secrets de la CIA et condamne l'occupation de l'Irak. L'ex-député Ikonowicz et dirigeant de la Nouvelle Gauche. Il est bientôt invité au Venezuela par Chavez et devrait faire le lien entre la Transnistrie, Cuba et Caracas avec qui il a des contacts réguliers. Un autre membre du même parti, Hass, metteur en scène qui a déjà été là-bas. Il est le constructeur financier des liens Amérique latine-Transnistrie-Pologne. Il vient de terminer avec Ikonowicz un film-reportage sur Cuba qui devrait être acheté par Canal+.*

Un personnage intéressant car il est né au goulag. Son père était un communiste polonais qui a pris partie pour Trotsky contre Staline et été arrêté en 1939. Le fils est né au goulag et pourtant il est toujours communiste trotskysant mais très bon connaisseur de l'ex-URSS qu'il aime. Il est devenu l'ami personnel du président de la Transnistrie qui a l'air d'être un personnage en couleur. Il est ingénieur, président 8 heures par jours, puis va à l'usine ensuite quelques heures car il estime que sans travail lié a son métier et aux machines, il perd ses capacités humaines et n'est plus bon à rien. »

J'ai relaté notre voyage en Transnistrie dans un journal de voyage que je publierai peut-être un jour. Je me contenterai ici d'en évoquer les traits principaux.

Le 1er juillet, je fus à Varsovie. Ce prélude polonais fut des plus utiles. D'abord pour cerner la personnalité de Piotr Ikonowicz, trublion haut en couleur, très respecté en Pologne. Il est parvenu à me convaincre que Solidarinosc pouvait, en son principe (1980), être considéré comme un mouvement « authentiquement bolchévik » ce qui ne m'eut jamais sauté aux yeux autrement. Avec lui d'ailleurs nous rendîmes visite à des piquets de manifestations d'infirmières à Varsovie, et une discussion avec des jeunes d'extrême gauche polonais me permit de saisir combien ils étaient désormais acquis aux valeurs de l'Union européenne (la Suède était devenue leur idéal socialiste).

Cette approche de la réalité polonaise était une transition intéressante avant la découverte de l'univers plus « oriental » de la Transnistrie, pour en cerner les points communs et les différences.

Le transit par Kiev, l'arrivée à Odessa sous un soleil de plomb avaient pour moi quelque chose d'exotique. La Transnistrie le fut encore plus. Cette bande de terre de 4 163 kilomètres carrés tout en longueur, où aucun train ne s'arrête, et qu'aucun État ne reconnait, avait beau avoir effacé la faucille et le marteau de son drapeau au poste douanier à la frontière (tout en les conservant sur ses bâtiments officiels), elle restait à l'évidence une sigularité dans l'Europe néo-libérale de notre époque. L'Internationaliste se faisait un plaisir de répéter ce que Boris Hass lui avait dit : que les terres n'avaient pas été privatisées, qu'à défaut de reconnaissance internationale, les capitaux étrangers ne s'étaient pas encore implantés, et que des collectifs de travailleurs contrôlaient encore un grand nombre d'usines. Mais, à côté de cela, un journaliste français qui nous avait rejoint près d'Odessa ne manqua pas de nous faire remarquer les magasins et stations services à l'enseigne de la holding Sheriff, dont on finit par apprendre au bout de trois jours qu'elle était liée au fils du président, et que ce conglomérat provoquait de sourdes tensions au sein même de l'appareil d'État.

En vérité, en Transnitrie (Pridnestrovie comme disaient les gens sur place), nous découvrîmes une réalité complexe. À la fois des reliquats de l'époque soviétique : le goût des officiels pour les exposés longs et dogmatiques, les haltes obligatoires devant les monuments aux héros, et ce musée de la milice où on expose fièrement le « pistolet préféré de Staline » et les uniformes du NKVD des années 1930. Mais aussi des clins d'œil appuyés à l'Union européenne, avec la visite obligatoire à la cour constitutionnelle, chez l'Ombudsman, et cet entretien (lui aussi obligatoire) à la chambre de commerce et d'industrie : la fine fleur des directeurs d'usine qui nous accueillait là faisait songer à des patrons calvinistes occidentaux qui n'attendraient que les capitaux pour faire de leur pays la Suisse de l'Europe orientale (car la Transnistrie avait sur son sol les plus performantes des usines soviétiques en textile, métallurgie, agroalimentaire).

Je crois que L'Internationaliste, Borys, et peut-être aussi Piotr rechignaient à voir cet aspect des choses, à tel point que lorsque nous fumes reçus par des présidents de commissions du « Soviet suprême » nous pensions tellement au nom singulier de ce Parlement, et à la statue de Lénine à l'entrée, que nous ne comprîmes mêmes pas que les députés qui nous recevaient, la nouvelle majorité parlementaire du parti Renouveau, étaient des « centristes » bon teint, fiers de souligner que les communistes étaient dans l'opposition (nous ne pûmes d'ailleurs les rencontrer malgré tous nos efforts, pas plus que l'étrange groupe de jeunesse « guévariste » Proriv). Le rapport de la Transnistrie à son passé soviétique nous fut explicité par le vice-président Korolyov qui nous reçut à deux reprises pour une interview : ils conservaient les marteaux et les faucilles, par respect pour le passé et des anciens morts pour l'URSS, mais cela n'avait pas d'incidence sur leur projet politique. « Il faut créer de la richesse sinon il n'y a rien à partager, et la richesse elle ne peut venir que du secteur privé » disait Korolyov à L'Internationaliste – qui, lui, voulait surtout l'interroger sur les coopératives et les droits des ouvriers. À certains égards, ce n'était pas si éloigné du discours sarkozyste en France… Encore Korolyov semblait-il incarner une sorte d'aile gauche du gouvernement, attachée à la cohésion sociale, face à certains cadres partisans d'une Pridniestrovie, « zone économique compétitive ». Le Dissident Internationaliste soutenait avec les mots de Georg Lukacs que tous ces ingénieurs devenus directeurs d'usine et ces fonctionnaires de police devenus ministres (comme Korolyov) étaient une « classe sociale en soi », potentiellement « résistante » à l'égard du système libéral mondial, pour autant qu'elle parvienne à devenir une « classe pour soi ».

Pour moi, le voyage était une première immersion dans le monde russo-ukrainien, avec ses tables garnies de plusieurs plats dont on entrecoupe la dégustation de toasts portés à l'amitié, au pays d'accueil, à ses femmes.

Ce fut aussi, hélas, comme je l'avais soupçonné dès le début, une plongée dans des conflits à caractère ethnique comme ceux que j'avais connus dans les Balkans. Dans les premiers jours un fonctionnaire moldave qui travaillait pour la présidence se chargea à mots couverts de nous faire comprendre qu'on nous dissimulait la vérité sur le sort de la minorité moldave (un tiers de la population), sur les taux de participation aux élections. Il s'arrangea pour le faire d'une manière assez intrigante, de sorte qu'il était difficile de tirer le vrai du faux. Il avait une manière suggestive de glisser le ver dans la pomme, de sorte que le premier jour de notre voyage j'eus l'impression qu'en fait les autorités transnistriennes nous mentaient sur tout, qu'on nous promenait à travers les musées et les « hauts lieux » de l'économie transnistrienne, comme Staline autrefois balladait ses sympathisants occidentaux dans un Moscou de carton-pâte. C'était très angoissant car, au contact de ce fonctionnaire qui ponctuait ses confidences de « je vais me faire fusiller si on sait que je vous ai dit cela », je touchais du doigt l'horreur d'une réalité sociale dans laquelle tout peut être faux. L'inquiétude demeura aussi longtemps qu'on refusait de nous faire rencontrer les « gens ordinaires ». Or dans la culture soviétique, encore présente dans de nombreux pays de cette zone, on vénère les gens qui savent, et l'on vous répond quand vous souhaitez obtenir les témoignages des citoyens anonymes : « Mais pourquoi ? Ils n'ont rien d'intéressant à vous dire ».

Je suppose que cela fait partie de certains traits encore un peu féodaux de ces pays, que dénonce aussi L'Internationaliste à l'occasion. Cela révélait aussi une admiration pour les gens cultivés ou instruits, un peu trop vite perdue dans la démagogie capitaliste. Nous fûmes rassurés quand nous pûmes enfin parler à des inconnus dans la rue sans l'assistance de nos hôtes, et découvrir qu'ils n'avaient nullement l'impression de vivre sous une dictature. Bien au contraire, ils critiquaient ouvertement leur classe politique avec la même franchise qu'on le fait en France, tout en se déclarant plutôt satisfaits d'être transnistriens (avec même souvent une petite nostalgie pour l'URSS qui comblait L'Internationaliste de satisfaction). Même les Moldaves sur les trottoirs tenaient un discours moins négatif que la fonctionnaire de la présidence, ce qui fit dire à L'Internationaliste que la présence d'un esprit aussi radicalement critique dans l'administration présidentielle était le signe par excellence de l'étonnant « pluralisme » ou de l'incohérence idéologique qui régnaient dans ce petit pays.

Cependant, ce fonctionnaire avait sans doute en partie raison quant à la situation objective de la minorité moldave qui gardait un intérêt économique à intégrer la Moldavie, plutôt qu'à demeurer dans une enclave dominée par les Russes et les Ukrainiens. La réponse officielle de État transnistrien – « nous sommes héritiers de l'internationalisme soviétique, nous sommes la seule République qui n'ait pas fait sécession de l'URSS » – ne permettait pas d'expliquer pourquoi les russophones sur place n'avaient jamais étudié le moldave à l'école. Et le discours selon lequel les Moldaves de cette région, qui avaient toujours écrit leur langue en alphabet cyrillique n'avaient jamais partagé ni la culture ni la mentalité des Moldaves de Moldavie et des Roumains, n'était qu'à moitié convainquant. Le fonctionnaire, le dernier jour que nous passâmes aux alentours de Tiraspol, dans une croisière très « soviétique » sur le Dniestr, m'expliqua à nouveau que la sécession transnistrienne vouait la Moldavie à ne pouvoir jamais fusionner avec les Roumains et intégrer l'Union européenne. Ce à quoi je pouvais seulement répondre que, peut-être, l'Union européenne n'existerait plus dans dix ans. Mais c'était pour cette personne une maigre consolation.

On trouvait avec ce dilemme de la question moldave au sein de la Transnistrie sécessionniste, le même genre de problème « culturel » que ceux qui avaient empoisonné l'univers yougoslave. Nos hôtes pridnestroviens tenaient un discours généreux, universaliste, comme l'avaient tenu aussi les Serbes yougoslavistes dans les années 1990. Mais il nous fallait aussi voir ce que cet universalisme gardait de problématique, d'inachevé, car il se construisait au détriment de certains groupes.

L'urgence pour nous était cependant de témoigner de ce que nous avions vu en Pridnestrovie et notamment de démonter les mensonges grossiers que certains esprits fantasques dans les salles de rédaction parisienne (et même dans les « fiches pays » de l'Office français de protection des réfugiés et des apatrides) cultivaient autour de ce micro-pays.

À notre retour, je publiai un article sur mon blog. Le projet d'ouvrage collectif fut abandonné. Je pus néanmoins recycler mon projet de chapitre sur les institutions transnistriennes écrit pour ce livre dans le cadre d'un article que me commanda pour une revue juridique le président de la Cour constitutionnelle de Tiraspol. Le Dissident Internationaliste publia un article dans deux journaux puis, plus tard, à la demande très soudaine de l'association Trans-european dialogue, une brochure de l'histoire de la Moldavie du Dniestr de quelques dizaines de pages qui semble avoir été éditée à Tiraspol.

Pierre Lévy mit ses pas dans les nôtres fin août 2007 et eut le plaisir, me dit-il plus tard, de pouvoir déposer une fleur sur un monument en l'honneur des Transnistriens morts pour l'Union soviétique dans la guerre d'Afghanistan de 1979 à 1985. Il voyait là encore le volet « brejnévien » de ce pays, mais le côté de plus en plus « pro-occidental » de cette enclave se révéla à nouveau juste après notre départ de Tiraspol. Dans la semaine du 18 juillet l'ambassadeur des États-Unis à Chisinau Michaël Kirby était reçu à Tiraspol par le président de Pridnestrovie, et était même décoré par l'association « guévariste » Proriv[242] dont on pouvait se demander si, comme Otpor à Belgrade en 1999, elle ne servirait pas de levier à une future « révolution orange » dans ce pays. Ikonowicz avaient obtenu de pouvoir, avec Borys Hass, porter les salutations de Smirnov au président Chavez à Caracas, mais l'alliance pridniestro-vénézuelienne était loin de pouvoir compenser complètement la force d'attraction de l'Union européenne sur ce pays. Et cela, d'autant plus, que la

242. *Tiraspol Times* 19 juillet 2007 http://www.tiraspoltimes.com/news/american_ambassadors_tiraspol_visit_a_public_diplomacy_win.html et http://www.youtube.com/watch?v= XLxfjUtI9QU

Russie s'était rapprochée de la Moldavie, que l'Union n'était plus prête à accueillir en son sein.

Mais, pour nous, là n'était pas l'essentiel. Par la Transnistrie nous avions touché l'univers russe. Notre intermédiaire moscovite auprès des Transnistriens savait qu'elle pouvait compter sur nous dans un rôle de témoins dépourvus des préjugés occidentaux classiques. Elle nous sollicita d'ailleurs à nouveau, Le Dissident Internationaliste, Pierre Lévy et moi-même le 27 novembre 2007 pour jouer le rôle d'observateurs des élections législatives à Moscou. Seul L'Internationaliste s'y rendit.

Le renouveau eurasiatique

Par l'intermédiaire de L'Internationaliste, j'eus aussi l'occasion de m'intéresser à l'Ouzbekistan dont l'ambassade parisienne organisa en septembre 2007 des conférences de presse en vue de faire connaître le rôle de ce pays dans le contexte d'un retour à la souveraineté des pays de l'Eurasie. L'Ouzbékistan faisait partie, comme presque toute l'Asie centrale ex-soviétique (sauf le Turkmenistan ; mais avec l'Iran, l'Inde, le Pakistan et la Mongolie comme « observateurs »), de l'Organisation de Coopération de Shanghaï avec la Russie et la Chine – une structure qui pourrait, à terme, faire contrepoids à l'hégémonisme étatsunien. Il avait eu l'audace de fermer en 2005 les bases militaires militaires états-unienne dont il avait favorisé l'installation dans le cadre de la « guerre contre le terrorisme » de Washington à partir de septembre 2001. Cette position de souveraineté lui valait un acharnement particulier des ONG humanitaires occidentales, et notamment des groupes évangélistes qui reprochaient à Tachkent de ne pas respecter la liberté religieuse[243] – en fait Pierre Lévy avait expliqué dans *Bastille-République-Nations* du 27 juin 2007 qu'une ONG américaine officiellement préoccupée de promouvoir l'autosuffisance de certaines populations ouzbèkes persuadait les paysans de se lancer dans l'élevage de volailles, puis finalement conditionnait l'approvisionnement en graines et aliments à la conversion des paysans à l'évangélisme…

Un autre prétexte à l'émotion des ONG tenait aux conditions de la répression de forces islamistes extrémistes (du moins c'est ainsi que les qualifiait le gouvernement qui se réclamait d'un « islam modéré et social ») qui occupaient illégalement des bâtiments administratifs à Andijan les 12 et 13 mai 2005. Les Ouzbeks au contraire rappelaient (hélas dans un style souvent très bureaucratique comme souvent en ex-URSS, peu audible des médias européens) qu'il est difficile de construire un État en quelques années (l'Ouzbékistan n'était indépendant que depuis 1991), que les tendances autoritaires n'étaient pas moindres dans ce pays que dans les autres pays d'Asie centrale, mais que Tachkent faisait des efforts en matière de droits de l'homme, notamment sur les conditions de détention, et en abolissant la peine de mort.

Mon article ayant circulé en version russe à Tachkent, je reçus le mercredi 24 octobre 2007 de bon matin le mail suivant, envoyé d'une adresse mystérieuse « ofra » :

Bonjour Monsieur Delorca !! À la différence de vous, je suis Ouzbèke et je vit (sic) en Ouzbékistan. J'écris sous un pseudenyme

---

243. *Today's Christian* dans son numéro de septembre-octobre 2006 (http://www.christianitytoday.com/tc/2006/005/9.61.html

(sic) car j'ai peur de ce régime qui règne chez nous, qui est capable de fusiller avec des canons ses citoyens quelques (sic) soient leur sexe, âge, croyance, juste pour qu'ils ont osé de parler au régime de leurs probèmes. Je pense à ces massacres dans la ville d'Andijan en mai 2005. En lisant votre article. j'ai compris tout de suite que vous n'avez jamais été en Ouzbékistan et n'avez jamais entendu parler de la ville d'Andijan. On voit que vous avez publié, sous votre nom, l'article que l'ambassade d'Ouzbékistan à Paris vous a donné. Tous les Français à Tachkent le disent. Et les Ouzbeks le disent parce que votre article a été repris aujourd'hui dans un journal gouvernemental. Combien les diplomates ouzbeks à Paris vous ont payé ou c'était juste pour rembourser un dîner dans un restaurant où l'ambassadeur ouzbek ou Mouzaffar Zakhidov, attaché de presse, vous a invité ? Cela m'intéresse parce que vous avez été payé avec l'argent des contribuables ouzbeks, privés de tous les droits, et dont les enfants ne mangent à leur faim. Et vous considérez facilement ce pauvre peuple comme islamistes ? Vous utilisez les mêmes méthodes que les Nazis contre les Juifs et ces méthodes avaient été aussi soutenues par les Européens y compris par les Français, de 1940 à 1945, n'est-ce pas ?/ Je suis sûr que vous visiterez prochainement l'Ouzbékistan et cette visite sera payé par nous, les contribuables. Vous n'êtes pas le premier ni dernier de cette sorte : Pierre Lévy (blog BRN) et d'autres./ Bien à vous, Quidam.

Il n'est pas agréable de recevoir ce genre de mail de bon matin. Le premier réflexe fut de se demander si ce que l'on écrit était vraiment si grave : avais-je vraiment fait l'apologie d'une répression sanglante et aveugle ? J'ai toujours été ouvert à la remise en cause de mes écrits pour être sûr de ne pas manquer une dimension ou une autre du réel et ajouter de ce fait l'injustice à l'injustice. C'est pourquoi d'ailleurs pendant la guerre du Kosovo j'avais toujours voulu dialoguer avec des Albanais. *Amicus Plato, sed magis amica veritas.* Mais, à y regarder de près, il n'y avait pas, dans mon article paru sur le blog, d'apologie du gouvernement ouzbek. Cet article était bien destiné à un public occidental et non autochtone. Il donnait des éléments factuels sur la construction de l'État ouzbek et sur sa position géopolitique. Cette présentation pouvait peut-être paraître plus favorable que les comptes-rendus publiés par des groupes investis d'un parti pris contre cet État. Peut-être aussi l'agence de presse ouzbeke n'avait-elle fait paraître que des « morceaux choisis » de mon papier. En tout cas, il ne s'agissait pas pour moi de « rouler pour le gouvernement ouzbek » et je le fis savoir dans un *nota bene* sur mon blog à la suite de l'article.

Mon second réflexe fut celui de l'indignation. Non pas vraiment à cause de l'attaque personnelle injustifiée, mais de la charge contre un pays, la France. Ce soi-disant ouzbek qui m'écrivait dans un français parfait ne semblait ne s'être intéressé à la culture française que pour la rabaisser, trainer son passé dans la boue vichyssoise.

J'ai tout de suite imaginé à quel genre d'interlocuteur j'avais affaire : de ces petits intellectuels locaux, probablement jeunes, qui grenouillent dans la mouvance de l'ambassade de France à Tachkent ou d'une ONG occidentale quelconque à un poste de scribouillard, de traducteur.

Le drame, c'est que ces ressources intellectuelles pour jeter la France dans la fange, il les puisait sans doute hebdomadairement dans la presse française elle-même – *Le Monde, le Nouvel Obs* – qui depuis dix ans ressacent sans cesse la litanie les crimes de la collaboration (c'est d'ailleurs aussi ce que releva L'Internationaliste à la lecture du mail). J'aurais pu lui répondre que, tout de même, la France fut de tous les pays occupés par le Reich allemand celui qui parvint à sauver le plus de Juifs. Et aussi, que, n'en déplaise à ce jeune « héros » – qui lui aujourd'hui jouait les petits collabos de bas étage auprès des grandes puissances occidentales –, tous les Français n'avaient pas des grands parents vichyssois. Mon grand père, républicain espagnol, avait fait partie des réseaux de résistance dans les Landes dès le début de la guerre. Toutefois, fidèle au principe de Nietzsche (qu'il pose dans *Ecce homo*) selon lequel à ses détracteurs il faut envoyer un pot de confiture, je me contentai de lui adresser une réponse courtoise, tout en précisant tout de même en post scriptum de mon article sur le blog, que je ne cherchais ni à cautionner ni à critiquer le gouvernement ouzbek, un anti-impérialiste ayant nécessairement pour règle de ne pas s'ingérer dans les affaires internes d'un pays soumis aux préssions néo-coloniales.

L'ouverture sur Tachkent m'avait rapproché non seulement des problématiques eurasiatiques chères à L'Internationaliste, mais aussi de Pierre Lévy qui, comme je l'ai indiqué, avait désormais en commun avec moi à la fois des travaux sur l'Ouzbékistan et sur la Transnistrie. L'Internationaliste aida à notre reprise de contact qui allait davantage de soi que quelques années auparavant.

En effet, en mai 2005 et même en 2006, j'étais encore favorable à une « autre Union européenne », plus démocratique et plus de gauche. Alors que le journal de Pierre Lévy, *Bastille-République-Nations* (BRN), était plus radicalement eurocritique. L'échec de la gauche de la gauche a proposer un alternative (un « plan B ») avec les Allemands, les Italiens, les Espagnols, après sa victoire au référendum de 2005 prouvait définitivement à mes yeux qu'une « autre Europe » n'était pas possible, et qu'il faudrait penser la résistance au capitalisme mondialisé sur des bases plus strictement nationales, quitte à redéfinir une unification européenne dans un demi siècle sur de meilleures bases. Mes discussions « zoologiques » avec Le Scientifique[244] sur l'attachement du primate humain à son territoire avaient encore renforcé ma conviction sur ce point : tous les partisans d'une dé-territorialisation des identités, à l'échelle européenne ou mondiale, n'étaient pas moins utopistes et dangereux que les gauchistes des années 70 (d'ailleurs c'étaient souvent les mêmes)[245].

Après une conversation téléphonique où il fut surtout question de la Transnistrie, je commençai donc à travailler occasionnellement – et bénévolement – pour Pierre Lévy. Celui-ci était comme L'Internationaliste. Un homme d'action, efficace. Et bourré d'humour avec ça. Malgré mes désaccords avec lui (notamment sur certaines de ses alliances avec des souverainites de droite proches de de Villiers), j'éprouve un plaisir absolu à travailler avec ce gens de personne : avec eux non seulement on ne perd jamais son temps, mais on s'amuse aussi beaucoup.

Mon premier papier fut un compte rendu d'un colloque de Sciences Po auquel il m'avait envoyé « en mission » le vendredi 12 octobre 2007. Je n'étais pas très preneur de

244. Mais c'est là ce que j'ai tiré de nos discussions, et non ce que lui-même en pense.

245. On trouve aussi une forme de « reterritorialisation » de l'humain chez des penseurs comme Polanyi ou Lasch. Mais c'est une notion à manier avec précaution pour ne pas glisser vers les commodités du passéisme.

travaux qui me renvoyaient à mon milieu professionnel et à l'univers de mes études parisiennes, d'autant que les certitudes pro-européennes des bien-pensants me fatiguaient beaucoup, mais je trouvai au spectacle de cette journée quelque chose de si dérisoire et pathétique qu'elle nourrit en moi un regard ironique sur ce paquebot sciencepotique perdu dans la grande mer des peuples européens. La tonalité de mon article fut donc en phase avec la tournure d'esprit spontanément corrosive de Pierre Lévy, qui le modifia assez peu, et, du coup, le mois suivant me sollicita à nouveau pour écrire un article, cette fois sur le Tchad et le Soudan.

Le journal BRN était un peu à l'étroit dans son format « eurocritique », et Pierre Lévy et ses amis étaient à ce moment-là à la recherche d'idées nouvelles pour en étendre l'impact et la portée.

La lecture des textes du Dissident Internationaliste, mais aussi la démarche « Paris-Berlin-Moscou » de de Grossouvre (dont je présentai un livre récent sur Parutions.com justement à ce moment-là) en 2003, m'avaient de plus en plus rapproché de l'idée que les peuples d'Europe pourraient retrouver une forme d'indépendance face aux États-Unis en s'alliant au bloc eurasiatique auquel la géographie naturellement les rattachait, c'est-à-dire non seulement à la Russie, mais aussi à la Chine, dont la croissance économique faisait très peur en Occident.

J'en touchai deux mots à Pierre Lévy en novembre qui se montra intéressé. Le Dissident Internationaliste me dit qu'il lui avait fait la même suggestion deux ans plus tôt et qu'il ne l'avait alors pas trouvé opportune, lui avait-il semblé. C'était la preuve que le cours des événements avait fait mûrir sa réflexion.

Et, en effet, on voyait de plus en plus que des questions très importantes se nouaient autour de l'Eurasie. L'hystérie des États-Unis contre l'équipement nucléaire iranien avait en partie pour enjeu, du moins aux yeux de certains stratèges du Pentagone, le contrôle stratégique du sud-ouest eurasiatique (le Proche-Orient). Cette dimension « rationnelle » du conflit perdurait, même si elle était amplifiée par l'eschatologie sioniste qui commandait de défendre Israël coûte que coûte. Parallèlement l'encerclement de la Russie et de la Chine se poursuivait. L'empire états-unien défendait son nouvel allié géorgien, multipliait les pressions sur l'Ukraine, intriguait contre Moscou en Mongolie, et partout où il pouvait avoir des ouvertures, tandis que nos médias multipliaient les campagnes de dénigrement contre Poutine. L'encerclement de la Chine – le « ring around China » comme l'appelait le contributeur de l'Atlas alternatif Vijay Prashad[246] – se poursuivait à travers l'Inde, la Thaïlande, les Philippines, la Corée du Sud, même si des pays comme l'Indonésie cherchaient à s'affranchir de la tutelle états-unienne trop pesante.

En septembre la révolte des moines en Birmanie (Myanmar), fut, semble-t-il, largement encouragée par les fonds d'USAID. En tout cas il y eut une remarquable coordination des médias dominants pour soutenir l'insurrection et faire pression sur le gouvernement birman. Ce fut l'occasion pour de nombreux anti-impérialistes (notamment Le

---

246. http://www.zmag.org/sustainers/content/2006-08/24prashad.cfm

Scientifique) de reposer les problématiques de l'interventionnisme qui nous tenaient à cœur depuis la guerre du Kosovo.

Bien sûr le gouvernement de Rangoun était une dictature militaire des plus classiques, assez peu enthousiasmante (encore que sa base sociale fût nettement plus large que celle des dictatures latino-américaines d'autrefois, du fait des ramifications nombreuses de l'armée dans la société). Mais les jeunes moines birmans n'étaient pas tous des anges : beaucoup, parmi les plus jeunes, commettaient des actes de violences, somme toute très peu « bouddhistes », contre des maisons de fonctionnaires et la police, ainsi que le rapportait la presse chinoise. Surtout, la Birmanie était la voie d'un oléoduc qui approvisionnerait en pétrole la province chinoise du Yunan. Lauren Leve m'envoya pour signature une pétition de soutien aux moines. Elle évoluait dans des cercles intellectuels spécialisés sur l'Asie, et donc personnellement liés aux oppositions locales (elle-même avait des amis dans la gauche népalaise comme j'en avais eu dans l'opposition serbe). Je lui dis que je signerais seulement si elle pouvait me garantir que l'opposition birmane, si elle arrivait au pouvoir, ne mettrait pas fin au projet d'oléoduc vers la Chine. Car je ne voulais pas avoir à choisir entre la liberté formelle des classes moyennes (ou bourgeoises) birmanes, et le progrès économique du peuple chinois.

Il me semblait que nous devions tous prendre l'habitude de penser en ces termes.

La question birmane renvoyait à la question chinoise, et la question chinoise, depuis au moins 2005, était dans toutes les têtes. Lorsqu'on assistait à des réunions comme celle de *Correspondances internationales* à laquelle je fus le 31 octobre

2007 à Paris, de ces réunions où l'on écoutait religieusement la parole des vieux « sages » comme dans les universités, on entendait dire que la Chine n'était pas si capitaliste qu'on le croyait, qu'elle n'avait pas encore privatisé ses terres (et ce pour le plus grand bien de l'humanité sans quoi 200 millions de nouveaux paysans déracinés se précipiteraient sur les villes). Pékin serait peut-être un jour utile au socialisme, disait-on. En attendant, la pression que le développement de ce pays exerçait sur le cours des matières premières (et notamment sur celui du pétrole), son rôle dans la déstabilisation économique de l'Occident, et dans les choix stratégiques de l'Afrique étaient hautement appréciés. Samir Amin et d'autres se prenaient à rêver d'un monde où les Chinois, les Indiens, et d'autres peuples du Sud, gagneraient la bataille des nouvelles technologies et imposeraient un ordre mondial plus juste. Je n'étais personnellement pas convaincu que le Sud fût sur le point de gagner – à mon avis l'issue tenait à peu de choses, telle découverte en matière d'OGM par exemple pouvait d'un jour à l'autre conduire à l'asservissement de toute la planète, et les États-Unis en la matière gardaient une longueur d'avance – ni non plus qu'un ordre « rééquilibré », à supposer qu'il fût envisageable, ne génèrerait pas de nouvelles formes d'aveuglement et d'injustices. Mais au moins le mouvement, la promesse d'une transformation des rapports de force, restait, par elle-même, un facteur positif. À ce titre on pouvait sans aucun doute se réjouir de l'émergence de la Chine.

Les amis des néo-conservateurs états-uniens allaient d'ailleurs bien le comprendre en mars 2008 en poussant des bandes de moines tibétains à descendre dans les villes pour y semer la violence. Il y aurait fort à dire sur ces événements, l'insulte que les lobbies interventionnistes occidentaux firent au peuple chinois à ce moment-là en prônant le boycott de la cérémonie d'ouverture des jeux olympiques, tous ces efforts une fois de plus pour semer la guerre, le « chaos créateur » cher aux néo-conservateurs états-uniens. Beaucoup à dire aussi sur certaines erreurs (involontaires ou délibérées) qui coururent dans les milieux résistants à propos de la nature du projet politique du Dalaïn-Lama (des erreurs qui rejaillirent jusque dans le discours du courageux sénateur Mélenchon[247]). Mais laissons cela peut-être pour un autre livre.

247. Si seulement M. Mélenchon avait sorti le même genre de tirade neuf ans plus tôt, quand Belgrade était en flammes…

Chapitre Trois
Lueurs vénézuéliennes

Outre les réflexions sur le Proche-Orient et l'Eurasie, la seconde moitié des années 2000, pour moi comme pour les milieux progressistes, fut très marquée par une révolution inattendue, survenue dans un petit État pétrolier d'Amérique du Sud : le Vénézuela.

Cette Révolution avait commencé six semaines avant le début des bombardements sur l'ex-Yougoslavie, le 2 février 1999, date de la prestation de serment du président Hugo Rafael Chavez Frias. Chavez était depuis plusieurs années le héros du petit peuple vénézuelien car il avait en février 1992 mené un coup d'État contre un président officiellement social-démocrate (mais en réalité néo-libéral) qui avait fait tirer sur la foule au cours de manifestation contre les diktats du FMI.

Presque personne dans les milieux de gauche n'avait prêté attention à ce phénomène, à l'exception de quelques journalistes du *Mensuel de gauche*. Vladimir dès 2000 s'y intéressait mais pas moi, je l'avoue. Pour moi, Chavez était peut-être un homme nouveau dans l'hémisphère occidental mais je n'attendais plus rien de ce continent depuis la chute du gouvernement sandiniste au Nicaragua aux élections de 1990.

Évidemment le coup d'État du 11 avril 2002, organisé par la grande bourgeoisie, n'avait pas manqué de m'interpeler d'autant que nombre de mes proches s'engageaient fermement pour le dénoncer. J'avais notamment apprécié les travaux de Maurice Lemoine – qui écrivit un livre pour Le Temps des Cerises et auquel j'ai proposé en vain d'écrire pour l'Atlas alternatif – pour démentir les mensonges des grands médias vénézueliens et états-uniens (relayés docilement en Europe), sur une prétendue « provocation chaviste » à l'origine des échanges de coups de feu dans les manifestations. J'ai été émotionnellement très touché par le film des journalistes de la chaîne irlandaise Radio Telefís Éireann, *The Revolution will not be televised*, qui révèle d'une façon magnifique le courage de Chavez, la symbiose qui l'unit à son peuple, et le rôle des militaires de rang moyen et inférieur sur lequel on reviendra. J'ai visionné pour la première fois ce documentaire le 29 avril 2003 lors de sa diffusion sur *Arte*. Mais j'étais convaincu que cette remise en scelle de Chavez n'était qu'un baroud d'honneur. Je pensais qu'ayant risqué sa vie une fois, il ne revenait au pouvoir que sous la haute surveillance des milieux financiers internationaux (et des États-Unis) avec lesquels il devrait passer des compromis. Je me trompais, et dus m'en rendre compte à partir de sa victoire au référendum révocatoire du 23 août 2004.

L'Atlas alternatif ayant été publié en mai 2006, je pus décoller le nez de mon ordinateur et commencer à me rapprocher des milieux vénézuéliens à l'approche de la nouvelle élection présidentielle, en assistant à diverses conférences. Par ailleurs, par l'intermédiaire d'un diplomate vénézuélien, en août 2007, je rencontrai un jeune Parisien,

Grégory Maitrier qui vivait au Vénézuela depuis un an avec sa compagne espagnole. Ils y préparaient un « annuaire bolivarien » – une belle entreprise, audacieuse, qui recueillit des textes de Meyssan, de Lemoine, de Chomsky, mais pour laquelle leurs courageux promoteurs n'allaient recevoir aucune des rémunérations institutionnelles promises ; le livre finalement n'allait même pas être publié (certains ouvrages ont encore moins de chance que l'Atlas...).

Au fil de mes échanges dans les milieux pro-Chavez et de mes lectures, j'en suis venu à la vision suivante de la révolution vénézuélienne. Au fond, celle-ci a fonctionné grâce à deux clés fondamentales : l'homme, Hugo Chavez, et la situation internationale.

Parlons de l'homme tout d'abord. Les individualités comptent n'en déplaisent aux sociologues. L'historien Marc Ferro aime à rappeler que Trotski a su reconnaître ce que la révolution de 1917 devait à Vladimir Ilitch Oulianov dit Lénine. La révolution vénézuélienne doit beaucoup à Chavez. Comme l'a noté Castro dans une interview qu'il donnait à Ignacio Ramonet : Chavez porte sur lui les traces de la diversité de l'Amérique du Sud (les traits indiens, et noirs), il porte donc aussi les drames de ce continent. C'est en outre un homme truculent, très proche du peuple, et d'un courage extraordinaire – il a refusé de démissionner quand les putschistes voulaient le liquider.

Et Chavez est un militaire. Dans le livre-entretien que Luis Bilbao publie sur lui[248], il explique lui-même que l'armée

248 Luis Bilbao, *Chavez et la Révolution bolivarienne, entretiens avec Luis Bilbao,* Pantin, Le Temps des Cerises, 2005, p. 32 et suiv.

vénézuélienne est une armée composée majoritairement de gens issus des classes pauvres, qu'on y lisait Marx dans les années 1970 et que, compte tenu de la faiblesse des guérillas au Vénézuela, ses officiers n'ont pas été endoctrinés dans les centres d'entrainements états-uniens comme l'École des Amériques, de sorte qu'elle est restée une armée réellement patriotique, et ouverte aux idéaux progressistes de Bolivar. Chavez a pu ainsi fortement la mobiliser au service de ses réformes, en nommant des généraux dans des ministères, en l'employant aussi à aider le peuple (par exemple la marine aida les pêcheurs menacés par les bateaux des multinationales).

Le 27 octobre 2007 j'ai assisté à un débat à l'ambassade du Vénézuéla à Paris. Un sociologue y dissertait sur la réforme constitutionnelle à venir. Il insistait sur le fait que le point relatif au droit de renouveler le mandat présidentiel (qui, dans la version antérieure de la constitution était plus limité) était somme toute mineur. Les États-Unis au contraire y voyaient alors un risque de dérive dictatoriale. Au moment des questions dans la salle, un spectateur naïf demanda si les pouvoirs du président allaient être limités. Le sociologue rit et dit qu'aucune législation ne pourrait limiter le pouvoir du président (sic), que c'est comme si on voulait le faire taire. Ce propos fut tenu avant qu'au sommet ibérolatinoaméricain de novembre 2007 le roi d'Espagne d'une façon bien arrogante demande à Chavez de se taire (une réplique qui allait faire le tour du monde). Le glissement du pouvoir à la parole était significatif, mais il décrivait une réalité. Il y avait un verbe chavezien, une parole de noblesse et de vérité qui se déversait sur le Vénézuela, notamment dans l'émission *Alo presidente*, que rien ne pouvait arrêter.

Cette personnalisation du pouvoir était dangereuse. Car Chavez n'était pas infaillible, loin s'en fallait. Si l'on reprend sa réaction aux propos du roi d'Espagne justement on mesurait l'irrationnalité occasionnelle du personnage qui, au début affirma que les relations hispanovénézuelienne ne souffriraient pas de l'accrochage verbal, puis dans la semaine qui suivit, fit chauffer la cocotte minute et menaça de réviser « à fond » les relations avec l'ex-puissance coloniale en inspectant notamment les comptes de ses multinationales installées au Vénézuela[249]. Je n'adhère pas évidemment aux critiques de la droite vénézuelienne qui dénonçait la « folie » de Chavez, mais il est clair que l'émotivité d'un individu qui concentre trop de pouvoir est à terme dangereuse, et peut conduire à des dérives.

La focalisation du pouvoir sur Chavez (« il suffit que Chavez éternue pour que tout le Vénézuela s'enrhume » me disait Grégory Maitrier qui était pourtant un fervent supporter du chavisme) minimise le rôle du peuple. Celui-ci certes est un pilier de la révolution, il l'a montré pendant le coup d'État, mais il demeure une variable versatile. Un ami serbe un jour me disait : « Si c'est vraiment le peuple qui fait les révolutions, pourquoi dès qu'un Lumumba au Congo ou un Sankara au Burkina sont assassinés la révolution s'éteint-elle d'elle-même ? ». Cela à mon avis fait partie d'un besoin de chef très ancré dans le fonctionnement humain. Maîtrier, toujours lui, me faisait remarquer qu'au moins à Caracas, dans les bidonvilles le peuple avait des magnétoscopes,

---

249. *El Pais* 15 novembre 2007 « Chávez carga contra el Rey y avisa de que revisará las relaciones con España ».

plusieurs téléphones portables par foyer, qu'on y trouvait beaucoup d'obésité comme dans les ghettos américains, bref que ce peuple, consommateur de télénovelas était très américanisé, très contaminé par l'esprit de supermarché (comme aussi les habitants des banlieues défavorisées françaises), ce qui n'en fait pas nécessairement un bon support du socialisme sur le long terme. La mobilisation grégaire des gens dans des structures de masse du type des « comités de quartier » ou de ce fameux « Parti socialiste unifié » qui comptait plus d'adhérents que d'électeurs capables de voter « oui » à la réforme socialiste de la constitution ne pouvait pas, en soi, compenser les problèmes multiples de la relation leader-masses.[250]

De même l'importance de Chavez relativise le rôle des intellectuels qui gravitent autour de lui. Si j'en juge par ceux que j'ai vu passer à l'ambassade du Vénézuela à Paris, je n'ai pas le sentiment que ceux qui soutiennent la révolution bolivarienne soient les meilleurs ni les plus utiles. On répète souvent que la révolution bolivarienne manque de cadres. Les universitaires vénézueliens que j'ai entendus défendre Chavez sont souvent des hableurs impénitents qui se gavent de mots vaguement marxisants (« processus historique », « chance extraordinaire », « dépassement dialectique », sans parler de ce slogan digne des marchands de lessive « le socialisme du XXe siècle » qu'on ressort toutes les dix minutes), incapables

250. J'ai un peu évoqué tous ces problèmes dans un texte du 14 novembre 2007 publié sur mon blog personnel – http://delorca.over-blog.com/article-13780489.html – trois semaines avant la défaite de Chavez au référendum, à un moment où tout le monde, même la CIA, pensait que Chavez gagnerait haut la main.

d'aligner des chiffres ou des raisonnements précis. Je veux bien croire que les intellectuels étrangers comme Marta Harnecker qui ont quitté leurs universités pour « conseiller » Chavez, et dont le rôle fut contesté au Vénézuela-même, n'apportent pas nécessairement les lumières requises. Aux dires de mes contacts à Caracas, ils ont semble-t-il plus d'une fois contribué au « bazar » qui a souvent caractérisé la révolution vénézuélienne.

Le second facteur de succès de la révolution bolivarienne, outre la personnalité de Chavez, fut, disais-je, la situation internationale, qui se caractérisait par trois traits majeurs : le déclin relatif des États-Unis à partir de la guerre d'Irak, la survie du régime communiste cubain et le basculement d'autres pays d'Amérique latine.

Le déclin états-unien est un déclin militaire avec l'enlisement en Irak. Nul doute que si la vaillante guérilla irakienne n'avait pas tenu en échec la première armée du monde sur son territoire, Rumsfeld aurait été enclin à attaquer militairement le Vénézuela dès 2004. Mais c'est aussi un déclin économique : la montée en puissance de la Chine notamment a permis à Chavez d'envisager une réorientation de ses exportations pétrolières vers l'Asie plutôt que vers les États-Unis. Sans ce soutien chinois, sa seule alternative eut été d'exporter vers une Europe elle-même soumise à Washington. Il y aurait perdu en marge de manoeuvre.

De même le succès économique de la Chine, conjugué à l'endurance militaire de la résistance irakienne et à la bonne tenue de la Russie de Poutine, a maintenu une pression sur le prix du baril de brut à partir de 2003 qui a grandement profité à la croissance vénézuelienne et à la redistribution financière.

La deuxième caractéristique internationale était la survie de la révolution cubaine. Celle-ci était plus bureaucratique. Il suffisait de se rendre à l'ambassade de Cuba pour s'en rendre compte comme je le fis le 19 septembre 2007 : les discours sur les victimes des attentats terroristes commis par la CIA contre les avions dans les années 1970 étaient empreints d'autant de langue de bois que celui que nous avait tenus la babouchka transnistrienne au musée des victimes de la guerre patriotique de 1992 à Bendery. Le contraste entre la fraîcheur vénézuélienne et les pesanteurs cubaines se retrouve aussi dans l'émission *Alo presidente* réalisée par Chavez à Cuba en octobre 2007. Mais la révolution cubaine était aussi, sur bien des plans, plus rigoureuse que celle de Caracas. Castro avait aidé au sauvetage de Chavez pendant le coup d'État. Les services cubains contribuèrent à sa sécurité. Cuba avait une tradition internationaliste exceptionnelle, et à bien des égards plus forte que celle de la Russie : son engagement militaire en Afrique australe contre les forces de l'apartheid dans les années 1970, et sans l'avis de Moscou, fut un modèle de mise en œuvre des valeurs de solidarité de gauche, puisque la petite île des caraïbes en vint même à dégarnir ses propres défenses (malgré les menaces états-uniennes) pour aider l'Angola à défendre sa révolution – Mandela a d'ailleurs plusieurs exprimé sa dette morale à l'égard de Cuba où il fit sa première visite à l'étranger.[251] L'internationalisme de Cuba était non

---

251. « *Venimos aquí con el sentimiento de la gran deuda que hemos contraído con el pueblo de Cuba. ¿Qué otro país tiene una historia de mayor altruismo que la que Cuba puso de manifiesto en sus relaciones con África ?* ». La Habana, julio de 1991 http://www.rebelion.org/ noticia.php?id=36693 « *If today all South Africans enjoy the right of democracy ; if they are able at last to address the grinding poverty of a system that denied them even the*

seulement militaire mais aussi humanitaire, à travers l'envoi de nombreux médecins en mission. Sa compétence médicale a fait beaucoup pour dépasser les blocages du Vénézuela. Là où l'État et la bourgeoisie étaient enclins à mépriser les pauvres, les Cubains aidèrent à mettre en place des missions pour lutter contre la cécité (*Misión Milagro*) ou pour réintroduire des dispensaires médicaux dans les quartiers défavorisés (*Barrio adentro*). Le service de Cuba au Vénézuela fut réciproque : Chavez ayant non seulement fourni du pétrole à Cuba mais aussi aidé ce pays à redorer son blason après l'abandon soviétique[252], et à redynamiser sa révolution[253] en apportant à la bureaucratie cubaine son enthousiasme révolutionnaire romantique. On peut même penser que le soutien moral de Chavez fut pour beaucoup dans la survie physique de Castro en 2006.

---

most basic amenities of life, it is also because of Cuba's selfless support for the struggle to free all of South Africa's people and the countries of our region from the inhumane and destructive system of apartheid », déclara-t-il dans un banquet en l'honneur de Fidel Castro le 4 septembre 1998 à Paarl http://www.anc.org.za/ ancdocs/history/mandela/1998/nm0904.htm

252. Ce qui autorisait Castro le 22 décembre 2005 devant l'Assemblée nationale du pouvoir populaire (ANPP) à La Havane à affirmer que Cuba était « le sanctuaire de l'éthique universelle ». Il est vrai que Noam Chomsky, grande figure de l'éthique politique avait participé à la 3e Conférence latino-américaine et carribéenne des Sciences sociales à La Havane du 27 au 31 octobre 2003, après une rude admonestation de James Petras (le 23 mai 2003) contre son « ninisme » sur la question.

253. Cela se vérifie notamment à travers les images de l'émission « alo présidente » du 14 octobre 2007 à Cuba (http://www.youtube.com/watch?v=TC7kSkgBfzI&feature=related).

Le troisième facteur fut le basculement assez général de l'Amérique latine à gauche, soit sur une ligne anti-impérialiste forte comme la Bolivie, le Nicaragua, l'Equateur, soit sur une ligne plus encline au compromis comme le Brésil (Lula), le Chili (Bachelet), l'Argentine (avec le peronisme de gauche des Kirchner). La nouvelle sensibilité des peuples latino-américains aux thèmes de l'écologie, de l'égalité, du refus de l'impérialisme et du néo-libéralisme ne rendait plus aussi faciles les manœuvres de la CIA et les possibilités d'embargo économique contre les régimes « dissidents ».

La révolution bolivarienne chaviste a obtenu des résultats spectaculaires. Tout en maintenant un niveau de croissance économique élevé, elle a permis des redistributions de terres au profit des paysans les plus pauvres, d'élever le niveau sanitaire de la population dans les zones délaissées et surtout d'être déclaré par l'UNESCO en octobre 2005 « territoire d'analphabétisme » grâce à la méthode d'alphabétisation cubaine « Yo sí puedo », ce qui signifiait qu'en quelques années 1,4 millions de vénézueliens avaient appris à lire et écrire.

Ces résultats pouvaient être mis à profit en France pour restaurer une conscience de gauche. C'est ce que je fis moi-même dans mon « Programme pour une gauche française décomplexée » où je citais abondamment le Vénézuela. Mais je n'étais pas le seul. Un des premiers politiciens de gauche français qui aient courageusement pris fait et cause pour le Vénézuela fut un des leaders de la gauche du Parti socialiste français, le sénateur, Jean-Luc Mélenchon déjà mentionné à propos du Tibet. Mélenchon sur son blog ne cessa pas de rétablir la vérité sur le Venezuela face au pouvoir des grands médias, et n'hésita pas à dénoncer les communiqués de presse de son propre parti, notamment quand ils soutinrent l'infâme propagande qui accusait Chavez de despotisme parce qu'il ne renouvelait pas la concession d'une chaîne de TV RCTV qui avait soutenu les putchistes en 2002 (alors qu'en France des dizaines de chaines de radio et de TV tous les ans étaient fermées ou empéchées d'éclore, étranglées par le pouvoir de l'argent). L'enthousiasme de Mélenchon alla même au-delà de celui du PCF où il se trouvait des responsables pour dire – m'a indiqué un jour un contributeur de l'Atlas – : « Personnellement je ne confierais pas mon fils à un type comme Chavez.

À l'autre bout de l'échiquier politique le Venezuela intéressa aussi le Front national, qui multipliait les clins d'oeils à l'électorat de gauche. En 2007 le site d'Alain Soral annonçait que le général José Nicolas Albornoz Tineo, membre de l'état-major militaire du président Chavez, participerait à colloque du Front National « Projet politique pour le XXI siècle » à Agde le 27 mai avec Alain Soral et Jean-Claude Martinez. La nouvelle, reprise dans la presse, fut démentie par l'ambassadeur du Venezuela[254]. La sympathie de Le Pen pour Chavez n'a cependant pas été jusqu'à empêcher les députés du FN au Parlement européen de voter pour toutes les motions du Parti populaire (droite) condamnant le gouvernement bolivarien, y compris dans l'affaire RCTV.

Mais l'attractivité de Chavez allait au-delà des partis politiques.

---

254. http://www.marianne2.fr/Quand-le-regime-d-Hugo-Chavez-travaille-avec-le-Front-national_a76118.html?PHPSESSID=f6feb51f4ce8196277932c566b9542cd

Le 18 juillet 2007, je rencontrai par l'intermédiaire d'une membre du Cercle bolivarien de Paris, Fouzia Lamrani et Mohammed Taleb à la librairie Ishtar qui s'était constituée depuis peu en association, dans le cinquième arrondissement de Paris. C'était une petite structure qui s'initiait à l'intérêt du non-alignement et de l'alliance Sud-Sud. Dans cet esprit, ils diffusaient le film « La révolution ne sera pas télévisée » dans un de leurs espaces.

Le Dissident Internationaliste fut enthousiaste dans un mail du 24 juillet 2007 : « *Effectivement, j'ai cliqué sur leur site. Ça a l'air bien. En plus ils participent au printemps des poètes, que Combes connaît très bien. Des amis arabes, dont un imam, m'ont dit lors d'un diner que de toute façon, la renaissance, à partir de la critique radicale, du monde arabo-musulman commencerait vraiment en Europe, et en particulier en France, car les sociétés concernées sont trop opprimées par le poids de traditions archaïques et fascinées par un amour-haine de l'Occident. Mais que cette renaissance sera aussi une déconstruction au vitriol de « l'Occident réellement existant », ce que les « Occidentaux pur jus » ne peuvent pas faire, à cause du poids de leurs propres archaïsmes nés de la pétrification actuelle des idées des Lumières... quoi qu'il en soit ce n'est pas la petite Dati*[255] *qui en sera la source. Peut-être trouvons nous à Ishtar cette pousse ? C'est par l'international, aussi par le « bolivarisme », qu'une gauche réelle pourra se reconstruire en France, me semble-t-il de toute façon. Paris, ou la rencontre d'Ishtar et de Bolivar ? Ça*

255. Rachida Dati, ministre de la justice et proche du président Sarkozy était un instrument privilégié de la propagande néo-libérale auprès des jeunes issus de l'immigration. Elle jouait un rôle analogue à Condolezza Rice aux États-Unis.

sonne bien. Soyons poète !!!! En tout cas merci pour ces contacts. Je commence à attendre septembre avec impatience ! »

Évidemment L'Internationaliste se trompait un peu (mais en fait, je pense qu'il ne croyait pas complètement en son propre enthousiasme, il y avait quelque chose de ludique chez lui qui ne le rendait pas dupe de ses propres croyances). Tout d'abord parce que son propos « surdimensionnait » le poids de ses interlocuteurs. Comme je l'avais éprouvé en 2000 au moment de la constitution de l'Appel de Bruxelles, il y avait toujours une tendance à croire que les gens « représentent plus qu'eux-mêmes ». Or ce n'est pas parce qu'on organise une réunion avec des immigrés musulmans qu'on a la garantie de pouvoir toucher par ce biais *beaucoup* d'immigrés de « culture » ou de croyance musulmane. Ensuite parce qu'il s'avéra que les gens d'Ishtar n'étaient pas du tout sur une ligne anti-impérialiste « globale ». Ils voulaient bien se rapprocher de certains pays comme le Vénézuela, mais certainement pas dénoncer l'agression occidentale contre la Yougoslavie ou la Russie, et refusèrent pour cette raison de soutenir l'Atlas alternatif.[256]

Ishtar n'était pas la seule structure à regarder vers Caracas. D'autres groupes d'immigrés comme une certaine assocation

---

256. Le Dissident internationaliste me fit remarquer qu'en ce sens, ils étaient en décalage même avec les pays « musulmans » qui ont donné à la Russie le statut d'« observateur » à l'Organisation de la Conférence islamique, ou avec le roi d'Arabie saoudite qui a accueilli le président prorusse de Tchétchénie et l'a invité à une prière commune à La Mecque. Sans parler du fait que Tachkent « la post-soviétique laïque » a été « couronnée » « ville de la culture islamique 2007 ».

« Armada » le firent. En outre un cercle bolivarien était né à Toulouse, un autre à Rennes, un troisième à Montpellier.

Pour autant le Vénézuela manquait de relais en France. L'ambassade embauchait des jeunes gens, mais ne savait pas trop choisir ses alliés. Elle misait sur des micro-structures françaises comme le Cercle bolivarien de Paris qui restaient très repliées sur les milieux latinos.

La défaite d'Hugo Chavez au référendum constitutionnel du 2 décembre 2007 et l'apparition des premières aigreurs à Caracas allaient d'ailleurs refroidir bien des élans de ce côté-là. Nils Andersson (qui était bien sûr solidaire de la révolution bolivarienne) me l'avait dit lors de la Fête de l'Humanité en septembre 2006 : *« Tout le monde est enthousiaste pour la révolution chaviste en ce moment. D'ailleurs plus les gens hors des partis politiques, que les partis eux-mêmes. Mais il va arriver un moment où cette révolution va patiner, c'est inévitable, et là, on verra qui sera derrière ou pas »*. Nous y étions.

De toute façon, quelque sympathie qu'inspire le personnage de Chavez, on ne pouvait compter sur cette seule révolution, ni sur l'ensemble du mouvement social d'Amérique latine, pour redonner du cœur à l'ouvrage aux forces résistantes françaises.

Plus j'écoutais les leaders révolutionnaires d'Amérique latine, plus je lisais et entendais des interviews autour du Che ou de Castro, plus je retrouvais, dans cet univers, ce côté romantique, et sotériologique (au fond terriblement chrétien) qui m'avait frappé, en 2000, dans mes conversations avec Vladimir. Il était presque inévitable que ce discours-là tombe dans le registre du kitsch en franchissant les frontières culturelles de l'Europe. En Europe, en France en particulier, pour des raisons liées à la déchristianisation déjà ancienne, la résistance ne pouvait pas prendre cet imaginaire au premier degré. Le vent de la révolution vénézuélienne ne pouvait donc pas suffire à gonfler les voiles de la gauche anti-impérialiste française.

Conclusion

À la fin de l'année 2007, le Réseau Voltaire publiait un article annonçant une « trêve » des États-Unis dans leur attitude belliqueuse[257] et la journaliste anti-impérialiste Béatrice Pignède présentait dans un cinéma d'art et d'essai rue de la Clef un film intitulé « Après l'Hégémonie – Propositions pour un monde multipolaire ».[258] Bien sûr le néo-colonialisme était dans toutes les têtes. Bien sûr Sarkozy et Kouchner roulaient pour Bush. Bien sûr Hillary Clinton mettait ses pas dans ceux des néo-conservateurs (Obama allait peut-être suivre), et la menace d'une guerre contre l'Iran n'était pas écartée.[259] Mais

---

257. Thierry Meyssan, *Washington décrète un an de trêve globale*, http://www.voltairenet.org/article153395.html

258. Présenté en avant-première le 20 novembre 2007.

259. Il y aurait fort à dire sur ce dossier aussi. Les mensonges occidentaux sur les déclarations d'Ahmadinejad à propos d'Israël, sur son rôle même dans le dispositif institutionnel iranien. L'empressement de certains démocrates américains à voter une loi déclarant les Gardiens de la Révolution « organisation terroriste », ce qui légitimait par avance l'usage de la force contre l'Iran – dont pourtant les experts disaient qu'il nécessiterait des moyens militaires, et donc des destructions énormes, pour venir à bout des moyens de défense de ce pays.

l'appareil d'État américain était en crise (la « perte » de bombes nucléaires en septembre 2007 était le signe que des choses étranges se passaient de ce côté-là), et le billet vert était en chute libre.

Pour les anti-impérialistes la situation n'était plus aussi désespérée que dix ans plus tôt, à l'époque du triomphe de l'« ingérence humanitaire ». Pour autant, on était encore très loin de la construction d'un monde juste et harmonieux. Et, dans les milieux résistants, nous n'étions pas près de pouvoir transformer l'indignation face au monde tel qu'il va en un programme de politique étrangère cohérent, ni en action concertée à grande échelle pour sortir des logiques de « chocs des civilisations ». Il suffisait de voir avec quelle facilité les gens – même les militants – étaient enclins à gober les pires caricatures médiatiques sur la Russie de Poutine ou sur le Hamas à Gaza.

En ce qui me concerne, ces expériences m'ont incontestablement mûri. Non seulement le choc yougoslave m'aura soustrait aux certitudes dogmatiques des gens de mon milieu professionnel et social, mais les aléas des combats ultérieurs m'auront rendu plus réaliste sur les possibilités de résistance concrète à la bêtise ambiante. Après avoir cru en la composition de fronts unitaires contre l'impérialisme, et en la possibilité de briser le mur des médias dominants, je suis arrivé à une conclusion plus modeste. Des gens un peu capables de lire et écrire comme Le Dissident Internationaliste, Pierre Lévy, Le Scientifique, ou moi ne pouvons pas aspirer à jouer un rôle efficace sur le cours des événements. Celui-ci dépend de facteurs mondiaux de grande envergure : l'essor économique de la Chine et de l'Inde, la capacité des résistants du Proche-Orient à refouler l'ingérence occidentale, ou celle de la Russie, du Vénézuela, de l'Afrique, à ne pas tomber sous la coupe du Pentagone.

L'atomisation de l'opposition en Europe et le poids des conformismes médiatiques interdisent aux modestes gratte-papier que nous sommes d'espérer toucher massivement les consciences. Tout ce que nous pouvons faire, à un niveau infinitésimal, dans de petits journaux, sur des sites Internet insignifiants, c'est montrer que nous ne sommes pas dupes. Que malgré l'immense entreprise marketing de lobotomisation des cerveaux à l'œuvre en Amérique du Nord et en Europe depuis des décennies, la désinformation, le cynisme, l'interventionnisme belliqueux, ne persuadent pas *encore tout le monde* sous nos latitudes occidentales.

Certains militants que j'ai connus pensaient travailler pour l'Histoire : « Nous sommes une minorité dont les générations futures reconnaîtront un jour les mérites », disaient-ils. Ce pari sur l'avenir me semble encore trop optimiste. Personne ne peut garantir que l'abrutissement médiatique n'aura pas le dernier mot. Le néo-libéralisme, le darwinisme social, la marchandisation du monde peuvent l'emporter. Des guerres peuvent encore advenir qui rendront l'humanité encore plus stupide qu'elle ne l'est. Et même la paix peut produire des effets dévastateurs sur les esprits, surtout si quelques inventions scientifiques (manipulations de gènes, nanotechnologies) viennent au secours des pouvoirs en place pour manipuler les consciences.

Il n'y a aucun pari à faire, aucun espoir à cultiver – simplement nous devons jouer dans les interstices du système, là où des latitudes d'action nous sont encore offertes, faire passer quelques vérités, quelques lueurs de résistance, si possible en y prenant un peu de plaisir, en gardant une petite dose d'humour, et en se disant que cela au moins – même si ce n'est *que cela* – aura été fait par quelqu'un. Et peut-être pour quelques-uns.

Ce livre a été édité par les Éditions Thélès
11, rue Martel – 75010 Paris
Téléphone : +33 (0)1 40 20 09 10
Télécopie : +33 (0)1 40 20 05 12
e-mail : info@theles.fr
www.theles.fr

Imprimé en France

Dépôt légal 4e trimestre 2008.

ISBN 978-2-303-00115-1